異《い》形《ぎょう》国家をつくった男

キム・イルソンの生涯と負の遺産

大島信三

芙蓉書房出版

はじめに

何年か前、どこか平安時代の陰陽師《おんみょうじ》をほうふっとさせる占い師から、「一党支配の社会主義国で独裁者の遺体を永久保存し一般に公開している例があるけれど、あれはよくないね」と聞いた。遺体を見世物のようにさらしているのがいけないのかと思ったら、「地上に浮いた状態にあるのが好ましくない」という。ちゃんと埋葬しないと子孫に禍《わざわい》が及ぶというのだ。

社会主義国ではなかったが、たまたま台北市の郊外で台湾（中華民国）の蔣介石総統の霊廟を参観したあとだったので、占い師のことばが気になった。蔣介石の場合、遺体は公開されていなかったが、四合院づくりの平屋に安置されている黒い大理石の棺《ひつぎ》は地上から一・五メートル《メートル》ほど浮いていた。

一党支配の社会主義国の独裁者といえば、まず目に浮かぶのは旧ソビエト連邦のスターリン首相や中国の毛沢東主席、そして北朝鮮のキム・イルソン（金日成）主席である。かれらの遺体はいずれも埋葬されることなく保存された。毛沢東の場合は、遺体の修繕のときに備えて精巧な蝋人形が同時につくられた。運の悪い見学者は蝋人形と対面することになるが、知らぬが仏でだれも気づかない。

スターリンの霊廟はその後、スターリン批判のフルシチョフ第一書記によって撤去され、埋葬されたが、いずれにしてもスターリンは家族運に恵まれなかった。長男は独ソ戦争でドイツ軍の捕虜となって射殺された。毛沢東の長男も朝鮮戦争の際、米軍の空爆に遭って死んだ。しかし、キム・イルソンの場合、ご託宣は的外れといわざるを得ない。くだんの占い師は「キム王朝は秦の始皇帝のところと同様、二代目で崩壊する」と予言していたが、依然としてキム一族の権勢は衰えていない。

初代のキム・イルソン主席は長男のキム・ジョンイル（金正日）総書記を後継者とし、二代の総書記は三男のキム・ジョンウン（金正雲）第一書記を跡継ぎにして他界した。国際社会が唖然とするなかで、あれよあれよという間に社会主義を名乗る国で一族の三代統治を実現した。生前はもとより死後も、初代、二代とも盛大な葬儀でおくられ、遺体も地上から浮いたまま豪華な霊廟に安置されている。韓国の歴代大統領の多くが暗殺、自殺、入獄といった悲惨な晩年を迎えているのとは、まったく対照的なのだ。

ソビエト最後のトップだったゴルバチョフ大統領は「北朝鮮は社会主義君主制だ」と皮肉ったが、実体は宗教国家に近い。キム・イルソン教ともいうべき宗派のようなものがキム体制存続の根幹をなしている。北朝鮮の民衆はキム一族に力づくでねじ伏せられているのではないか、という見方がある。たしかにそういう部分もすくなくないが、多くの民衆が心底からキム・イルソン教に帰依しているという事実を見過ごしてはなるまい。

キム・イルソンは信仰心の篤かったクリスチャンの両親のもとで育ち、考え方や生き方もキリスト教から強い影響を受けていた。首都のピョンヤン（平壌）は都市自体が神殿であり、人目をひく巨大建造物が多い。ピョンヤンを訪れる人々は外国人も含めて巨大なキム・イルソン像に献花するのが習わしだ（その後、隣に息子のキム・ジョンイル像が並んだ）。宗派において教祖の力は絶対的である。三代目が祖父のヘアスタイルやポーズを真似ているのも、その威光にあやかりたいからだ。親の七光りというより、おじいちゃんの七光りである。

逆にいえば、キム・イルソン教が民衆から見捨てられたときがキム・ジョンウン政権の終焉のときでもある。そういう意味で、北朝鮮という異形《いぎょう》国家を知るには教祖であり、創業者でもあるキム・イルソンの生涯をたどるのがいちばん手っ取り早い。ふつうの国とちがう北朝鮮は、いってみれば食客《しょっかく》国家でもあった。このネーミングの由来はいずれ本文でもふれるが、キム・イルソンの若い頃の行状から思いついた。

キム・イルソン体制というのは史上まれに見る独裁政権であり、長期政権であった。キム・イルソンは一九四八年九月九日の建国から弱冠三六歳で最高指導者となり、一九九四年七月八日に八二歳でこの世を去るまで四五年と一〇か月も北朝鮮に君臨した。その間、日本の総理大臣は入れ替わり立ち代わり目まぐるしく交代し、一人の在職期間は平均して二年ちょっとでしかない。

キム・イルソン政権のとき首相だったのは、芦田均（在職二二〇日）から始まって吉田茂（芦田内閣以前の第一次を含めて二六一九日）、鳩山一郎（七四七日）、石橋湛山（六五日）、岸信介（一二四二日）、池田勇人（一五七七日）、佐藤栄作（二八〇〇日）、田中角栄（八八七日）、三木武夫（七四七日）、福田赳夫（七一四日）、大平正芳（五五五日）、鈴木善幸（八六四日）、中曽根康弘

（一八〇八日）、竹下登（五七六日）、宇野宗佑（六九日）、海部俊樹（八一九日）、宮沢喜一（六四四日）、細川護熙（二六三日）、羽田孜（六四日）、村山富市（五六一日）の二〇人である。

キム・イルソンには三つの悲願があった。第一は核兵器の保有であり、第二は南北朝鮮の統一であり、第三は人民の生活向上であった。長期政権にもかかわらず、周知のように目ぼしい結果を出すに至らなかったが、このなかでキム・イルソンが自慢したいのは核保有であろう。北朝鮮が国際社会で蛇蝎《だかつ》の如く嫌われながらも一定の存在感を保っているのは、この一点にある。いずれにしろキム・イルソン時代が核開発をはじめとし、朝鮮戦争や拉致という蛮行、あるいは人民に対する人権侵害や強制収容所とか貧困といった有形無形の数知れない負の遺産をもたらしたのは否めない。

ピョンヤンに駐在したソビエトの外交官はキム・イルソンを「東洋のタレーラン」と呼んでいた。事実、一八世紀から一九世紀にかけて活躍したフランスの老獪な外交官のような人物に友好国のソビエトや中国ですら翻弄されつづけた。中国にいたっては、いまもキム・イルソンの亡霊に悩まされている。生前のキム・イルソンは中ソの間をうまく立ち回って、双方からむしれるだけむしり取った。そのくせ中ソのどちらも信用していなかった。二枚舌とその立ち回り方はタレーランも顔負けであった。

中国と北朝鮮は表むきでは「血で固められた友情」とか「唇と歯の関係」と言い合ってきたが、内実はまったくちがっていた。本人の前ではおだてあげていた毛沢東は、内心ではキム・イルソンを軽蔑していた。キム・イルソンのほうも偽りの微笑を振りまきながら、朝鮮戦争の際、中国の参戦がなければ敗北は避けられなかったのに、中国の応援にほとんど恩義を感じていなかった。両雄はキツネとタヌキのような関係だった。

キム・イルソンは中国で学び、中国人より流暢な中国語を話した。また国家の指導者となってからは物心両面でいくたびも中国の世話になり、周恩来首相の訪朝を六回も受け、自身も三九回訪中した。そして毛沢東や鄧小平以下歴代のトップと親しく会見し、そのつど最大級のもてなしを受けてきた。そのキム・イルソンが、じつは骨の髄まで中国嫌いだったという事実は北朝鮮政治史を検証するうえで見過ごせないパースペクティブとなる。それはまたキム・ジョンイル時代はもちろん、ますます中国との対立関係を鮮明にするキム・ジョンウン政治を読み解く際のカギともなる。

キム・イルソンには心の傷があった。中国人とともに日本軍と戦っていた満州時代、キム・イルソンは同志のはずの中国人グループが仕掛けた反民生団闘争という内ゲバで多くの朝鮮人の仲間を失った。キム・イルソンは中国人の朝鮮人に対する蔑視を怨み、自分たちの仲間内に潜んでいた中国側のスパイとなって密告した者を憎み、それを生涯忘れなかった。キム・イルソンのトラウマは子や孫に受け継がれ、いまも中朝関係に暗い影を落としている。

二〇一三年一二月一二日、キム・ジョンウンの後見役だったチャン・ソンテク（張成沢）国防副委員長が国家転覆陰謀行為の罪で処刑された。このとき、叔母の夫（実際には離婚していた）という身近さよりも中国と関係の深い実力者を粛清した第一書記の大胆さに衝撃を受けた人々はすくなくなかった。石油の依存度は従来より減ったとはいえ、中国の支援なしには生きていけないのが北朝鮮の現実である。一九五〇年代から今日まで中国は北朝鮮に対して莫大な経済援助をおこなってきた。

にもかかわらずチャン・ソンテク一派を無慈悲なまでに抹殺していった。チャン・ソンテクの人脈はイコール中国の人脈である。北京政権はチャン・ソンテクを北朝鮮の非核化を進めるキーパーソンと見て大切に扱ってきた。恩を仇《あだ》で返されたと、中国は激しい怒りを抱いたが、北朝鮮を手放せないのでじっとガマンしている。正直にいってこういうときの中国の忍耐力には舌を巻かざるを得ない。

二〇一四年五月二九日、安倍晋三首相は「北朝鮮側が拉致被害者と拉致の疑いが排除されない行方不明者を含め、すべての日本人の包括的全面調査をおこなうことを約束した」と官邸で記者団に語った。内外の注目を浴びた日朝合意という急展開の要因の一つは、いうまでもなく中朝の離反がある。中朝関係の経緯はキム・イルソンの生涯をたどることによってより鮮明となろう。

コインに表と裏があるように、どんな人間にも表と裏がある。北朝鮮の民衆から国父と慕われるキム・イルソンだが、国外では冷酷な独裁者と見られている。賛辞に満ちたキム・イルソン評もあれば、批判一辺倒の記述もある。対象がだれであれ人物を客観的に見つめるのはそうかんたんではないが、本書においては先入観にとらわれた一方的な見方は避けたいと思う。

将棋の加藤一二三《ひふみ》九段は対局中、ときには対戦相手のうしろ側へ回って盤上を眺めた。背後にライバルを迎えた棋士はあまりいい気分はしなかったと思うが、立場を変えてものごとを観察するのは理にかなっている。朝鮮民主主義人民共和国の建国の父といわれるキム・イルソンとその時代をたどるにあたって、ときにはこの手法に学びたいものだ。

なぜ「金日成」ではなく「キム・イルソン」なのか、その点についてふれておきたい。筆者は活字メディアの出身であるが、北朝鮮報道においては電波メディアが健闘しているとずっと思ってきた。とりわけ二〇〇六年四月二日から三夜連続で放映されたＮＨＫスペシャル「ドキュメント北朝鮮」は光った。旧ソビエトを中心に集めた文書や映像、証言は北朝鮮史やキム・イルソン研究の貴重な資料となるはずだ。それはともかく、テレビの多くは「金正恩」より「キム・ジョンウン」のほうをメインとし、受け手も次第に慣れてきている。表記はまちまちであるより同じほうがよい。好みの問題でもあるが、朝鮮半島の人名や地名はカタカナ表記のほうが適しているように思う。ただ、不慣れな読者も多いので章が変わるごとに、たとえばキム・ジョンウン（金正恩）と少々くどいが併記するようにした。

　北朝鮮問題や北朝鮮史を専門とする学者が電波メディアから得た情報を引用する例はあまりないが、本書ではドキュメンタリーを収録したＤＶＤも含め映像記録をずいぶん参考にした。第一章のプロローグは日本で放映されたテレビ番組を素材とした。図書館で調べることが可能な活字メディアとちがって、アーカイブスが充実してきたとはいえ、まめに録画でもしないかぎり見逃した放送を見るのはなかなか難しい。本書ではそういった映像や、終戦直後にキム・イルソン一家と接触した日本女性の手記など現代の若い世代の目にはほとんどふれる機会のない貴重な記録の再発掘にも努めた（敬称略）。

異形国家をつくった男
――キム・イルソンの生涯と負の遺産

目次

第1章 ✸〈プロローグ〉大きなコブをめぐる逸話

アンタッチャブルのコブ

キム・イルソン（金日成）の後頭部には、大きなコブがあった。大人のこぶしくらいのかたまりが右耳の近くから首筋の真ん中をすこし越えるところまで広がっていた。コブ取りじいさんの民話に登場する善良な翁と欲張り老人のコブは、絵本ではふっくらと描かれる。いかにもブヨブヨした感じだが、この国の最高指導者のコブは硬かった。

北朝鮮の民衆は、主席のトレードマークのような大きなコブは一切知らされていなかった。北朝鮮の国内メディアはコブを最高指導者の健康問題にかかわる国家機密としてタブー視した。現地指導の主席を撮影するとき、取材陣は細心の注意を払った。朝鮮中央テレビの取材クルーも、朝鮮労働党の機関紙である労働新聞のカメラマンもカメラのフレームにコブが入らないように気をつけた。それでも映ってしまったときは、ほんの一部分であっても編集段階で入念に消されるか、ボツにされた。

以前、アンタッチャブルのコブをうっかり口にしたためひどい目に遭った事例が、日本のテレビで報じられた。映画館で主席が登場するニュース映画を観ていた農民が、「あれっ、首領様にコブができた」とつぶやいたため、ヨドク（燿徳）というところにある政治犯収容所に閉じ込められてしまった。気の毒に連座制で本人だけでなく家族まで放り込まれた。

現在、五か所の政治犯収容所に子どもも含め一〇万人前後が収容されているといわれる。飢えと過酷な労働で死亡者が絶えないという地獄絵図さながらのところだ。政治犯収容所としては最大規模を誇るヨドクは、偵察衛星の分析だと五万人を超える人々が閉じ込められている可能性もある。当事者だけでなく一家全員が連れて来られる場合が多いので膨大な数になってしまうのだ。

農民のつぶやき事件はヨドクに収容されていた脱北女性、キム・ヨンシル（金英実）によって二〇〇五年四月一七日、ＴＢＳが放映した「北朝鮮『建国の父』のタブー」という報道特集で明らかにされた。この報道特集では、八年間にわたってキム・イルソンの護衛をつとめたあと朝鮮中央テレビ記者になったチャン・ヘソンが体験談を語った。

護衛に選ばれたチャン・ヘソンが初めてキム・イルソンを見たのは一九六五年八月一五日で、小さなコブはあったが、それほど目立たなかった。それから一二年経った一九七八年一月、朝鮮中央テレビのスタッフとなっていたかれは全国農業大会で壇上に立つ六五歳の威風堂々とした主席の後頭部の異常に気づいた。首のうしろに肉がついているというよりも、飛び出しているような印象を受けたかれは、友人の記者に「どうして首領様にはコブみたいなものがあるのか」と聞いた。すると友人は「シッ」と人差し指を口にあて、「ほかの人には絶対にいうな。話すとオマエはコレだ」と首筋に片手をあてた。

主席のコブは、いつ頃から目立ってきたのであろうか。外国メディアの映像から、おおまかながらコブの変化を経過観察するのは可能だ。キム・イルソンは一九四九年三月、列車でモスクワを訪問した。東側陣営の首脳会議に出席するためで、弱冠三六歳の首相であった（キム・イルソンの肩書きが首相から主席に変更されたのは一九七二年一二月二七日。この日に公布された七二年憲法によるが、このまま主席を使うことにする）。

このときの映像で右耳うしろの様子が確認できるが、まだコブらしいものは見られなかった。それ以後の一六年間、主席の首筋が見える映像や写真は公開されていない。したがって年齢でいうと三七歳から五二歳までの変化は、いまのところ不明だ。その後、コブがキャッチされたのは、ちょうど五三歳の誕生日を迎えた頃である。一九六五年四月、インドネシアのジャカルタでひらかれたアジア・アフリカ会議一〇周年記念式典に出席したキム・イルソンの後頭部にはっきりと突起物が見えた。

一九八七年、田辺誠衆議院議員を団長とする社会党議員団が北朝鮮を訪問した。キム・イルソンが田辺を迎えたときの様子は日本のテレビで放映されたが、うしろ向きになったときに大きなコブが映し出された。北朝鮮の視聴者が見たら仰天するような場面だった。映像を見せられたチャン・ヘソンは、「撮影したのは、日本人ですか？　そうでしょう、北朝鮮の人は映せません。こういうのを映した場合、すべて消さないとね。放送したら、その人はコレです」といって右手を首すじにあてた。

コブ診断へプロジェクト結成

一九八〇年一〇月一〇日からピョンヤン（平壌）で第六回朝鮮労働党大会がひらかれ、三八歳になっていた長男のキム・ジョンイル（金正日）が初めて公式の場に登場した。このとき、かれは党政治局常務委員、党組織書記兼組織指導部長、党中央軍事委員という重要ポストを得て、父親の後継者として実質的なデビューを果たした。六八歳のキム・イルソンは最高指導者に変わりはなかったが、少しずつ権力を息子に譲り始めた。そのため気持ちに余裕ができたのか、コブの診断を受けることに決め、医師をリストアップするように命じた。主席官邸にプロジェクトチームができて、各地から優秀な医師をピョンヤンに呼び寄せる準備に着手した。

キム・イルソンは東洋医学にも信頼をおいていた。それで皮膚科や外科などの分野で評判の高い専門医のほかに優秀な漢方医もリストに加えられた。北朝鮮はリストづくりに慣れていた。克明な人物データが揃っていて、経歴や家族構成から思想信条まで詳細に記録されていた。医師としての力量もさることながら育ちや思想、家族関係が徹底的に調べられた。これを出身成分というが、北朝鮮は史上稀に見る特異な家系階級国家で、人民すべてが三代までの家系を調べあげられ、三つのグループに区分された。

貧農に生まれたほうが富裕層出身より上位グループに入れるなどその分類基準は独特で、三グループはそれぞれの祖父母や両親、兄弟や親類縁者の行状によってさらに五一の成分に細かく分類された。第一はキム一族への忠誠心が高い特権グループ（核心階層）。第二はつねに監視の対象とするが、まずまず安心できる一般グループ（動揺階層）。第三が油断のならない危険分子グループ（敵対階層）となる。

最終的に九人が選ばれた。専門医五人、漢方医四人であった。かれらは主席官邸に到着してからも、紛争地の国境や空港を通るときのような厳しいチェックを受けた。医師団がキム・イルソンの背後に回って直接患部にふれることになるからだ。ちょっとした凶器があれば、一撃で暗殺が可能である。一国の最高指導者に対して身内や側近以外でここまで近寄れるケースは

独自の朝鮮式社会主義路線を指導してきたキム・イルソン（金日成）主席（右耳後ろにコブがある）＝1991年6月1日、平安南道安州市の延豊湖招待所（共同）
（写真提供／共同通信社）

そうないので、警備責任者は念には念を入れた。

キム・イルソンは二〇人の護衛に囲まれて医師団を迎えた。屈強な護衛が立ち並ぶ異様な雰囲気に医師団はたじろいだが、主席はおだやかな表情でことば使いも丁寧だった。北朝鮮という閉鎖国家の、さらに奥の院の、そのまた密室の出来事である。どういう診断結果になったかは、本来なら永遠の謎として表に出ることはなかったであろう。しかしながら秘中の秘も石に耳ありのたとえの通り、二〇余年の歳月を経てあきらかになった。ごく一部の関係者しか目撃していなかった主席官邸の様子があきらかになったのは、一人の漢方医が脱北し、すでに紹介しているＴＢＳの報道特集で詳細な証言をおこなったからだ。

激論の検討会

ＴＢＳの報道特集に登場した脱北漢方医、チョン・イルフン（鄭一勲）によると、緊張してコチコチの医師団を前にキム・イルソンは、「わたしが外国のお客様にも堂々と会えるようにと、コブの除去について力を尽くしてくれ、たいへんありがたく思います」と丁重に挨拶した。畏《かしこ》まっていた医師団は、主席のおだやかな口調に緊張感も安らいだ。室内の雰囲気がなごんだところで、「さあ、先生方、順番にわたしのコブにさわって下さい」と主席がいった。九人は交互に恐る恐る触診した。チョン・イルフンがいう、「さわってみると、あれはプヨプヨしているのではなく、なかが硬いのです」。

全員の触診《しょくしん》が終わると、「先生たちが診《み》た結果はどうですか?」と主席が尋ねた。「生命に別状がないかぎり、コブを除去できるなら、除去するほうがいいと思います」と専門医の一人が述べ、「われわれは慎重に討論して最善を尽くします」と漢方医の一人はいった。キム・イルソンは詳しい説明を求めず、「わたしのために苦労してもらい感謝します。先生方の意見通り、コブを取れというなら取るし、そのままにしろというなら、そうします」と、患者らしい丁重な口調でお礼を述べて席を立った。医師団は別室に移り、長方形のテーブルに専門医五人と漢方医四人が向き合って座った。その周りを無言の護衛がふたたび取り囲んだなかで所見の検討会が始まった。

専門医Ａ　あのコブはしっかり固まっている。手術して跡が残れば首領様に大変申し訳ないことになる。

漢方医Ｂ　ハリや灸で治療しよう。漢方でやれば、跡は残らない。

専門医Ｃ　ハリや灸でほんとうに跡は残らないのか?　その根拠は何だ?

漢方医Ｄ　外科治療で跡が残るようなものでも、ハリなら跡を残さないようにできる。

漢方医Ｅ　あなたは自信をもってそういえるのか?　跡を残さなければ首領様は満足されるが、できなかった場合に責任をとれるか?

西洋医学と東洋医学の対決、というよりオペレーション（手術）派と現状維持派がぶつかって激論となった。なにしろ患者は独裁者であるから、どんな失敗も許されない。二時間半にわたって話し合ったが、結論は出なかった。

奇想天外な診断

三日後、医師団はまた場所を変えて話し合った。どういう診断を下すかは、患者より自分たちの問題であった。家族の命運もかかっている。検討会は前回以上に重苦しい空気が張り詰めた。

専門医Ｆ　コブをそのままにしておくと、外国のお客様と会う機会が多いのに、国の恥になる。除去しよう。

専門医Ｇ　失敗したら、どうするんだ。首が飛ぶんだぞ。

漢方医Ｈ　われわれの経験では一〇人のうち、八人から九人は治るが、一人は治らない場合がある。後遺症などがあれば、みんなの首が飛んでしまう。

専門医Ｉ　失敗したら、みんな無事ではいられない。炭鉱や山奥に送られてしまう。だから、みんな手を出さないほうがいい。

専門医Ａ　手を出さずにどう説明するんだ。

窮すれば通ずで、医師団は喧々諤々《けんけんがくがく》の三時間の討論の末、「このコブは生命に何の支障もない、福コブである」という意表をついた診たてにたどり思いついた。福コブという奇想天外な診断は、おそらく漢方医の発案であろう。これをどう説明するか。かれらは、「首領様はコブがあることによって、今日、朝鮮人民軍の偉大な首領様になられた。コブのおかげで共産主義運動の最大の英雄のひとりにもなられた。だからこのままにしておくのがいい。そういうふうに首領様にお話ししましょう」と考えた。

西洋医学からすれば噴飯ものの結論だが、医師団にすればだれも手を出さずに済むのだからたしかに妙案であった。しかし、人を小ばかにしたような診断ととられるおそれもある。まかりまちがえば、「ばかにするな」と怒りを買い、まちがいなく強制収容所行きである。

医師団、とくに漢方医グループには易学的な説明で主席を納得させる自信があったのだろう。そうでなければ、とてもこうした大胆なウソはつけない。主席が東洋思想の熱心な信奉者であり、シャーマニズムに関心が深く、無類の神話好きであったのを知ったうえでの発想だった。共産主義者であるキム・イルソンが、オカルト好みでもあったのを北朝鮮の知識層はとっくにお見通しであった、ということだろう。たしかに檀君《だんくん》神話へのキム・イルソンの思い入れは異常であった。

檀君神話とは

檀君神話は、朝鮮《あさあざ》やかな国、朝鮮の始祖神の物語である。檀は、「梅檀《せんだん》は二葉よりかんばし」とことわざにあるように香木の名前。君は道教で神。檀君は「檀の神」という意味になる。一九七〇年代の前半まで北朝鮮の歴史書はこの神話を否定していた。それが主席の鶴の一声で一八〇度の転換となり、なんと考古学的に檀君神話を証明しようとした。檀君神話では、ピョンヤンに都が定められたのは紀元前二三三三年一〇月三日とされている。

キム・イルソンはピョンヤン郊外の高句麗遺跡での発掘を指示し、考古学者に神話との関連性の実証を求めた。科学的な根拠に欠けたプロジェクトについて意見を具申しなければならなかった専門家たちは、コブ診断の医師団同様、どう対応するか戸惑い、かつ苦慮したにちがいない。とても遺跡や人骨から実証できるような伝説ではなかった。もっとも檀君神話は韓国の教科書にも載っており、朝鮮半島の受け止め方は、外国人が思うほどに荒唐無稽なものではないようだ。

どういう神話かといえば、大昔、ファンウン（桓雄）という神の子がいた。ファンウンは人間世界の支配を志して朝鮮半島のテベクサン（太白山）に舞い降りた。その頃、人間になりたいと思っているクマとトラが同じ洞窟に住んでいた。古代の朝鮮民族にとってクマとトラは聖なる動物であった。変身願望はどこの民族の神話でも重要なモチーフだが、檀君神話ではクマとトラにヨモギとニンニクが授けられた。一〇〇日間、日の光を見ないところでこれを食べて修行すれば人間になれるという。トラはすぐに飽きたが、クマは頑張って人間の女になった。こんどは結婚相手がほしくなった彼女は、お婿さんをみつけてほしいと神に祈った。そして檀の下でプロポーズしてくれる男を待った。現れたファンウンと一緒になった彼女は檀君ウンコム（王倹）を生んだ。檀君はピョンヤンに都を定め、これを朝鮮と名づけた。

どこにもある民族誕生の神話であるが、北朝鮮ではこれが現代史に直結する。テベクサンは現在のペクトゥサン（白頭山）である。官製の北朝鮮史では、キム・イルソンは戦前ここにベースキャンプを築き、朝鮮革命の拠点にしたことになっている。長男のキム・ジョンイルも司令部そばの丸太小屋で生まれたとする。いずれもつくり話であるが、晩年には檀君神話を北朝鮮史に組み込もうとした。

ピョンヤンから東に三〇キロのカンドン（江東）郡の遺跡から出土した男女の骨を専門家は檀君神話の夫婦の遺骨と断定した。というより、断定せざるを得なかった、というべきか。その後、檀君陵の建設が始まった。キム・イルソンはその完成を待たずに一九九四年七月、この世を去ったが、父親の遺志を継いだキム・ジョンイルは建築を急がせ、檀君陵はその年の末に完成した。神話を大いに活用したキム・イルソンの最晩年の事業にふさわしい高さ二二メートル、幅五〇メートルのコンクリート造りの堂々たる陵だった。

主席が本気で檀君神話を信じていたとは思えない。この神話を生んだ高麗民衆の心意気を植えつけたかったのではあるまいか。井上秀雄の『古代朝鮮』によれば、「檀君神話は一二三一年から始まるモンゴルの侵入に対抗する全国的な農民の義兵闘争を基盤とする非支配階級の民族主義的な思潮」（二二頁）だという（書籍などの引用にあたっては表記を統一した。出版元、発行年は巻末の参考文献で表示。以下同じ）。モンゴルの騎馬隊が攻めてきたとき、高麗王朝はカンファド（江華島）に逃れた。騎馬隊は海を渡れず、王朝は助かったが、住民はなすすべがなかった。

井上秀雄はいう、「しかし高麗の国民は各地でこの侵略軍と戦い、支配者の庇護はなくとも、自分たちの村を守るため最後まで戦った。このように侵略軍と戦う農民のなかに、支配者とはべつな愛国心が広範に広がっていったと思われる。その愛国心の象徴が檀君神話なのであった」（二六～二七頁）。

井上秀雄は、この神話が一片の史実を含まなかったとしても、支配者に見捨てられた高麗農民がこの神話を心の支えとして侵略者と闘ったのは歴史的事実であったと指摘する。キム・イルソンも檀君神話を借りて民衆の愛国心を鼓舞し、民族の優位性を喚起しようとしたのだろう。

医師団の歓喜と衝撃

さて、コブの一件だが、日を改めて医師団は主席に面会し、「コブは切らずにこのままでよろしいでしょう」と報告した。その理由を漢方医の一人が代表して説明した。代表の漢方医は恭《うやうや》しくいう、「すべての事象がそうであるように、人は陰と陽が合わさっています。首領様のお顔がある前の側は陽で、後ろは陰です。前、つまり陽の側にあるコブなら非常に害がありますが、うしろ、つまり陰の側にあるこのコブは、首領様を狙う敵を退けるものとなります。いわば福コブなので、そのままにしておくほうがよいでしょう」。

黙って聞いていた主席はひとことの質問もはさまず、「先生方のことばは正しいと思います。わたしがソビエトから戻ってきたとき、暗殺しようとする者がたくさんいました。しかし、いままでこうして生き残っている。福コブということばは正しいようです。わたしは手術しません」といった。医師団の読みの通りだった。この瞬間、医師団は天にも昇るような気持ちであったにちがいない。

じつはめでたし、めでたしで終わったはずのコブ診断には後日談があった。その後、医師団の一人である専門医のIが突然連行され、強制収容所へ送られた。主席から感謝のことばをもらって感動した医師団の面々は予想外の展開に衝撃を受けた。引っ張られた理由は、検討会で述べた、「失敗したら、みんな無事ではいられない。炭鉱や山奥に送られてしまう。だから、みんな手を出さないほうがいい」という発言にあった。当局のお目付け役は、「オマエは、そういってほかの先生方が持っていた技術を発揮できないようにした」と、I医師を糾弾した。

このコブ騒動からキム・イルソンの政治スタイルや個性のいくつかが見えてくる。独断と偏見を顧《かえりみ》ず私見を述べてみたい。

一つ目は、徹底した情報収集とウソ偽りのない本音を求める姿勢だ。医師団のやりとりがキム・イルソンに詳しく報告されていたのはいうまでもあるまい。若くして最高指導者となった主席は、お世辞と建て前が飛び交うコミュニケーション環境に長く身を置いてきた。独裁者が他人の本心や本音の意見を知るには身を隠して耳をそばだてるのが手っ取り早い手段で、独裁者の国は必然的に盗聴と密告社会になりやすい。

　大衆動員による国土増強を基本とするキム・イルソン政治においては、政治犯収容所送りとなったI医師のような人間がいちばん生きづらかった。滅私奉公に耐えられなかった者は消えていくしかなかった。人民はリクツ抜きで自分の命を投げ出し、支配者とその一族を称え、国家のために貢献することが求められた。

　二つ目の注目点は、巧みなパフォーマンスだ。おだやかな話しぶり、さわやかな笑顔とまさに千両役者である。ものものしいボディチェックを受けたあと、護衛がぐるりと囲む異様な雰囲気のなかに放り込まれた医師団にとって、主席は救い主のように見えたはずだ。もともとキム・イルソンはカリスマ性があるうえ、演技力も抜群でそのパフォーマンスの威力は絶大であった。

　医師団の診断でキム・イルソンがいちばん気にしていたのは、コブが悪性かどうかだった。検討会では、悪性という見方はなかった。そうとわかれば、かれらの福コブ説という噴飯ものの結論にあえて目くじらを立てることもない。そういう懐の深さをたっぷりと相手に感じさせていっそうカリスマ性を高めていた。半面、自分に不利に作用するとわかれば一ミリも譲らない頑固さがあった。

　三つ目は、平気で傍観者になれたこと。I医師について、「あいつを収容所へぶちこめ」と指示したのはキム・ジョンイルであろう。そのとき、キム・イルソンはおそらく報告を受けていたと思う。いくらでも助け舟を出せたと思うが、無視するところがこの人物にはあった。自分の妻や子どもたちがキム・ジョンイルにいじめられているとき、キム・イルソンは傍観していた。見て見ぬフリをする最高指導者の歪《いびつ》な性格がこの国をイビツな国にした。

四つ目は、極度の人間不信である。いくら最高指導者とはいえ、コブの診断に全土から九人の医師を集めるとは異常である。その医師団を二〇人の護衛が取り囲むのも常識はずれだ。言い換えれば、この独裁者のとてつもない人間不信の表われともいえる。TBSでは伝えられなかったが、慈悲深いところもあったが、疑い深いキム・イルソンはその後、ひそかにドイツ人医師の診断を受け、コブは良性というお墨付きをもらっていた。

第2章 ✷独裁者の両親とキリスト教

地図を逆さにして見れば

キム・イルソン（金日成）が生まれ、そして君臨した北朝鮮とはどういう国だろうか。その生涯や出来事を追う前に、朝鮮半島の地勢など大雑把なところを見ていきたい。手元にある世界大百科事典（平凡社）の世界地図をひらくと、半島はタツノオトシゴのように広大な中国大陸にぶら下がっている。東西約二四〇キロ、南北約八〇〇キロの半島の総面積は約二二万七五六平方キロ。そのうち北朝鮮が約一二万五四〇平方キロ、韓国が約一〇万二一〇平方キロだ。

人口は韓国の約五〇〇〇万人に対して、北朝鮮は約二四五五万人とすくない。にもかかわらず北朝鮮の軍人は約一二〇万人を擁し、国防費は歳出の一六％を占める。国防軍にして体制維持軍というところであろう。

朝鮮半島の東西および南は海で、周りを大国が取り囲む。大陸勢力と海洋勢力が交差する危うい地政学的な位置にある。ワシントン・ポスト紙の北東アジア特派員だったドン・オーバードーファーは『二つのコリア――国際社会の中の朝鮮半島』（菱木一美訳）で簡潔にこう述べる。

「朝鮮はその地理的な条件のために特に困難な立場に置かれた。中国、日本、ロシアの強大国に隣接する戦略的で危険な地域に位置しているため、朝鮮は二〇〇〇年の有史のなかで大小九〇〇回に及ぶ侵略をこうむった。外国の占領は五回体験した。それは中国、モンゴル、日本の占領であり、戦後はアメリカとソビエトだった」（一七頁）

オーバードーファーがどういう数え方をしたかは不明だが、大小九〇〇回に及ぶという朝鮮半島への侵入者の大半が二つの大きな河を越えてきたのはまちがいない。したがって半島にとって油断のならない相手というのはどことどこか、小学生でもおおむね見当がつくであろう。

中国と北朝鮮の境界は鴨緑江《おうりょくこう》（全長七九〇キロ）と図們江《とうもんこう》（同五二一キロ）の河川で分かれる。国境河川では河の中央が境界線となる。二つの河に一三の橋がかかり、中朝を結ぶ。図們江は中国の呼び名で北朝鮮ではトゥマンガン（豆満江）というが、流れる水に変わりはない。上流の川幅は狭く凍結したときは歩いて渡れる。

加藤一二三九段の流儀で地図を逆さにして見てみよう。見慣れた地図では対馬海峡を挟んで福岡や下関とプサン（釜山）の近さに目がいってしまうが、ひっくり返すと雰囲気がちがってくる。

向き合う新潟とチョンジン（清津）の間に悲劇の海峡が横たわる。横田めぐみ、蓮池薫と妻の祐木子、それに曽我ひとみは母親のミヨシと新潟でさらわれ、船に乗せられてチョンジン港に着いた（ひとみの母親の場合、北朝鮮は入国を否定）。また、帰国事業で多数の在日朝鮮人が北

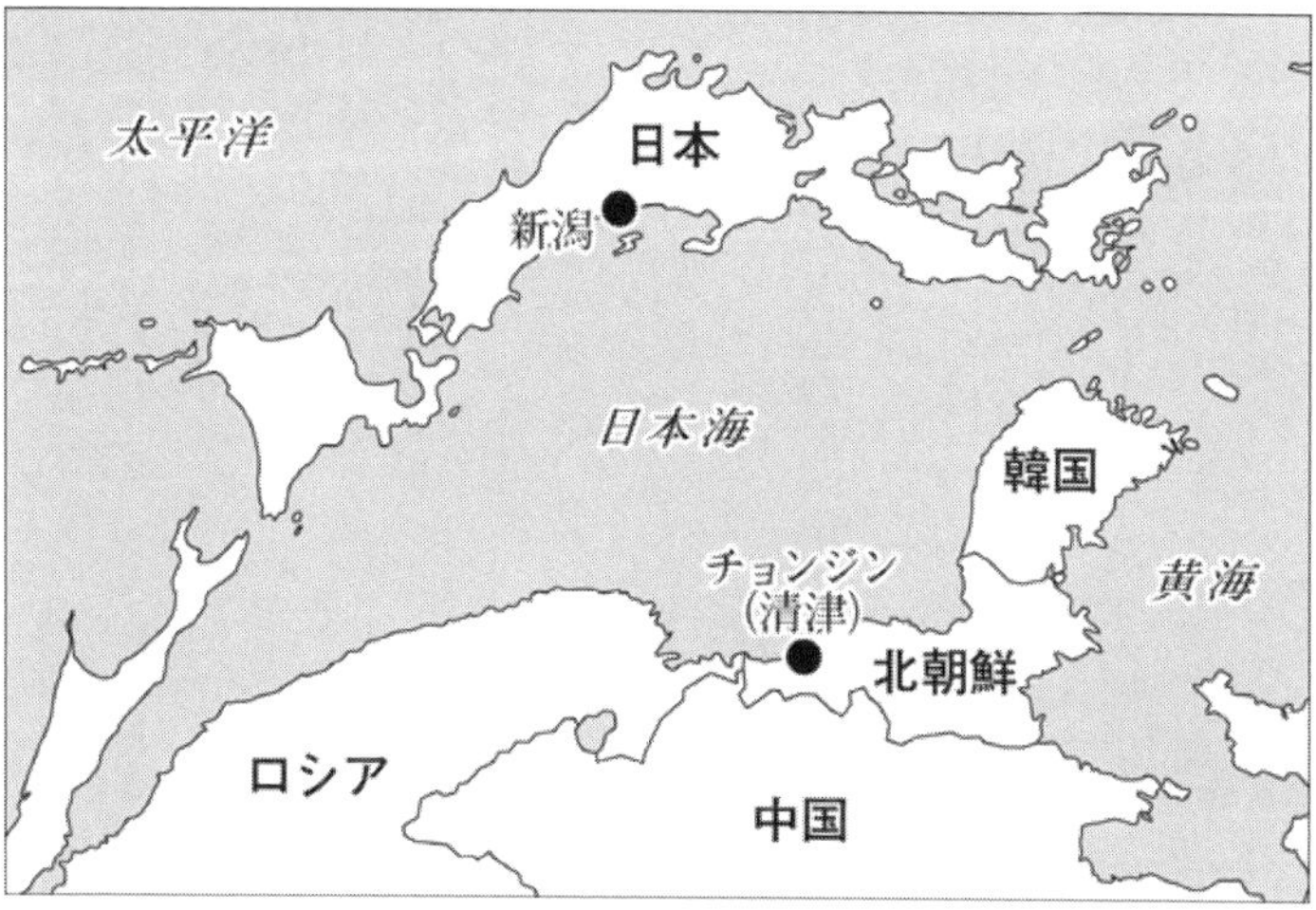

地図を逆さにしてみると……

朝鮮へ渡った航路でもあった。もう一つ付け加えるならチョンジン港は終戦のわずか三日前の八月一二日、ソビエト軍が上陸したところでもある。一方的に中立条約を破っての侵攻に在留邦人は戦慄した。

龍のような日本列島が覆いかぶさっている。北朝鮮側にすれば、相当の圧迫感にちがいない。また海を隔てているとはいえ、こうしてまじまじと見ると、思っていた以上に日朝の近さというのを感じる。二〇〇二年九月の小泉訪朝のあとだったが、台北で台湾政府の要人が、「日朝接近に北京は、あなた方の想像以上に敏感になっていますよ」と漏らした。

二〇一四年春から表面化した日朝の急接近に、習近平政権は全神経を集中して成り行きを注視しているのはまちがいない。展開次第では枕を高くして眠られなくなるからだ。尖閣諸島の一件などとは比較にならないすさまじい破壊力がそこには潜んでいるのだ。

地図を逆さにしようとしまいと、大国に挟まれた北朝鮮の地政学的リスクは一目瞭然だし、中国にとって日米ロ韓との緩衝地帯としての北朝鮮がいかに重要か、いまさら説明するまでもない。北朝鮮が自分たちにとってどんなにお荷物であっても、崩壊すればなおさらやっかいなことになる恐れがある。

したたかなキム・イルソンとその後継者たちはこの点を逆手《さかて》にとって北京に対処し、たくみに利用してきた。かつて中国皇帝に対して周辺国は高価なみつぎものをささげ、臣下の礼をつくした。これを朝貢《ちょうこう》というが、二〇世紀半ば以来、こと物品に関するかぎり中朝の関係があべこべになって、中国のほうが圧倒的に持ち出しは多い。

中国は北朝鮮から何度もメンツをつぶされ、煮え湯を呑まされてきた。はらわたが煮えくり返る思いをしながらじっと耐えてきた中国は、皮肉交じりにいえばやはり大人《たいじん》というべきであろう。中国要人の北朝鮮に関する発言はハレモノにさわるように慎重である。はねっ返りの駄々っ子でも、造反されたときのリスクを考えれば、癪《しゃく》に触っても現状維持がまだマシという計算だ。

なにしろ北朝鮮と中国の国境線は一三〇〇キロにも及ぶ。北朝鮮を敵にすれば、こんどはアメリカやその同盟国と向き合う羽目になる。そのとき長い国境線に兵力を張りつけるなど、中国にとって想像したくもない悪夢である。

もう一つ重要な点がある。中国側から見れば、長い国境線には致命的な欠陥があった。ロシアや北朝鮮の国境線に遮《さえぎ》られて中国は日本海への出口がないのだ。おかげで中国の吉林省と黒竜江省は経済発展を阻害されている。海に出るのはこの地方の中国人の悲願だった。だからこそ中国はチャン・ソンテク（張成沢）と手を携えて進めていた北朝鮮北東部の経済特区で日本海に面するラソン（羅先）の開発に期待していた。三つの埠頭を持つラジン（羅津）港の使用権を得て日本海の拠点にするつもりであった。そこには人民解放軍進出の意図もあった。チャン・ソンテク事件は北朝鮮内部の利権争いという視点で捉えられがちだが、キム・イルソン時代から一貫して中朝国境は安全保障のカナメであり、そこを見逃してはなるまい。

また、北朝鮮が崩壊し韓国主導による朝鮮民族の統一国家が誕生したとき、中国政府は自国内の朝鮮族の動きに注意を払わなければならなくなる。ウイグル族、チベット族など少数民族問題に頭を悩ます中国政府にとって、これは新たな不安材料になる。

かつて北朝鮮が三八度線の休戦ラインに配備していた軍用犬の多くは、とっくの昔に中国との国境線に移動している。韓国と接する軍事境界線よりも中朝国境のほうがはるかに危険と鋭い嗅覚で判断したからにほかならない。むろん判断したのはイヌではなく人間のほうだが、いまや中朝国境は北朝鮮にとって第一の国防最前線だ。それに脱北者対策もある。キム・イルソン時代に声高に叫ばれていた米帝、日帝攻撃はたぶんに民衆を鼓舞するための手段というところがあった。ほんとうの目標はべつにあることを「敵は本能寺にあり」というが、キム・イルソンの本能寺は北京であり、その延長線上に核戦略があった。

人生でもっとも影響を受けたのは

キム一族の祖先がピョンヤン（平壌）の近郊、マンギョンデ（万景台）に定住するようになったのは、キム・イルソンの曽祖父にあたるキム・ウンウ（金膺禹）の代からである。曾祖父は農業に従事していたが、貧しい小作農で食えなくなった。一八六〇年代にピョンヤンの大地主の墓所を管理する働き口にありつき、マンギョンデへ移ってきた。

マンギョンデにあるナムサン（南山）の頂《いただき》からはテドンガン（大同江）が一望に見下ろせた。この景勝の山林を資産家や高級官僚が買い取り、墓地にした。ここにはピョンアンカムサ（平安監司）の立派な墓所があった。ピョンアンカムサというのは李朝期の官職で日本でいえば県知事にあたるが、それほどの地位にあった人物が埋葬されるくらい墓地として一等地だった。

一八六六年夏、大院君が支配する李朝を揺るがす大事件が起きた。交易を求めてテドンガンをさかのぼってきた米英共同運航の商船シャーマン号を李朝の軍隊が襲撃したのだ。この軍に地元民も加わってシャーマン号の航路をさまたげ、火のついた小舟を放った。船が座礁してはなすすべもなく、結局、二〇余人の乗組員は全員死亡し、のちにアメリカ艦隊の攻撃を受けることになった。米朝対決の先駆けともいえるシャーマン号事件の現場は、キム・イルソンの実家からそう遠くない。

キム・イルソンによれば、シャーマン号焼き打ちに自分の曽祖父も参加していたという。一族は一九世紀から筋金入りの反米一家というわけだが、李朝時代の資料に曾祖父の名前が出てくるわけではない。襲撃に参加していなかったとしても、この事件が一族の間でずっと語り継がれてきたのはたしかで、一族に流れるナショナリズムの血潮の激しさはたぶんにシャーマン号事件に由来するのだろう。

キム・イルソンは一九一二年四月一五日に生まれた。その夜、処女航海でニューヨークへ向かっていたタイタニック号がニューファンドランド島沖で氷山に激突し、翌日未明に沈没。痛ましくも一五一三人が犠牲になった。タイタニック号はイギリスの豪華客船だが、アメリカ東部ボストンの真東一六一〇キロのところで沈んだことから、北朝鮮では「アメリカが沈んだ日に太陽が昇った」と言い伝えられた。ルイ一四世が太陽王と呼ばれたように、北朝鮮で太陽といえばキム・イルソンのことであり、四月一五日は太陽節と呼ばれ、もっとも重要な祝日となっている。

一九一二年というのは、時代の変わり目でもあった。元旦に中華民国が建国を宣言し、孫文が臨時大総統になった。二月二日には清朝が滅亡し、二〇〇〇年に及んだ中国の王朝時代が終わった。日本も大きな変化があった。この年、明治四五年の七月二九日に明治天皇が崩御し、年号は大正になった。節目の時代に生まれた男の子は、キム・ソンジュ（金成柱）と名づけられた。そこには、「国の柱に成れ」という熱烈なナショナリストだった父親の願望がこめられていた（キム・イルソンと呼ばれるようになるのは遊撃隊長になってからだが、このまま使うことにする）。

キム・イルソンは、両親が住んでいたマンギョンデで生まれたことになっている。現在、北朝鮮はマンギョンデの住居を主席の生家として一般公開しているが、実際に産声をあげたのは母親の実家であった。その家はマンギョンデから三キロほど離れた隣村のチルゴル（七谷）にあった。キム・イルソンはマンギョンデよりチルゴルが好きだった。母親の里の牛小屋から漂ってくる飼い葉の匂いや、夏の晩に蚊よけのヨモギが燃える匂いとか、ムシロに座って大人から聞いた昔話を晩年になっても懐かしんだ。

キム・イルソンの父親、キム・ヒョンジク（金亨禝）は進取の精神に富んだ熱血漢で、ミッション系の旧制中学を中退し、学校教師をしていた。中学といっても現在の大学に匹敵するほどの存在感、重量感があった。ミッション系の出身だったので父親は教会との関係が深く、友人の多くがクリスチャンだった。

「キム・イルソンの人生にもっとも影響を与えた人物はだれか」と問われたら、迷わず父親をあげたい。若くして北朝鮮のトップになれたのはスターリンに指名されたからで、恩人というならスターリンかもしれないが、生き方まで左右されたわけではない。キム・イルソンがいちばん感化されたのはやはり父親だった。父親の死後、その人脈に計り知れない恩恵を受けた。父親の短い生涯を助走路のようにして息子の長い人生があった。

チュチェ思想とキリスト教

母親のカン・バンソク（康盤石）も敬虔《けいけん》なクリスチャンの家に生まれた。彼女の父親は教育者で地元のキリスト教会の有力者であった。初代ローマ法王のペトロには岩という意味があるが、ペトロを意識した盤石という娘の名に父親の篤い信仰心があらわれている。

一九一〇年代の朝鮮半島におけるプロテスタント信者数は二五万人近くに達した。大半は長老派だった。両親も長老派で、この一帯は朝鮮半島のなかでもとくに長老派の信者が多かった。子どもの頃、キム・イルソンは母親に連れられて教会へ行った。教会では子どもたちにアメやノートをくれたので、それが目的だった。経歴や家庭環境から見て両親は熱心なキリスト教信者であったと思うが、キム・イルソンによれば、あまり熱心な信者でなかったという。たとえば、こんなふうだ。

――ある日、母親にそっと、「お母さんは、神様がほんとうにいると思って礼拝堂へ行くの？」と尋ねた。母親は笑って、「死んだあとで天国に行っても仕方がないじゃない。ほんとうはね、あんまり骨が折れるので、ちょっと骨休みがしたくて通ってるのよ」といったとか。ほかにも、母親はミサの最中によく居眠りをしたとか、牧師の説教が終わり信者たちが「アーメン」と唱えて立ち上がると母親はパッと目をさましたとか、眠ったままのときは自分がそっと母親の脇腹などを突っついて起こしたとか、母親の教会の様子はマジメなクリスチャンらしくない話ばかりである。

北朝鮮ではキム・イルソン一族とキリスト教の関係がタブー視され、文献などからも意図的に排除されている。社会主義国のトップの家系がクリスチャンというのは具合がわるいのだろう。とはいえキム・イルソンは回顧録で、「父の周辺には信者が多く、したがってわたしも信者との付き合いが多かった」と正直に述べている。現在、北朝鮮には地下教会が存在し、三万人前後のキリスト教信者がいるとみられている。全世界の人々が平和でむつまじく暮らすことを願うキリスト教の精神と、人民大衆の自主性を実現するための革命思想であるチュチェ（主体）思想とはいささかも矛盾しないという。

チュチェ思想には、外国向けと国内向けの二つの狙いがあった。前者は中国やソビエトに対して「もうあなた方のお世話にはならない。自分たちのことは自分たちでやる」という中ソ離れの宣言であった。国内向けはかんたんにいってしまえば、「自分が食べるものは、自分で手に入れなさい」ということ。要は自力更生ということであるが、事大主義《じだいしゅぎ》に対するアンチテーゼの意味合いがあった。

事大とは、大《だい》に事《つかえ》ること。そこから事大主義とは権力者や社会の風潮に迎合して自己保身を図ろうとする態度をいうが、朝鮮半島はこれまで中国王朝の言いなりであった。キム・イルソンには、五世紀の高句麗の王、広開土大王《こうかいどたいおう》のように大陸勢力の意のままにはならないという気概があった。

元ＫＣＩＡ北朝鮮調査室長のソン・ボンソン（宋奉善）は『金正日徹底研究』（崔宇根訳）で、「キム・イルソンはチュチェ思想を創始するに当たって、キリスト教をずいぶんと参考にしたと見える」と述べている。

「脱北者らが韓国に入って、キム・イルソンのチュチェからキリスト教に改宗し、聖書を読むと、聖書のなかの神や主イエスをキム・イルソンに置き換えれば、主体思想は聖書に似ていると感じられるという。ときにはかれらが聖書をそらんじたり、朗読する場合、かえって韓国の人よりずっと早く理解していく。すなわち神はキム・イルソン、主イエスはキム・ジョンイル（金正日）、聖書は主体思想、十戒は党の唯一思想一〇大原則、教会はキム・イルソン革命歴史研究室、伝導師は宣伝活動家、洗礼は党員資格獲得、説教は政治講演などという具合だ」（一二頁）

キリスト教徒にすればこういう比較は迷惑千万であろうが、いくらかは当たっている。讃美歌とアリランには、どこか相通じるところがある。また、キム・イルソンとキリスト教の関係にも意外性はない。日本ではあまり知られていないだけのことで、キム・イルソンが政権を握った当初、後見役だったのは母親の親戚にあたる牧師であった。それがなぜキリスト教会と疎遠になっていったのか。ロシアの朝鮮史家、アンドレイ・ランコフの『民衆の北朝鮮――知られざる日常生活』（鳥居英晴訳）はつぎのように述べている。

「牧師のほとんどは裕福な家族の出身であり、一九四六年の土地改革とそれにつづく産業の国有化のときに、富の分配に不満があった。加えて多くのキリスト教徒は西側と個人的なつながりがあり、アメリカを民主主義の灯台として崇《あが》めていた。このため政権の反米宣伝になじめなかった。新政権がますます厳しく抑圧的な政策を取ったことも追い打ちをかけた」（二二九頁）

二〇一一年秋、日本の一部メディアでキム・ジョンナム（金正男）の息子、一六歳のキム・ハンソルがクリスチャンというので話題になった。かれは信教の自由を公言し、首から十字架をかけていた。宗教を認めていない北朝鮮という先入観があるので意外に思われているようだ

北朝鮮の首都平壌郊外、万景台にあるキム・イルソン（金日成）主席の実家を訪れた全国から集まった学生や若者たち＝2007年4月1日（朝鮮中央通信＝共同）　　（写真提供／共同通信社）

が、キム一族はもともとキリスト教に寛容であった。少年期のキム・イルソンはキリスト教にどっぷりとつかり、父親を亡くしたあとの満州留学時代は、父親の親友であるキリスト教信者たちの援助に支えられていたのである。

不思議な回顧録

キム・イルソンは半ば隠居生活に入った一九八〇年代の後半、回顧録の執筆にとりかかった。専従スタッフを置き、国史編纂並みの大掛かりな取り組み方であった。北朝鮮においては、キム・イルソンの歩みそのものが国家の歴史である。八〇歳になった一九九二年四月、回顧録第一巻が刊行された。その冒頭には、「およそ人生の晩年にいたって自己の一生を回顧するのは、じつに感慨深いことである」と記されている。八二歳の人生を閉じる二年前のことで、本格的な回顧録というわりにはずいぶん遅い取り組みといえる。北朝鮮の刊行物のなかの虚偽の部分、度の過ぎたつくり話を目の黒いうちに修正しておきたい気持ちがあったと思われる。さらに創作が加わった部分もあるだろう。

プロパガンダや誇張、自慢話の混じらない自伝などこの世に存在しないが、キム・イルソンの回顧録には資料の裏づけのない個所がすくなくない。それはキム一族に関する北朝鮮サイドの文献全般にいえることで、韓国の歴史学者、キム・ハクチュン（金学俊）は『北朝鮮五十年史――「金日成王朝」の夢と現実』（李英訳）で、「小さな嘘から大きな嘘まで、こうした捏造は一つひとつ列挙するわずらわしさに耐えないほどたくさんある」（五九頁）と述べている。

キム・イルソン研究の大家、ソ・デスク（徐大粛）も『金日成』（林茂訳）で、「キム・イルソンは性懲りなく自分の過去の記録を書き換え、不都合な事実を闇に葬り、おのれを頂点とする体制を飾るに都合よき事実を捏造してきた」（八頁）と批判する。その一方でソ・デスクは、「しかしながら、こうした事実の歪曲、誇張そしてばかげた自己讃美の網をくぐって、人間キム・イルソンおよびその支配の実態を研究することは重要なことだ」ともいう。この指摘に同感である。

また、キム・イルソンにはこの回顧録で巷間まちがって伝わっているところをきちんと直しておきたい意向もあったはずだ。実際、事実関係が明らかになった点もすくなくない。専門家のほうがまちがっていたところもある。たとえば『北朝鮮五十年史』にはキム・イルソンの次弟、「チョルチュ（哲柱）は幼くして死んだ」（五九頁）とあるが、回顧録一巻に成人したキム

・チョルチュの写真が出ている。「撫松《ぶしょう》時代の弟　チョルチュ（一九一六・六・一一〜一九三五・六・一四）」とあって、次弟が死んだのは一九歳のときとわかる。

問題もあるが必見の書でもある回顧録は、膨大な分量にもかかわらず全巻とも「第一部抗日革命」と銘打っているように、基本的には抗日戦までの内容である。キム・イルソンが生まれる以前の一族のこと、少年期や中国東北部の吉林の学校で学んでいた頃、遊撃隊（パルチザン）の隊長の頃や中国人と一緒に日本軍と戦った時代までだ。年代的にいえば一九三八年一一月までの記述で、キム・イルソンの長い生涯のうちの二六歳と七か月までの分しかない。それ以上は断片的にふれられているにすぎない。

朝鮮労働党出版社刊の著作はすぐに日本語訳でも刊行された。『金日成回顧録　世紀とともに　第一部抗日革命』第一〜七巻（金日成回顧録翻訳出版委員会訳）である。ただし全巻のうちキム・イルソンがみずから目を通したのは六巻までで、七巻はキム・イルソンの死後、残された回想資料などをもとに遺稿編として朝鮮労働党中央委員会によって編集された。

本書もキム・イルソンの青年期までの記述はおおむねこの回顧録を参考にした。上述の母親の話は一巻（八三頁）にある（以下、巻と頁のみの場合はすべて上記の回顧録を指す）。それにしても八二歳まで生きた人間がわずか二六歳までの歩みを詳述し、七巻も残したのをどう解釈すべきか。不思議な回顧録といわざるを得ない。

筆者は以前、東大ＯＢの集まりに招かれたことがあった。そのあとの二次会で対照的な光景を見た。居酒屋のいくつかの席に分散して酒宴が始まったが、一方の席で五〇代近くの人たちが三〇年以上も前の受験勉強や大学入試の話で盛り上がっていた。高校生に戻ったような無邪気さに、「この人たちは東大合格の時点で人生が完結したのかな」という気もしたが、べつの席では口角泡を飛ばしてホットな政治や経済問題で議論していた。自分の少年期をひたすら語りつづけたキム・イルソンも支配者であった時期にあまり満足していなかったのかもしれない。蛇足ながら専門家のなかにはキム・イルソンの生涯の前半にしか興味を示さない人がいるのも面白い。

朝鮮半島では長い間、氏族のルーツと名前を組み合わせた本貫《ほんがん》が重視されてきた。韓国の場合、二〇世紀末まで同じ本貫の男女の結婚を民法で禁じていた。姓の総数は二二五とすくないうえにキム（金）、イ（李）、パク（朴）、チェ（崔）、チョン（鄭）のわずか五つの姓だけでたちまち半数に達してしまう。当然、悲恋のカップルも出てくるはずだ。ずいぶん不便な慣習と思うが、朝鮮社会から見れば日本社会のイトコ婚が理解し難いように、こういったそれぞれの異質性が民族の文化というものであろう。

キム・イルソンの本貫は南のチョルラド（全羅道）のチョンジュ（全州）、すなわちチョンジュ・キム（全州金）氏である。三代目キム・ジョンウン（金正恩）の生母、コ・ヨンヒ（高英姫）は大阪の鶴橋生まれだが、コ・ヨンヒの両親はかつてチョルラドに属していたチェジュド（済州島）の出身。チョルラドからキム・デジュン（金大中）、ノ・ムヒョン（盧武鉉）という二人の親北の大統領がつづけて出たのも因縁めいている。キム・イルソンは回顧録でしばしば本貫にふれている。警察に追われ、山中に逃げた父親が偶然にもチョンジュ・キム氏の地元民に助けられたという話を嬉しそうに書いている。

エリート教育を受けた父親

キム・イルソンは、ことあるごとに自分は貧しい家に育ったと言いつづけた。実家は先祖代々の小作農で、祖父の代には一〇人近い大家族になっていたので生活がとても苦しく家族は一生懸命に働いたというのだ。

「祖父はなんとか子や孫を養おうとわき目もふらずに働いた。他人がまだ起きださない早朝から村中を歩いて肥やしを集めた。夜は灯火の下で縄をない、わらじをつくり、むしろを編んだ。祖母も夜ごと糸をつむいだ。母は叔母たちと一緒に昼は終日畑で草取りをし、夜は木綿を織った叔父は、家計が苦しいので九つのときに千字文を少し教わっただけで学校には上がれず、幼いときから祖父を手助けして野良仕事をした」（一巻五〜六頁）

千字文は漢字学習のテキストのことだが、ここには妻を娶《めと》ったばかりのキム・ヒョンジクは出てこない。一家の大黒柱で、キム・イルソンの父親となる人物だ。キム・イルソンが生まれる一年前の一九一一年春、父親は念願かなってピョンヤンにあるミッション系の旧制中学校、スンシル（崇実）中学に入学した。マンギョンデから一二キロほど離れたところにあり、毎日、歩いて通学した。現在の大学と比べても遜色のないエリート養成の学校だった。

スンシル中学は韓国の高校の歴史教科書に出てくるほどの伝統校で、朝鮮半島の全地域から生徒を募集していた。スンシル中学を中退した父親はソダン（書堂）という寺子屋形式の私塾より一ランク上の学校教師になった。一九一六年、すでにふれたように次男のキム・チョルチュが生まれた。学校教師として満ち足りた生活を送っているように見えたが、ナショナリストで血の気の多い父親は平穏な人生に満足するような人間ではなかった。

一九一七年三月、日本の支配下にあった朝鮮半島の独立を目指すナショナリストたちの秘密結社、朝鮮国民会がピョンヤンで結成された。朝鮮国民会ができたのは、「国内外で父がおこなった精力的な組織・宣伝活動の結実であった」（一巻二三頁）とキム・イルソンはいうが、組織づくりの中心に父親がいたのを裏づける史料があるわけではない。もっとも熱心な活動家であったのはたしかで、回顧録によれば、この年の秋、父親は授業中、警官三人に踏み込まれて連行された。翌日、地元のキリスト教信者たちが学校に大勢集まって、この独立運動家の無事を祈ったというから地元の人望は厚かったようだ。

一九一八年秋、釈放された父親は教壇へ戻らず漢方を生業《なりわい》とし、ふたたび独立運動に奔走する日々を送った。日韓併合以後、朝鮮人の抗日独立運動家の多くは満州を目指した。キム・イルソンの父親もその一人であった。父親は行く先々で漢方薬の材料となる薬種《やくしゅ》を商い、また漢方医として生活費や運動の活動資金を稼いだ。二〇年、三男が生まれた。のちに長兄のキム・イルソン政権下で国家副主席となるキム・ヨンジュ（金英柱）である。この末弟が秀吉を支えた弟の秀長のような手腕を発揮していれば、北朝鮮の将来はずいぶん変わっていたはずだ。

第3章 ✷満州修業時代の人間模様

一家、鴨緑江を渡る

現在の中国東北部にあたる満州とキム・イルソン（金日成）の関係は深い。その人間形成や人脈は、朝鮮人が間島《かんとう》と呼び、一九三二年三月一日から四五年八月一八日（皇帝溥儀が退位宣言した日）までの一三年と五か月にわたり満州国が存在したこの地を抜きにしては考えられない。

「カイライ国家」「ニセ国家」と批判された満州国だが、その建国の最大の功労者として石原莞爾《かんじ》は于冲漢《うちゅうかん》という中華民国の政治家をあげている。遼寧省、吉林省、黒竜江省の東北三省は三〇〇〇万人の人口を擁していた。関東軍ですら三省を中国本土から切り離して独立国家を建設するなどとても不可能と考えていた頃に于冲漢は、「満州は独立国であるべきだ」と言い切って新国家建国にはずみをつけた。モンゴルと満州を合わせて満蒙というが、満蒙は日本の生命線といわれ、対ソ戦略の拠点だった。その一方で満州は反日運動のメッカでもあった。

満州と朝鮮半島は不思議な関係にあった。昔からペクトゥサン（白頭山）北方の中朝の境界線はアイマイであり、多数の朝鮮人が自由に出入りしていた。なかには朝に満州へ出かけて畑を耕し、夕方に朝鮮へ帰ってくる人々もいた。朝鮮半島に見切りをつけ、満州で定住する朝鮮人も多かった。一九三〇年代には約二〇〇万人の朝鮮人が満州に住み、商店は中国語と朝鮮語の両方で書いた看板を掲げていた。

一九二〇年代の満州は朝鮮人が活躍していた地域も多く、朝鮮人による自治組織として正義府、新民府、参議府の三つがあった。それぞれが支配区域の朝鮮人から税金を徴収し、行政組織はもちろん独自の軍隊を擁し、学校を運営していた。さながらローマのなかの独立国であるバチカンのように振る舞っていた。その一方で三つの府は互いに反目し、激しい勢力争いを展開していた。キム・イルソンの父親が属していた正義府は、吉林を本拠地にしていた。

父親のキム・ヒョンジク（金亨稷）は、在満朝鮮人の反日グループと連携を取りながら朝鮮半島と満州を往来していた。ボヘミアンのような父親は、ふらりと家を出たら何か月も帰って来なかった。前触れもなく久しぶりに戻ってきた父親から、「チュンガン（中江）へ引っ越す」と聞いて、家族はがっかりした。チュンガンは朝鮮半島の北端、鴨緑江に面し、冬の寒さは格別であった。

父親がチュンガンという寒冷の地に腰を落ち着けたのは、朝鮮独立運動の仲間がたくさんいたからだった。そのうちに警戒がきびしくなり、一家はふたたび荷物をまとめ、鴨緑江を渡って向こう岸の臨江《りんこう》に落ち着いた。そこは満州で、キム・イルソンと中国の愛憎からみあった長い関係がここから始まる。

一家が朝鮮半島から満州へ渡ったとき、キム・イルソンはまだ小学校へ入る前だった。幼い時期に中国語と出会ったのはラッキーだった。教師だった父親は人一倍子どもの教育に熱心で、臨江では息子が中国語を早く覚えるために中国人教師をつけた。半年間、みっちり中国語の特訓をうけさせたあと、父親は息子を中国人学校の臨江小学校へ入れた。もともと語学の才能があったうえ負けず嫌いもあって息子の中国語の上達は早かった。中国語が得意でなかった父親は、街へ出かけるときは息子を通訳代わりに連れていった。

父親が抗日活動の場としたのは、主にキリスト教会だった。教会といってもごくふつうの民家でトンガリ屋根も十字架もなかったが、オルガンはあった。オルガンが弾けた父親はオルグの合い間に歌も教えた。息子たちも父親からオルガンを習った。

キム体制では、歌舞音曲が統治の重要なツールであるが、その萌芽はここにあった。キム・イルソンは遊撃隊時代から歌を活動のなかに取り込んだ。アリラン祭の原型はこの頃から芽生えていた。キム・ジョンイル（金正日）も父親以上に音楽に入れ込み、かれ自身の音感のよさは抜群だった。オーケストラのリハーサルでかれは奏者の間違った個所を指摘して楽団員を驚かせたというエピソードはよく知られている。祖父や父親に習ってキム・ジョンウン（金正恩）も政治宣伝に音楽や演劇を大いに活用しているのは周知の通りである。

父親は引っ越し魔だった。一家は臨江から八道溝《はちどうこう》へ移った。八道溝は吉林省の東南部、鴨緑江の上流にあって朝鮮人がたくさん住んでいた。四年制の八道溝小学校を卒業する日が近づいてきた一九二三年の初め、父親はキム・イルソンに、「これからは朝鮮に帰って勉強をするのがよい」といった。父親は息子に朝鮮語と朝鮮の地理、朝鮮史を教えていたが、朝鮮のことは朝鮮半島で学ばせるのがいちばんよいと考えた。息子のたどたどしい朝鮮語も気になったのだ。

キム・イルソンは母方の祖父の家に寄宿し、クリスチャンの祖父が校長をつとめるチャンドク（彰徳）という教会学校の五学年に編入学した。父親は自分の実家があるマンギョンデ近辺の学校ではなく、妻の里を選んだのは息子にキリスト教的な教育を望んだからにほかならない。キム・イルソンの担任教師はスンシル中学を中退して赴任したばかりの新米教師でカン・リャンウク（康良煜）といった。名前から察しがつくように母方の一族で、牧師であった。のちにカン・リャンウクは北朝鮮政界の重鎮となり、最高人民会議常任委員会書記長や国家副主席をつとめ、初期のキム・イルソン政権を支えた。

一九二六年四月一五日、病床に伏すようになった父親が突然、「街を見物しよう」とキム・イルソンを誘った。この日はキム・イルソンの一四歳の誕生日だった。父親は時計が陳列されていた店へ入って懐中時計を買った。息子への誕生祝いであった。「時間を大切にするんだよ」と、父親はいった。それから二か月後の六月五日、父親は三二歳の誕生日を目前にしてこの世を去った。

頼りは父親の友人

父親を亡くしたキム・イルソンは、満州の撫松から一二〇キロ離れた樺甸《かでん》にある二年制の朝鮮人軍事学校、華成《かせい》義塾へ入った。華成義塾というのは満州在住の朝鮮人自治集団、正義府が運営する直属部隊の幹部養成所で、入学にあたっては父親の友人たちが推薦してくれた。後年、キム・イルソンは外国の政治家から、「主席は共産主義者であるのに、どうして民族主義者が運営する軍事学校へ進学したのですか」と尋ねられたことがあった。理由はいたってかんたんで、ほかに選択肢がなかったのだ。

キム・イルソンの本心は旧制中学への進学だったが、母子家庭になって希望がかなうような経済状態ではなかった。華成義塾は授業料が無料で、生活費は父親の友人たちが援助してくれた。キム・イルソンにとっては救いの神のような華成義塾だが、肌が合わなかった。だんだん嫌気がさし、教練のやり方などに不満が募った。愚痴などいえた義理ではなかったが、結局、華成義塾に馴染めず見切りをつけた。

華成義塾を中退したあと、「自分には二つの道があった」とキム・イルソンは述懐している。第一の道は、母親のいる撫松に帰ること。撫松には父親が残していった薬局があった。叔父のキム・ヒョングォン（金亨権）が薬局を手伝っていたが、大酒飲みになって生活が乱れ、瀋陽や大連などを放浪していた。薬局にはまだ薬や薬種が残っていた。キム・イルソンが薬局を継げば、母親もひと安心だった。

第二の道は、瀋陽とか吉林のような都市へ出て上級学校で学ぶことだ。軍事学校へ行くときも、直前までこのコースを考えたと思われる。学費のメドが立たず断念したが、どうしても諦められず、それが華成義塾への物足りなさにつながったのかもしれない。選んだのは吉林の旧制中学への進学であった。楽天家のキム・イルソンは父親の友人たちの好意をそでにして軍事学校を飛び出したあとも、かれらの援助に期待していた。その支援なしに上級学校への進学は不可能だった。

一九二七年の正月を撫松で母親や弟たちと過ごしたあと、一月中旬、キム・イルソンは列車で吉林へ向かった。吉林駅に着いたキム・イルソンは人口二〇万人の省都の盛況に目を奪われ、街を行き交う水売りの多さに驚いた。水の都とうたわれた吉林は、深刻な水不足に悩んでいた。飲み水に事欠く大都市に衝撃を受けたようで回顧録には、「一杯の水にもソロバンをはじかなければならない都会生活の重圧が、わたしの胸にもひしひしと迫ってくるような気がした」（一巻二六一頁）とある。貧乏留学生は水を買うことなど想像もしていなかったであろう。

当時、東北三省を支配していたのは軍閥の張作霖《ちょうさくりん》だった。満州国の建国を画策していた関東軍は張作霖とそりが合わなかった。張作霖爆死事件が起きたのは一九二八年六月四日で、その支配地域を長男の張学良《ちょうがくりょう》が継いだ。政情不安定な吉林には、朝鮮の独立を目指すナショナリストやコミュニストが大勢集まっていた。

キム・イルソンが吉林を目指したのは、ここには父親の友人が多く居住していたからだ。キム・イルソンは吉林へ向かうとき、父親の友人たちの住所を頭に叩き込んだ。道を尋ねるたびに手帳を取り出し、凍《こご》えた手でめくるのが億劫だったからだ。かれらの居所は命綱のようなものであり、父親が残してくれた最大の遺産といってよかった。困ったときには知り合いの好意に甘え、また甘えられたほうも熱心に世話を焼く。どこの国、どの社会でもすくなからず見られる光景であるが、キム・イルソンの場合はその度合いが際立って多かった。

陽気で腰の軽いキム・イルソンは、人に好かれるタイプだからずいぶん得をした。知り合いに頼るのがそれほど苦にならないのは、この人物の天性といってよかった。最初に訪問したのは正義府の軍隊を率いるオ・ドンジン（呉東振）だった。父親の友人たちの好意を踏みにじって華成義塾を中退してきたのだから、こっぴどく叱られるのは覚悟のうえだった。

詫びたキム・イルソンにオ・ドンジンはやさしかった。熱心なキリスト教信者であった夫婦は、「卒業するまでこの家にいてはどうか」といった。渡りに船であった。キム・イルソンの生涯には、このようにコトがうまく運ぶことがしばしばあった。その後、オ・ドンジンが逮捕され、あらたに宿を探さなければならなくなったときも、あわてた様子はない。苦もなくつぎの居候先を見つけている。その後も知人宅を転々とした。回顧録には、だれから夕食に招かれたとか、だれそれに旅費をもらったといった記述はあるが、アルバイトをした形跡はない。

食客《しょっかく》ということばがある。手元にある大辞泉をひくと、「客の待遇で抱えておく人」、または「他人の家に居ついて食わせてもらっている人」とある。吉林時代のキム・イルソンはまさしく後者であった。北朝鮮史において、これは案外注目すべき点かもしれない。というのは、この国には創業者の個性が反映されている部分がすくなくないからだ。食客の多くは、表むきの態度とは裏腹に食わせてもらっているという気も感謝の念もほとんどない。キム・イルソンはソビエトや中国、あるいは東欧の友好国の援助を受けてしのいできた。日本もコメを送った。いってみれば北朝鮮は食客国家であり、そのなかでいちばんむさぼり食われたのが中国であり、いまもそうだ。

キム・イルソンが父親の友人の勧めで入学したのは、吉林市内の中心部にある中国人学校、毓文《いくぶん》中学であった。吉林市内のブルジョワ層によって創立された私立学校で経営的に不安定なところがいくぶんあったが、生徒たちの学力はおおむね高いと見られていた。父親の友人が教師に引き合わせてくれ、その教師の案内でキム・イルソンは赴任して間もない李光漢《りこうかん》校長に会った。

キム・イルソンは校長に一学年飛ばして二学年に入れてもらいたいと頼んで了解を得た。吉林でようやくまともに勉強できる環境を得たキム・イルソンは、この旧制中学の革新的な校風がすぐ気に入った。後年、周恩来が訪朝した際、キム・イルソンは若いときに自分を支えてくれた中国人の名前を何人かあげた。李光漢の名前を出したとき、周恩来は天津の南開大学付属中学の同窓だといって懐かしがった。

ナゾが残る学資の出所

毓文中学の学費は月額三円ほどだった。「当時母の収入といえば、針仕事などをして得る日に五〜一〇銭というわずかなもの」（三巻一一六頁）で、母親が頑張って毎日一〇銭稼いでも月に三円にしかならない。長男に月の稼ぎの大半を送ったら母親と次男、三男の三人家族はとても暮らせない。父親の友人たちの援助にも限度がある。薬局が順調にいっていたのか、それとも父親の友人以外のスポンサーがいたのか。学資の出所にはナゾが残る。

吉林の書店には、撫松や樺甸にはなかった書籍がたくさん並んでいた。読書好きのキム・イルソンは、「金と水と薪には困るが、本が多くてよい」と喜んだ。本を買う余裕がなかったので、もっぱら図書館を利用した。書店に読みたい本があったときは、裕福な仲間に買ってもらい、それを借りて読んだ。読みもしないのに見栄で本を買う者がいたおかげで希望する本をずいぶん手にし、乱読した。

なにごとにもマメなたちのキム・イルソンは、いったん熱中するとそれにのめり込んだ。図書館通いもそうで、時間があれば市内の図書館か学校の図書館にいた。市内の図書館は有料で一か月の閲覧料が一〇銭だった。毎月閲覧券を買って、放課後に立ち寄って何時間もそこで過ごしたというが、閲覧料だけでも相当の出費であったはずだ。

毓文中学は、図書館の運営をある程度生徒の管理にゆだねていた。半年に一度、生徒総会で図書主任を選び、図書主任に書籍購入の権限をもたせていた。キム・イルソンは図書主任に二度選ばれ、その都度、コミュニズム関連書を何冊も買った。本人の弁によれば、『共産党宣言』、『資本論』、『国家と革命』、『賃労働と資本』といったマルクス・レーニン主義の古典や解説書からゴーリキーや魯迅などの文学書まで熱心に読んだという。後年、キム・イルソンはピ

中国東北三省と朝鮮半島の地図

ヨンヤンの中心部に巨大な図書館（人民大学習堂）を建設することになるが、その夢は吉林で図書館に入りびたりになっていた頃に芽生えていたのであろう。

恩師と恩人

一九二八年二月、北京大学英文学部を出た尚鉞《しょうえつ》が毓文中学に赴任してきた。『紅楼夢《こうろうむ》』の講義は生徒たちの人気の的だった。尚鉞は中国共産党員だった。授業中、キム・イルソンはたびたび質問した。質問魔だった。しつこいので嫌う教師もいたが、尚鉞は質問する生徒を歓迎した。親しみを感じたキム・イルソンは、尚鉞の家に押しかけて文学以外のことも質問した。

キム・イルソンが社会問題で骨太のコミュニストと本格的に語り合ったのは、この中国人が初めてであった。尚鉞との付きあいは六か月にすぎなかったが、考え方など学ぶ点が多かった。半年でべつの中学へ移っていった尚鉞は上海や重慶、延安などで党活動、文化活動に従事し、満州国があった頃は党がハルビンに設置した満州省委員会書記の要職についた。北京にある中国人民大学教授をつとめ、一九八二年に亡くなった。

キム・イルソンは、中国の要人がピョンヤンを訪れるたびに尚鉞の安否を尋ねたが、再会する機会はなかった。一九八九年に尚鉞の長女（中国科学院力学研究所研究員）、九〇年に三女（中国人民大学教員）をピョンヤンに招待し、面会している。恩義を感じた人やその係累は生涯にわたって大切にした。

吉林で多数の朝鮮人に助けられたキム・イルソンだが、そのなかでもっとも世話になったのは、キリスト教会牧師のソン・ジョンド（孫貞道）だった。スンシル（崇実）中学の出身で、父親の親友だった。熱烈なナショナリストであったかれは、かつて上海臨時政府で議政院（国会に相当）議長をつとめたこともあった。上海臨時政府は一九一九年、朝鮮人の独立運動家によって組織され、のちに軍隊も擁した。かれは派閥争いにうつつをぬかす組織に絶望し、吉林へ移って教会を建てた。

ソン・ジョンドには三人の息子と二人の娘がいた。自分の家庭もたいへんだったはずだが、牧師は何度となくキム・イルソンに学資を援助した。歴史の人間模様は、複雑にもつれ合うことがある。牧師の長男、ソン・ウォンイル（孫元一）はのちに韓国海軍の士官となり、キム・イルソンと真っ向から対決する立場になった。ちなみに韓国のソン・ウォンイル級潜水艦は、韓国海軍の初代参謀総長だった牧師の長男の名に由来する。

吉林に来て二年が過ぎた一九二九年秋、コミュニストの活動家になっていたキム・イルソンは検挙された。一七歳のときだった。ソビエト寄りの過激派だった吉林第五中学の生徒が取り調べられたとき、毓文中学の共青組織まで自供し、キム・イルソンらが芋づる式に捕まった。回顧録によれば、放り込まれた吉林拘置所は陽が差し込まず、冬のように冷え冷えとしていた。牧師のソン・ジョンドが布団を差し入れてくれた。かれは吉林省の実力者、張作相《ちょうさくそう》に保釈を働きかけていた。牧師のワイロが効いたのか、一九三〇年五月初旬、キム・イルソンは釈放された。

キム・イルソンは吉林拘置所を出て自由の身になると、ソン・ジョンドの家に向かった。牧師夫婦はわが子が釈放されたように喜んだ。一家は吉林を去る準備をしていた。昼食を振る舞ったあと牧師は、「情勢がきびしいから吉林にこれ以上とどまってはいけない。時局が時局だけに、どこへ行っても身辺に注意しなさい」といって送り出した。キム・イルソンも恩人の助言にしたがって吉林を離れた。あと一年で卒業できたが、二度と毓文中学に戻ることはなかった。学校生活に終止符を打ったキム・イルソンは、抗日ゲリラとして地下活動へと入っていった。

母親への微妙な感情

キム・イルソンは、苦労して学資を工面してくれた母親のカン・バンソク（康盤石）に相談もしないで毓文中学を中退した。母親は撫松から安図《あんと》に引っ越していたが、すぐに連絡した形跡もない。母と子の間には、他人には窺い知れない微妙な感情の揺れがあったようだ。母親は賢い女性であったが、一風変わっていた。キム・イルソンも、「ふつうの母親ではなかった」と回顧録で漏らしている。キム・イルソンは母親を終生褒め称えたが、その一方で母親の気持ちがわからず悩んでもいた。

撫松で執りおこなわれた父親の葬儀のときのことだ。母親は三人の息子に礼の仕方、焼香や酒のつぎ方を丁寧に教え、正装で葬列に並ばせた。しかし自分は喪服も身に着けず、埋葬の場にも立ち会わなかった。その後も息子たちがいくら一緒に墓参りをしようとせがんでも行かなかった。「母がわたしたちと一緒に墓参りをしなかったのは、子どもたちに涙を見せたくなかったからであろう」（二巻二五六頁）とキム・イルソンは述懐するが、本心はナットクしていなかった。

　キム・イルソンは逮捕され、拘置所に入れられたとき、母親に知らせなかった。心配をかけたくなかったからという。したがって母親が面会に訪れなくともべつに気にすることもなかった。ところが、まだ獄中にいたときの冬休みに友人が母親に会って、息子の境遇を伝えた。キム・イルソンはそのことを知ってから、途端に落ち着かなかった。息子が囚《とら》われの身であるのを知ったのだから、そのうちに必ず来るはずだと、ずっと母親の面会を心待ちしていた。結局、母親は一度も姿を見せなかった。

「息子が監獄に入れられたと知ったら、百里の道を遠しとせず差し入れを用意してきて、面会をさせてくれと看守に泣きつくのが母親の情というものであろう。しかし、わたしの母はそうしなかった。母はたいへんな忍耐力を発揮したのだと思う。母は父がピョンヤン監獄に投獄されたときは、わたしを連れてたびたび面会に行った。その母が一〇年後、息子が入獄したときは一度も面会に来なかったのだから不思議に思われるかもしれない。後日、安図でわたしに会ったときも、面会に来なかった理由を語らなかった。しかしわたしは、面会に来なかったところに、母の深い愛情があると思っている」（二巻二〇頁）

　この記述から、老境に至っても一〇代のときに味わった悶々とした気持ちを忘れていなかったキム・イルソンの心情がうかがえる。

　吉林拘置所を出たあとのキム・イルソンの行動も不可解だ。本来なら、まっすぐ母親や二人の弟たちが待つ撫松の家へ駆けつけて再会を喜び合い、これまでの仕送りに感謝し、逮捕された一件や毓文中学を中退した理由を説明するのが常識的な行動であろう。そうしなかったのは、本人の説明では、なによりもまず革命家としての決意を優先させたからだという。

「出獄して広い世間へ出てみると、もう学校に縛られた身ではないのだから、家に帰って何日か母と一緒に過ごすのが子としての道理ではなかろうかという気もした。しかし、わたしは敦《とん》化《か》へ向かって決然と歩き出した。敦化の西南方二四キロほどのところに四道荒溝《しどうこうこう》という山村がある。ここがわたしの受けもった工作地であった」（二巻二〇頁）

　気取り屋らしくいかにも颯爽と革命運動へ歩を進めたような書き方だが、内実はちがってキム・イルソンは休息を必要としていた。とりあえず知り合いの家で長い拘置生活で溜まったストレスを癒すことにした。ここに一か月ほど滞在したが、その間、世話になった家の亭主がキム・イルソンの母親に会いに行っている。現在は吉林省延辺朝鮮族自治州に属する安図はアヘンと朝鮮人参の生産地で知られ、四道荒溝から八〇キロの距離であった。

八〇キロはシンドイが、歩けないこともない。本人が行かなかったのは、何か事情があったのだろう。母親の家へ出掛けていた亭主はキム・イルソンのすぐ下の弟、キム・チョルジュ（金哲柱）を連れて戻ってきた。母親の手紙も持参していた。

「わたしはその手紙を見て、その間、撫松を離れて旧安図（松江）西門の外の馬春旭の家に間借りしていた家族が、興隆村に引っ越したことを知った。母は旧安図にいる間、馬春旭の家でミシンを借りて裁縫の手内職をしながらいろいろと苦労したが、興隆村へ移ってからも暮らしを立てるため仕事の手を休めるいとまがないという」（二巻二二頁）

回顧録でキム・イルソンは世話になった人についてマメに書いているが、馬春旭という中国人についてはこれ以上何もふれていない。どういう経緯があって母親は転々と住まいを変えたのか。このあたりに女盛りの母親と年頃の息子の間に交差した屈折した思いとか、キム・イルソンが次第に中国嫌いになっていく要因の一つが潜んでいるのかもしれない。

一九三二年春、いっぱしの抗日ゲリラとなったキム・イルソンは自分が率いる遊撃隊が遠征する直前、興隆村の母親の家へ立ち寄った。この年の三月一日には満州国が建国されていた。久々に母親と息子三人は夕食の膳を囲んだ。「皿にハヤの焼き物が盛られていた。その味は格別だった。どこで手に入れたのかと聞くと、兄さんが来たらおかずがなくて心配だといって、ヨンジュ（英柱）が川で釣ってきた魚を串刺しのまま軒につるしておいたのだと母が話した」とキム・イルソンは懐かしそうに回想している（二巻二五四〜二五五頁）。

キム・イルソンが出かける直前、母親は行李の底から五円紙幣を四枚取り出した。「男のふところには急場に使うお金がなくてはならないものだよ」といって母親は、孫文が外国の大使館に監禁されたとき、掃除夫にカネをつかませて脱出したというエピソードを話した。当時の二〇円は、「米を買ったら三人が一年は食べていけるほどの額だった」とキム・イルソンはいう。

一九三二年七月三一日、母親は亡くなった。三九歳だった。このとき二〇歳だった長兄のキム・イルソンは不在で、一八歳のキム・チョルジュと一一歳のキム・ヨンジュの弟二人が母親を看取った。父親の墓は撫松にあったが、母親は安図に埋葬された。両親の墓が中国からピョンヤンに移されて一緒に埋葬されたのは、戦後もしばらく経ってからだった。

次弟のキム・チョルチュは早くから共青活動に参加していた。兄同様、世話好きで流暢な中国語を話し、安図では抗日部隊の工作部長だったが、一九三五年六月、一九歳で死んだ。撫松で薬局を営んでいた叔父のキム・ヒョングォン（金亨権）はその後、抗日武装ゲリラになった。一九三〇年の夏、叔父の名前が新聞に出た。叔父を含む四人の武装グループが鴨緑江を越えて朝鮮半島へ侵入し日本人巡査部長らを射殺し、逃亡したという記事であった。叔父は逮捕され、一五年の懲役刑を宣告された。一九三六年一月、京城刑務所、のちのソデムン（西大門）刑務所で病死した。三〇歳であった。

戦後、叔父の一人娘、キム・ヨンシル（金英実）はキム・イルソンが設立したエリート養成学校のマンギョンデ革命学院で学んだ。キム・イルソンはキム・ヨンシルの保護者として姪の成長を見守ったが、彼女は朝鮮戦争で爆弾に遭って死んだ。北朝鮮の核開発に携わったキム・デホ（金大虎）の『私が見た北朝鮮核工場の真実』（金燦訳）にこの叔父が出てくる。

それによれば、叔父が日本の警察に逮捕されたきっかけは、同じ武装グループにいたチェ・ヨンパル（崔用八）という男の密告だった。戦後、キム・イルソンはこの男の一家をすべて捜し出し、一人を除いてことごとく殺害した。キム・ジョンウン（金正恩）によるチャン・ソンテク（張成沢）一族粛清事件を連想させる残酷な出来事だが、このとき唯一助けられたのはモスクワ留学帰りのチェ・ハッグン（崔学根）という博士だった。北朝鮮初の核物理学者で核開発の初期から参加し、原子力工業部長としてキム・イルソンの核戦略を支えた。

キム・イルソンは長い間、弟たちに対して後ろめたさを感じていた。「母が亡くなって、わたしは二人の弟の保護者となり、一家の長となった。しかし革命はわたしにその務めも、保護者の役目も果たすことを許さなかった。荒涼とした葦原《あしはら》に囲まれた小沙河《しょうさが》の谷間に、涙にくれる幼い弟たちを残して北満州へ向かうわたしの心は重かった」と苦しい弁解をしている（二巻三二八頁）。

キム・イルソンが幼い弟たちを残して地下活動の場へ戻れたのは、馬春旭の家か、あるいはべつの家で弟たちは食べさせてもらっていたからだろう。その後、キム・イルソンは弟たちと連絡を取り合っていない。一家の長としてはたしかに無責任で、長くキム・イルソンのトラウマとなったのは否めない。満州の抗日武装グループのなかで頭角を現し、やがて一隊を率いる遊撃隊長となったキム・イルソンは、折にふれて末弟の身の上を案じた。晩年にいたっても、「手紙一通送れずに四年の歳月を過した自分の薄情さが恨めしく思われた」と自省している。長兄と末弟が再会したのは、戦後のことであった。長い間、末弟は有名なキム・イルソン将軍が自分のじつの兄とは知らなかった。

第４章 遊撃隊長のトラウマ

なぜ中国共産党に入党したのか

一九二五年、満州に逃れてきた反日朝鮮人を中心にして朝鮮共産党が組織された。しかし、結束力に難があった。本来の闘うべき相手は日本と満州国の軍や警察であったのに、内輪もめを繰り返していた。中国吉林省の敦化から二四キロ離れた四道荒溝に集まっていた朝鮮共産党のメンバーからは、「朝鮮民族は無駄に血を流している」と嘆く声があがっていた。

かれらは学校や発電所に放火して社会不安をかきたてていた。キム・イルソン（金日成）は、朝鮮人コミュニストが過激化した原因の一端はコミンテルン（共産主義政党の国際組織）の一国一党制にあると見ていた。中国共産党に入党するために、朝鮮人コミュニストは自分たちの存在を派手にアピールしようとした結果、ばかばかしい行動に走ったというのだ。

在満の朝鮮人は中国共産党満州省委員会へ入党しなければならなかった。コミンテルンは、一つの国に一つの共産党しか認めなかった。まだ韓国という国も、北朝鮮という国もなかった。

第三インターナショナルともいわれたコミンテルンは一九一九年三月、レーニンの指導のもとに結成された。所詮はソビエト共産党による、ソビエト共産党のための組織であった。コミンテルンから無視された朝鮮共産党は結党から三年後に空中分解してしまった。

キム・イルソンは、派閥争いを繰り返している朝鮮人の幹部に嫌悪感を抱きながらも、コミンテルンのやり方に承服できなかった。あからさまな批判は口にしなかったが、のちにキム・イルソンが自主路線へ突き進む契機となった要因の一つは、コミンテルンへの反発であった。

キム・イルソンが中国共産党に入党したのは、一九三一年一〇月といわれている。北朝鮮の公式文書はキム・イルソンと中国共産党の関係をぼかしてきたが、回顧録は初めて中国共産党との関係にふれている。淡々とした記述だが、そこにはキム・イルソンの屈折した心情がにじんでいる。

キム・イルソンはいう、「われわれが中国の党との連携を重視したのは、満州省委員会傘下の党組織に朝鮮人が多かった実情とも関連している。東満州特別委員会にも朝鮮人が多数入っており、東満州地域の県党委員会や区委員会の指導部もそのほとんどが朝鮮人で構成され、党員の比率においても九〇％以上が朝鮮人であった」（二巻五一～五二頁）。

中国共産党といっても満州の場合、実質的にはわれわれ朝鮮人の党だったとキム・イルソンはいいたいのだが、これは的外れではない。数字もほぼ合っている。中国・延辺生まれの北朝鮮研究家、李成日《りせいにち》の『中国の朝鮮半島政策――独立自主外交と中韓国交正常化』にも、「一九三一年一一月になって、東北地域の中国共産党員は二〇〇〇人にのぼったが、そのなかの八五

％を朝鮮民族が占めていた」（三二頁）とある。

もっとも回顧録のどこにも中国共産党に入党したという明確な記述はなく、「中国党組織の幹部としても活動することになった」（二巻五二頁）とさりげない言い方で中国共産党員であった事実を認めているにすぎない。しかし、一国の最高指導者という立場からすれば、これでもずいぶん踏み込んだ表現といえよう。北朝鮮の民衆の気持ちになってみれば、自分たちの建国の英雄がヨソの国の政党の一員であったというのは、あまり気分のいい話ではあるまい。これでは統治の正統性を担保する革命神話も色あせてしまいかねない。

キム・イルソンの死後、回顧録の一部が書き換えられたのではないかとささやかれた。主席が官製北朝鮮史をくつがえすことを平気で語っているからだ。具合のわるい部分が、キム・ジョンイル（金正日）の指示で修正された可能性は否定できない。修正に限度があったのか、一部に混乱がある。

軍創設記念日のミステリー

回顧録の記述のなかで官製北朝鮮史からはずれた例を一つあげてみたい。それは、「わたしは、同志たちの報告を通して革命軍の結成準備が完了したことを知った。孤楡樹《こゆじゅ》に行ってみると、隊員の名簿や武器がととのっており、結成集会の場所や参加者も決めてあった。朝鮮革命軍の結成式は、一九三〇年七月六日、三光学校の運動場でおこなわれた。武器を授与する前に、わたしはかんたんな演説をした」（二巻五七頁）という一節だ。

北朝鮮において主席の文言は法に等しい。こういう書き方をすれば、だれが読んでも朝鮮人民軍の創設記念日は七月六日と思うであろう。にもかかわらず七月六日に特別な行事はない。北朝鮮では、一九三二年四月二五日にキム・イルソンが南満州の安図の小さな村で遊撃隊、すなわち抗日パルチザンを組織したのをもって、朝鮮革命軍の始まりとしている。

朝鮮革命軍という名称はすでに在満朝鮮人の自治組織だった正義府、新民府、参議府が一緒になって結成された国民府で使っていた。「二つの軍事組織は名称は同じでも、指導理念と使命は異なっていた。国民府の朝鮮革命軍は、国民府の内部矛盾をそのまま反映して、実地の活動過程で対立と紛争がたえず、その名称や幹部の顔ぶれが三日にあげず変わるので、実際にその実体はつかみようがなかった」（二巻五八頁）と、自分のほうこそ本家本元というが、キム・イルソンの朝鮮革命軍は実体すらない架空の部隊だった。

軍に権力基盤をおくキム一族にとって、四月二五日の軍創設記念日はきわめて重要な日だ。世界が初めてキム・ジョンイルの肉声を耳にしたのは、一九九二年四月二五日、軍創設六〇周年の記念式典で、「英雄的朝鮮人民軍将兵に栄光あれ！」と短く叫んだときだった。三代目のキム・ジョンウン（金正恩）が軍最高司令官として初めて登場したのは、二〇一二年四月二五日、軍創設八〇年を記念する中央報告大会のときであった。

例年、この日に主席や総書記は軍の将兵に贈りものをし、第一書記も祖父や父親の先例にしたがっている。しかしながら回顧録は一九三二年四月二五日になぜか一言もふれていない。そもそも一九三一年一月から一九三三年一月までの二年間は、回顧録からすっぽりと抜けている。ややこしいことに、北朝鮮はもともと一九四八年二月八日を軍創設の日としていた。三〇年間にわたって二月八日に軍創設記念のセレモニーがおこなわれてきたのである。

ところが一九七八年から、なんの説明もなく軍創設の日は一九三二年四月二五日に変更された。いきなり年代が大幅にさかのぼった結果、つじつまの合わない事態が生じた。一九七七年二月八日に創設二九周年を祝い、翌年の一九七八年四月二五日には創設四六周年の式典をおこなった。前代未聞の変更で、ふつうはまずあり得ない。そのうえ孤楡樹で一九三〇年七月六日に朝鮮革命軍の結成式がおこなわれたという回顧録の記述は、軍創設の年月日をさらに混乱させることになる。一体、キム・イルソンの意図は何だったのか。

このミステリーを解くカギは、キム・イルソンが中国共産党に入党した時期にある。戦後もどんどん歳月が流れ、中国側の史料などからキム・イルソンと中国共産党との関係が次第にはっきりしてきた。キム・イルソンが中国共産党に入党したのは一九三一年一〇月といわれ、それが世界に広く知られ、定説となりつつあった。そうすると、一九三二年四月二五日の軍創立では中国共産党入党後ということになって具合がわるい。中国共産党員の自分が朝鮮人民革命軍をつくったというのは、どう考えても筋が通らない。そこでさらに前倒しして一九三〇年七月六日に朝鮮人による自前の軍隊を結成したことにしたかったのではあるまいか。ただ、さすがにキム・ジョンイルも軍創設記念日の三度目の変更はちゅうちょしたのだろう。

軍創設の日が一九三二年四月二五日であれ、一九四八年二月八日であれ、注目したいのは朝鮮人民軍が北朝鮮の建国（四八年九月九日）より先行している点だ。これはキム・ジョンイルが唱えた先軍思想の先がけをなしている。建国以前から中国共産党の指揮下にあった人民解放軍が建国後も実質的には党の軍隊であるように、遊撃隊から派生した朝鮮人民軍が建国前も建国後もほかならぬキム・イルソンの軍隊であるという認識がいまも北朝鮮には不文律のようにある。

中国共産党指導下の抗日武装組織でキム・イルソンは中国人の周保中《しゅうほちゅう》という人間味に富む上官の薫陶を受けてリーダーとしての素養をやしなった。

キム・イルソンは上司運に恵まれていた。直接の上官だった魏拯民《ぎしょうみん》もキム・イルソンの人間形成に影響を与えた中国人だった。キム・イルソン研究家のソ・デスク（徐大粛）によれば、「病弱の身であった魏拯民をキム・イルソンはつねに気遣い、手に入れ難い薬草の入手に奔走したり、たとえ食料が底をついていても魏拯民にだけは食料を絶やさなかった。一方、魏拯民もキム・イルソンが密営地を訪れると、キム・イルソンの大好物だった冷麺を用意した」という（『金日成』八八頁）。

魏拯民は一九三五年にモスクワでひらかれたコミンテルン第七回大会に中国共産党の代表として派遣された。魏拯民はモスクワでキム・イルソンの素性について報告していた。そこにはキム・イルソンについて、勇敢で積極的であるとか、中国語に堪能で隊員と語り合うことを好み、隊員のあいだで信頼され尊敬されているといった評価が記されてあった。

一九三六年二月二〇日、バラバラだった抗日勢力を結集して東北抗日連軍が結成された。主力となったのは朝鮮人で、一一軍を構成するまでに拡大した。しかし、しょせん連軍とは名ばかりの寄せ集め部隊であった。

「中国のイヌ」を容赦しなかった理由

キム・イルソンと二人の中国人上官の間には信頼関係が築かれていたが、東北抗日連軍の中国人と朝鮮人は一皮むけば犬猿の関係にあった。中国人の多くは内心では朝鮮人を嫌い、多数の朝鮮人もまた自分の利益しか考えない中国人を嫌悪した。呉越同舟の部隊に疑心暗鬼が充満し、やがて中国人側が多数の朝鮮人を日本のスパイとして糾弾し、あげくは殺害するという悲劇が起きた。いわゆる民生団事件である。

民生団は、満州在住の朝鮮人と良好な協力関係をつくるため朝鮮総督府によって一九三二年二月に設立された。ソ・デスクは民生団を、「度重なる匪族《ひぞく》による略奪を抑えるために、日本の警察が組織した在満朝鮮人の組織」（『金日成』七一頁）と説明している。民生団の団員は遊撃隊員になりすまして遊撃隊のキャンプに入り込み、隊員の数とか武器の保有状況などを調べていたとソ・デスクはいうが、実際には活動実績がほとんどなく、民生団自体が五か月後の七月に廃止された。

皮肉にも東北抗日連軍内部の反民生団闘争という内ゲバは、肝心の民生団が解体されたあとに起こった。中国人側はつぎつぎと朝鮮人に対して民生団員の烙印を押し、密告があればろくに調べもしないで糾弾し、ときには処刑した。民生団は反共を鮮明にしていたので、満州の中国共産党にとって民生団に入った朝鮮人は目の敵であった
手をたずさえて日本と闘っていた中国人と朝鮮人が互いに猜疑心と憎悪にかられ、血なまぐさい悲劇を呼んだ。反民生団闘争で中国側に抹殺された仲間の朝鮮人をキム・イルソンは回顧録のなかで何度も思い出し、繰り返し犠牲になった仲間を悼《いた》んでいる。キム・イルソンは、日本側の文書によれば民生団はせいぜい七、八人という記録があるのに、その少人数を暴きだすために二〇〇〇人以上の朝鮮人を民生団と断じて殺害した、と強い口調で告発している。そして満州の中国共産党を「これは世界の共産主義運動史に前例をみない大きな悲劇であり、愚昧《ぐまい》と無知と非常識の極みであった」（四巻五〇頁）と批判する。

魏拯民が間に立って中国側が行き過ぎを謝罪して双方の対立は収まったが、キム・イルソンの中国人に対する不信は解消されなかった。その後も、中国人の前では大袈裟なほど親中国の態度を見せ、「中国民族と朝鮮民族の間柄はだれも断ち切れない」としばしば口にした。しかし、心の奥深くに沈殿する反民生団闘争の怨みは生涯消えることはなかった。建前は親中反米、本音は嫌中親米という複雑なキム・イルソンの感情の萌芽はこの事件あたりにあるのだろう。

また、反民生団闘争でキム・イルソンは、仲間を売る朝鮮人に激しい憤《いきどお》りを覚えた。後年、中国人の手先になった朝鮮人を「中国のイヌ」と軽蔑し、容赦しなかったのは、このときに受けたトラウマによる。中国のスパイに対する過剰なほどの警戒心はキム・ジョンイル、キム・ジョンウンへと受け継がれた。

キム・イルソンの中国批判は公けの場では自重していたが、内部の会合では歯に衣着《きぬ》せることはなかった。

一九七〇年代にキム・イルソンは外交部（外務省）で訓示した。北朝鮮の元外交官、コ・ヨンファン（高英煥）の『平壌25時――金王朝の内幕』（池田菊敏訳）によれば、キム・イルソンはこう述べたという。

「中国との外交は慎重にしなければならない。中国人たちはコルマニ（懐をさすロシア語）をつねに四つもっている、ということを肝に銘じないといけない。かれらは人を助けるとき、コルマニを全部はたいてみせながら、『あなたとわたしは無二の親友だ』という。しかし、かれらの着物のなかには肌着のコルマニが二つまたはそれ以上あって、自分の分はべつにとってあるのだ」（一九七頁）

もっとも北京に視点を移せば、見方はアベコベになる。警戒心を抱いていたのは中国側も同様だった。キム・イルソンやキム・ジョンイルに対する疑心暗鬼という点では、むしろ中国のほうが強く抱いていた。毛沢東は、存在しなかった朝鮮人民革命軍なるものを平気ででっち上げたキム・イルソンを信用していなかった。その姑息さは長征を乗り越えてきた毛沢東にすれば笑止千万であった。

ロシアの著名な朝鮮史家、アンドレイ・ランコフの『スターリンから金日成へ――北朝鮮国家の形成　1945～1960年』（下斗米伸夫／石井知章訳）もつぎのように述べている。

「在学中から共産主義的抵抗運動とつながっていた若いキム・ソンジュは、共産主義者のゲリラ運動に参加した。かれのこのときの状況はよくわからない。公式の北朝鮮の宣伝では、キム・イルソンは当初から自らが創造した朝鮮人民革命軍を指揮し、この組織は中国共産党の部隊と接触はもっていたものの、総じて独立して行動したという。この説に信ぴょう性はない。そのような朝鮮人民革命軍なる部隊は存在しなかった」（五五～五六頁）

朝鮮革命軍の明確な否定のほかに、この文章にはいかにも歴史家らしいところがある。ランコフは短い文章にもかかわらず本名のキム・ソンジュと、変名のキム・イルソンをきちんと使い分けている点だ。自分の名前についてキム・イルソンはつぎのように述べている。

「わたしは父が命名した本名を大切にしていたので、ほかの名で呼ばれるのが気に入らなかった。ことに弱年のわたしを星や太陽になぞらえ、押し立てることを容認したくなかった。しかし、いくら厳しく禁じても、説得しても無駄だった。同志たちはわたしが喜ばないことを知りながらも、『キム・イルソン』と呼ぶのを好んでいた」（二巻八一頁）

キム・イルソンが本名のキム・ソンジュを大切にしていたのは事実である。回顧録では自分のことを最初から最後までキム・ソンジュで通しているし、後年、年長者から幼名で呼ばれると素直に喜んだ。キム・イルソン自身、キム・イルソンという朝鮮半島の伝説的な将軍の名前を僭称《せんしょう》しているという評判を、晩年に至るまで気にしていた。こういうところは意外に神経がかぼそく、キム・イルソン将軍ニセモノ説が世間から忘れられてだれも何もいわなくなっても、本人だけは死ぬまで気にしていた。

遊撃隊の規律と活動資金

満州の地に出没する抗日ゲリラは、日本軍や現地の当局から共匪《きょうひ》と呼ばれていた。共匪は共産匪の略。匪には悪者という意味がある。極東研究所出版会から刊行された『満洲共産匪の研究』によれば、遊撃隊の規律はけっこう厳しかった。「よく調査している」と敵方のキム・イルソンが評価したこの本に、北満州における抗日連軍第三軍第一団の軍規が出ている（七九二～七九三頁）。

第一団第三班長の陳述によると、「農民を侮辱するな。宿営は農家の土間に泊まれ。アヘンを吸うな。女席に行くな。賭博をするな」といった団の規律を徹底させて、隊員が無謀な行動に走らないようにした。また、戦闘の心得として、「団結して抵抗せよ。絶対逃げるな。負傷者は背負え。後退は班長に集結せよ」と、隊員の守るべき点を叩きこんだ。

このなかでキム・イルソンが繰り返し戒めているのは、アヘンである。よほどアヘン中毒者に手を焼いていたのだろう、その後、遊撃隊ではアヘン常習者に銃殺刑を適用する規定までつくった。そのくせキム・イルソンの部隊は大量のアヘンを所持していた。一見矛盾した話のように思えるが、当時、アヘンは貨幣のような役割をもち、いわば必需品であった。手元にたくさんのアヘンがあったから、厳しく管理していたのだ。

遊撃隊は活動資金をどのように調達していたのか。『満洲共産匪の研究』では、「一、反日会。二、匪団《ひだん》遊撃区内の民衆。三、通匪《つうひ》者。四、襲撃、掠奪、武装解除。五、ソビエト」（七九三

〜七九四頁）となっている。反日会は反日団体、匪団は遊撃隊、通匪は遊撃隊の協力者である。朝鮮人部隊の場合、朝鮮族からずいぶん助けられた。きれいごとばかりで済むはずもなく、中国人の金持ちを拉致して身代金をとったり、窃盗団まがいの荒っぽいやり方で資金を調達したこともあった。追いつ追われつの極限状態がつづく遊撃隊活動において、拉致行為はさしたる良心のとがめもなくおこなわれていた。

武器や弾薬は、中国共産党とソビエト共産党ルートから手に入れていた。そのほか日本軍から奪うときもあったし、満州国の軍や警察関係者から現金でひそかに購入するときもあった。かれらのなかには売却して得た金を自分の懐に入れ、「匪族に銃を奪われた」とうその報告をする者もいた。

キム・イルソンは午前零時を回ってから寝床につき、夜明けの三時、四時に起きていた。いつ奇襲をうけるかわからないので軍服は着たまま、靴もはいたまま銃を抱き、背のうを枕にして寝た。夏は南京虫に悩まされた。遊撃隊長時代のくせはなかなか抜けず、夜型の生活パターンは国家の最高指導者になってもつづいた。

満州時代のキム・イルソンは、現地住民の間に分け入り、ときには寝食をともにして緊密なコミュニケーションを図った。これはゲリラが生き延びる術《すべ》でもあった。住民との交流は後年、現地指導というキム・イルソンの象徴的な統治スタイルを生み出した。キム・イルソンの現地指導は北朝鮮の津々浦々におよんだ。通り一遍の現地視察とは異なって細やかであった。あまりにも細々《こまごま》とした指示を出して、逆効果のときもあった。

遊撃隊では、隊長の采配ひとつで隊の運命が決まってしまう。殺すか殺されるかという殺伐とした環境のなかでは、「良きにはからえ」と鷹揚に構えているわけにはいかない。一国の最高指導者となってからも遊撃隊長の気分がいつまでも抜けず、みずから率先して動き回り、こまかいところまで指示し、課題に必要以上にのめり込んでいく。こういう統治スタイルが空回りして、逆に指示待ち幹部をふやすなどマイナス要因になっていた。

少人数の遊撃隊は生死をともにする運命共同体であった。規律を守らなかった隊員には厳罰を処し、ときには全員の目の前で処刑がおこなわれた。北朝鮮ではキム・ジョンイル時代はもちろん、キム・ジョンウン政権でも公開処刑を統治の重要なツールとしている。キム一族の支配がつづくかぎり創業者のパルチザン的手法は踏襲されていくのだろう。

一九三五年、両親を亡くしたソバカスだらけの小柄な少女が遊撃隊に入った。自分から参加したというより、実際には満州のどこかで拾われたのかもしれないが、キム・ジョンスク（金正淑）といった。彼女はのちにキム・イルソンの妻となり、キム・ジョンイルを生んだ。キム・ジョンスクは一九一九年一二月二四日、ハムギョンブクド（咸鏡北道）のフェリョン（会寧）で貧農の長女として生まれた。したがって当時は一六歳ということになる。妹がいた。

キム・ジョンスクの父親は満州へ渡ったまま帰ってこなかった。そこで母親と姉妹は父親を捜すために満州へ行ったが、すでに父親は死んでいた。まもなく母親も死んで、彼女は自活するために苦労を重ねた。

キム・ジョンスクは、遊撃隊では炊事係として重宝がられた。遊撃隊が食糧の確保に苦しみ、草の根を掘り起こして空腹を満たしていた頃、中心になって動き回ったのが彼女だった。キム・ジョンスクは食べられる植物と食べられない植物の識別がうまく、満州の原野で生き延びるうえで欠かせない隊員となった。キム・イルソンも薬種商であった父親の影響もあったのか、薬草に詳しかった。後年、キム・イルソンは薬草や食べられる植物の見分け方を自慢話の一つとしてよく語った。

隊員は軍服に地下足袋、脚絆に背負い袋といった格好でどれも手製であった。それぞれのベースキャンプには、裁縫係が配置されていた。自給自足が当たり前の遊撃隊方式は、自力更生ということばで北朝鮮文化に定着した。

新聞記事で名を知られる

満州の抗日武装闘争が活発に展開されたのは、一九三七年から三九年にかけてであった。キム・イルソン率いる遊撃隊は満州から越境して朝鮮半島へ侵入し、交番などを襲撃し、また満州へ戻った。北朝鮮で公開された映画や演劇で遊撃隊長のキム・イルソンは華々しい活躍をしているが、実際にはそれほどでもなかった。

日本で知られているのは、せいぜい満州の国境沿いにあるポチョンボ（普天堡）襲撃くらいである。北朝鮮では、ポチョンボ攻撃が日本海軍のパールハーバー攻撃くらいのスケールで語られている。東亜日報が大きく報じていなければ、キム・イルソンもポチョンボもこれほど有名にならなかったであろう。

一九三七年六月四日、キム・イルソン隊がポチョンボという小さな村の駐在所などを襲撃した。そして数時間後に引き揚げた。死者は一人もいない。現在、ポチョンボには当時のままに駐在所や地主の屋敷、土蔵などが立ち並び、襲撃した直後の現場の様子を再現している。

ポチョンボにかんする回顧録の記述は、拍子抜けするほどあっさりしている。朝鮮革命軍の大勝利と刷り込まれてきた北朝鮮の民衆にすれば、肩すかしをくらったような気分であろう。たとえば、こんな調子だ。

「ポチョンボ戦闘は、大砲も飛行機も戦車もなしの小さな戦闘であった。小銃と機関銃に扇動演説が加わったふつうの襲撃戦闘で、死傷者も多くなかった。わが方には戦死者がいなかった。あまりにも一方的な奇襲戦だったので、一部の隊員はかえって残念がるほどだった」（六巻一三二頁）

のちに独立運動の著名な指導者となるヨ・ウンヒョン（呂運亨）は、朝鮮人部隊のポチョンボ襲撃を伝えるニュースに興奮し、わざわざ現場まで出かけた。ヨ・ウンヒョンといえば、日本の支配を脱したあとの朝鮮半島の新しいトップリーダー候補の一人であった。戦後、ヨ・ウンヒョンはピョンヤンでキム・イルソンと会った。そのとき、ヨ・ウンヒョンが語ったことばを回顧録はつぎのように紹介している。

「遊撃隊がポチョンボを襲ったというニュースを聞き、二〇年来、日本人の支配のもとで辱《はずかし》められてきた亡国の民の悲しみがいっぺんに消えてしまうような気がしました。わたしはそのときポチョンボへ行って膝を打ったものです。これで助かった。檀君朝鮮は生きているのだと思うと、おのずと涙が出るではありませんか」（六巻一三四頁）

開明的な政治家と見られていたヨ・ウンヒョンから檀君朝鮮ということばが飛び出したのは意外である。朝鮮半島における檀君神話の根強さがあらためてわかった。キム・イルソンは、大韓民国臨時政府の主席だったキム・グ（金九）もポチョンボ襲撃に感動したと記している。キム・グもニューリーダーの有力候補だった。

キム・イルソンは新聞記事のおかげで名前を知られるようになったが、代償として日本側当局に徹底的にマークされ、その首には懸賞金がかけられた。その額は一万円。一九三七年当時の一〇〇円は現在の五〇万円くらいだから、五〇〇〇万円ほどになる。この巨額な懸賞金はキム・イルソンがこれまで以上に厳しく追われる身になったことを示している。ポチョンボ戦闘から三三日後の一九三七年七月七日、盧溝橋事件が勃発し、やがて日中戦争へと拡大した。キム・イルソンは三年に及ぶ潜行活動を経てひそかに満州から姿を消した。

第5章
✹不運の朝鮮半島で大魚を得る

結果オーライのハバロフスク時代

一九四〇年一〇月、日本と満州国の軍や警察に追い詰められた抗日遊撃隊長のキム・イルソン（金日成）は一〇人前後の隊員を率いてアムール川を渡ってソビエト領へ越境した。二八歳になっていた。一行のなかには、結婚したばかりの二〇歳のキム・ジョンスク（金正淑）もいた。落ち武者のような小隊はハバロフスクのソビエト軍教練キャンプに入った。

極東ソビエト軍は満州でゲリラ活動を展開していた中国人や朝鮮人らを集めてハバロフスク郊外に第八八特別独立狙撃旅団（八八旅団）の結成準備を進めていた。

ソビエト軍は満州で日本軍と戦うことを想定していた。八八旅団は日本軍の情報を収集するのが目的の秘密偵察部隊で、ロシア人、中国人、朝鮮人らによる六〇〇人ほどの多民族部隊だった。キム・イルソンの小隊は八八旅団に配属となり、歩兵学校で講習を受けたが、指導教官はグリゴリー・メクレルであった。メクレルは極東前線政治部特別宣伝部長となり、ソビエト軍による北朝鮮の軍政初期にキム・イルソンの政治顧問をつとめた。メクレルとの出会いがキム・イルソンの人生を大きく変えた。

一九四一年四月、日ソ中立条約が結ばれた。満州からハバロフスクへ移った中国人や朝鮮人は意外な展開に動揺した。しかし、そのうちに中立条約がまやかしにすぎないことがわかった。

一九四二年八月、八八旅団が結成された。ソビエト軍の指揮下にあったが、旅団長は中国人の周保中大佐だった。キム・イルソンは第一大隊長になった。キム・イルソンはハバロフスクでも周保中に仕えることになった。主席はこの中国人大佐から軍事知識のほかにマルクス・レーニン主義や、どう生きるかの人間学も学んだ。

一九四三年九月、のちに北朝鮮人民軍作戦局長をつとめるユ・ソンチョル（兪成哲）は、ハバロフスクから北西へ八〇キロほど離れたブヤツクという森林地帯にあった八八旅団の大隊長室で三一歳になっていたキム・イルソンと初めて会った。キム・イルソンらパルチザン派と一線を画していたソビエト籍朝鮮人のユ・ソンチョルは後年、八八旅団の様子を韓国日報で語った。これは東亜日報／韓国日報編『金日成　その衝撃の実像』（黄民基訳）の「第一部　証言――隠された真実」（以下、ユ・ソンチョル証言）に収録されている。

ユ・ソンチョル証言によれば、キム・イルソンはソビエト軍大尉の階級章をつけ、二〇〇人ほどを従えていた。朝鮮人は八八旅団全体の一割程度であった。

一九四五年八月八日、対日宣戦を布告したソビエト軍は雪崩《なだれ》を打って南下し、ハバロフスクの部隊も参加した。満州を突っ走ったソビエト軍は朝鮮半島へと向かった。キム・イルソンにとって祖国解放という歴史的な瞬間に立ち会える千載一遇のチャンスだった。朝鮮人部隊を率いて一挙にピョンヤン（平壌）へ進撃すれば、キム・イルソンは文句なしに英雄となれた。実際には戦闘へ参加する機会はなく、終戦までソビエト領内を一歩も出ることはなかった。

ソビエトの朝鮮史家のなかには、キム・イルソンは祖国解放戦争に参加する気はなく、それどころか朝鮮半島への帰還も望まず、むしろソビエト軍将校としてモスクワで昇進したいと願っていたという見方があるという。好機到来のときに異国のキャンプにいたキム・イルソンの胸の内はいまとなっては知る由もないが、結果的には決してムダではなかった。その間、ソビエト軍将校との人脈を築き、ロシア語に慣れていった。どちらもキム・イルソンの将来に計り知れないプラスをもたらした。

また、ハバロフスクへ逃れたおかげで日本軍に身柄を拘束されずに済んだ。これもキム・イルソンにとって有利な条件となった。戦時中、朝鮮半島にいてのちに北朝鮮政界で国内派といわれた面々のなかには、「オマエは日本に協力した」と濡れ衣を着せられた者がすくなくなかった。不運をいつのまにか幸運に変えてしまうのがキム・イルソンのしたたかな運勢で、ハバロフスク時代はまさに結果オーライだった。

カイロ宣言がホゴになった半島の不運

一九四三年一一月二三日、エジプトのカイロに米英中の三国首脳が集まった。世に名高いカイロ会談である。アメリカのルーズベルト大統領、イギリスのチャーチル首相、中華民国の蒋介石総統がピラミッドの見えるメナハウス・ホテルで顔を合わせた。蒋介石のかたわらには宋美齢夫人が通訳として同席し、人目を引いた。宋美齢は九歳でアメリカに留学し、名門女子大学のウェルズリー大学を首席で卒業していた。

キム・イルソンは知る由もなかったが、その夜、ルーズベルトと蒋介石は夕食をはさんで午後七時半から午前零時まで日本や朝鮮半島の将来について意見を交わした。ルーズベルトは日本の天皇制を存続させるか、廃止させるか、蒋介石の考えを尋ねた。蒋介石は、「日本の新しい世代が解決するのに任せたらよい」と答えた。

蒋介石は、「朝鮮を独立させたい」といい、ルーズベルトの協力を求めた。蒋介石の提案は、「朝鮮人の奴隷状態にもっと注目しようではないか。いつかは朝鮮に自由をもたらし、独立させよう」といった意味合いの文言で、それはカイロ宣言に織り込まれた。画期的な提案だった。朝鮮半島の不運は、これほど明確に打ち出された朝鮮の独立という文言を担保する三国首脳の署名や日付の入った公文書がなかったことであった。

ソビエトのスターリン首相の考えはどうだったのか。一一月二八日から一二月一日にかけてイランのテヘランでルーズベルト、チャーチル、スターリンの米英ソ三国首脳会談がひらかれた。スターリンはカイロ宣言にうたわれた朝鮮の独立に反対しなかった。三首脳ともに朝鮮の完全独立までには相当の準備期間が必要だという認識で一致していた。ただ、三首脳やブレーンの関心は薄く、ブレーンのなかには朝鮮が地球上のどこにあるのかわからない人もいた。

ホワイトハウスもクレムリンも、真剣に朝鮮半島の将来について討議した形跡はない。多事多難の当時の状況を考えれば、大国の消極的態度も致し方なかったが、こういった無関心が結果として朝鮮半島を分断する要因の一つになった。結局、朝鮮の独立問題はめぼしい議論もないままヤルタ会談までお預けとなった。

一九四五年二月三日、ルーズベルトは二万二四〇〇㌔の長旅を強行しクリミア半島のヤルタに到着した。ヤルタ会談でルーズベルトは、日本の領土である南樺太と千島列島のソビエト占領を認める代わりにスターリンに対して対日参戦を求めた。優勢に立つアメリカ軍は日本上陸のタイミングを図っていたが、日本の徹底抗戦を恐れた。多数の若者の血を流すのは、アメリカの世論が許さなかった。犠牲を少なくするために是非ともソビエトの参戦が必要だった。

ルーズベルトはスターリンから参戦の確約を得たうえ、蒋介石軍を支持することも同意させて満足した。そのあとルーズベルトは日本が降伏したあとの朝鮮半島をどうするか、という点でスターリンと話し合った。米ソ首脳によって朝鮮半島の将来が初めて議題となった。しかし、カイロ宣言でうたわれた朝鮮独立は棚上げにされ、ルーズベルトはアメリカ、ソビエト、中華民国による二〇年ないし三〇年の信託統治を提案した。これに対してスターリンはイギリスの信託統治参加を提案し、期間は短ければ短いほどよいと述べた。

ルーズベルト案は、四月一二日、提案者がこの世から去り、立ち消えとなった。選挙で敗れたチャーチルは下野し、ルーズベルトの跡を継いだハリー・トルーマン大統領に朝鮮半島の将来を真剣に考える余裕もなく、蒋介石の提案はいつの間にかホゴにされた。悲願の独立が議題になったのも束《つか》の間で半島にとってはアンラッキーとしかいいようがなかった。

短時間の線引き作業

一九四五年八月一〇日午前二時三〇分、昭和天皇は御前会議でポツダム宣言の受諾を告げた。重臣たちは国体の護持、つまり天皇制をこのまま存続することを条件に昭和天皇の決断に従った。日本政府は、この重大決定を正式な外交ルートを通じて直ちにアメリカなど連合国へ伝えたわけではなかった。まず短波ラジオやモールス電信を使って、日本がポツダム宣言を受諾する方向へ動き出したと流した。ほとんどの日本人は五日後の八月一五日正午、玉音放送で敗戦を知ったが、すでに日本降伏の動きは一〇日の時点で電波に乗って世界を駆けめぐっていた。

二〇〇五年一二月一八日、NHKのBSドキュメンタリー「戦後六〇年特集　アジアが見つめた八月一五日　第一回　朝鮮半島」が放映された。ここに八月一〇日のワシントンとソウルの動きが出てくる。この日、ホワイトハウス前の広場には、日本が降伏にむけて動き出したことを知った大勢のワシントン市民が押し寄せていた。

同じ日、ソウルの朝鮮総督府から西へ一キロのところに住んでいたソン・ウンという一九歳の青年が自宅の押し入れの床下でアメリカの短波放送「ボイス・オブ・アメリカ」を聞いて日本降伏への動きを知った。ソン・ウンは独立運動家の大物、ヨ・ウンション（呂運亨）の自宅に駆けつけた。青年は一年前からヨ・ウンションに短波放送で日本の情勢をつかむよう頼まれていた。

青年はいう、「ヨ・ウンション先生の自宅を訪ね、そのニュースを話しました。わたしは感動して泣きました」。ヨ・ウンションも青年の手を握りしめながら、「その日が近づいてきた」といって涙を流した。その後の朝鮮半島の運命など知る由もないヨ・ウンションは朝鮮独立へむけて全力で走り出した。

信じがたいことだが、朝鮮半島の分断はほとんど偶然の産物といってよかった。あれよあれよという間に事態が進行し、気がついたら半島は南と北の二つになっていた。分断の発端は日本に宣戦を布告し、満州になだれ込んだソビエト軍の猛スピードにあった。ソビエト軍が朝鮮半島に足を踏み込んだとき、アメリカは強い危機感を抱いた。

朝鮮半島が共産圏に呑み込まれれば、そのつぎは日本列島が危うくなる。そうなれば東アジアの勢力図は一変してしまう。ソビエト軍が半島北部に入ったとき、アメリカ軍はまだ半島南部へ到達していなかった。ソビエト軍がチョンジン（清津）に上陸したという報にトルーマンは焦った。早急に半島をどこかで線引きして米ソ了解のもとにそれぞれの占領地域を明確にし、ひとまずソビエト軍の動きに歯止めをかける必要があった。

八月一一日未明、ホワイトハウスのすぐ近くにあった旧国務省で陸海軍の合同委員会がひらかれ、とりあえず朝鮮半島における米ソの支配地域を明確にすることになった。真夜中にもかかわらず線引きの大役を命じられたのはペンタゴンに勤務するチャールズ・ボーンスティール（陸軍大佐）とディーン・ラスク（陸軍少佐）だった。どちらもオックスフォード大学の大学院生に与えられるローズ奨学生として留学した秀才であった。

朝鮮半島の線引き作業にボーンスティールとラスクが与えられた時間はわずかだった。たった三〇分という説もあるが、それではあまりにも短すぎる。三〇分はともかく、いずれにしても短時間であったのはたしかであろう。歴史がつくられるときはたいがい慌《あわ》ただしいものであるが、これは飛び切り慌ただしかった。用意された部屋に飛び込んだボーンスティールとラスクは朝鮮半島の地理についてほとんど何も知らなかった。唯一参考にできたのはその場で手渡された雑誌『ナショナル・ジオグラフィック』が三年前に付録とした地図だけであった。

こういう場合、いちばんわかりやすいのは、地域の行政区分線に沿って分割する方法だ。昔からの境界線とか道路沿い、川沿いといった地理的、経済的な区分けなら地域住民も戸惑うこともあまりない。二人もそうしたかったが、行政区分の知識はなく、縮尺率の小さい地図では、正確になぞる時間もなかった。もともと線引きに当たってアメリカは面積の広さにこだわらず、ソウルを取り込むことくらいしか念頭になかった。結局、かれらには欲というものがなかったから短時間で終えたともいえる。NHK取材班のインタビューにラスクはこう述べている。

「ボーンスティール大佐とわたしは米ソの境界線を決めるために別室に入って検討しました。地図を見たとき、まず首都ソウルをアメリカ側に入れておくほうがよいと思いました。ただ、あまり朝鮮半島の北部に進出したくないという軍の考えもあったのです。ソウルのすぐ北に地形的になにか境界となるものを探しました。しかし、それらしいものは何もなく、ただ三八度線が走っていることに気づいたので、それを境界線とするよう提案したのです」

北朝鮮と韓国の行政区域図

朝鮮半島は定規で線をひいたように三八度線で真っ二つになって韓国と北朝鮮に分かれたと思っている人が現在でもすくなくないが、いうまでもなく三八度線と軍事境界線はちがう。南北の実際の境目は、地形の状態や押し合いへし合いの朝鮮戦争の結果で定まった。前頁の地図を見れば一目瞭然だが、韓国と北朝鮮をわける軍事境界線と三八度線が一致しているわけではない。

ラスクらが線引きした案は国務次官補、国防長官、国務長官、トルーマン大統領の承認を経てマニラに陣取るマッカーサーに伝えられた。だれ一人異議申し立てはおろか修正意見すら出なかった。ラスクらは、スターリンもソウルを欲しがっていると予想していた。したがって北緯三八度線を境目とする分割案をソビエトがかんたんに同意するとは思っていなかった。「拒否されたら、またべつの案を提示すればよい。いま急がねばならないのは、お互いの支配区域を決めたいというこちらの意志を相手に伝えることだ」というのがアメリカ側の意向だった。

意外にもスターリンはあっさりと三八度線案に同意した。こうしてソビエトはアメリカとともに朝鮮半島分断の当事者となった。米ソ双方にとってはわかりやすい線引きだったが、地域住民は混乱した。荒っぽい分け方で長年つちかわれてきたコミュニティーはズタズタにされ、南北分断の不幸な時代が始まった。

八月一五日正午、玉音放送が戦争の終結を告げた。朝鮮半島は、一九一〇年八月二二日の日韓併合から数えて三五年と七日間におよぶ日本の支配から脱した。この時点で朝鮮半島にいた日本人は七〇万人だった。ほかに満州国だった東北三省に一五五万人、東北三省を除く中国大陸に五〇万人、台湾に三五万人の日本人がいた。この日を境にそれぞれの地域で明と暗がくっきりとわかれた。

朝鮮総督府は治安維持をヨ・ウンションに託すことになった。政務総監の遠藤柳作は正午の玉音放送が始まる五時間半前の六時三〇分、ヨ・ウンションと会った。ヨ・ウンションは政治犯の即時釈放などの条件を出し、遠藤柳作は了承した。

政治犯は釈放され、至るところで太極旗がはためき、万歳の声がこだました。カイロ宣言を知る者はもちろん、知らない人々も朝鮮半島の独立が近いことを確信した。すでに米ソによって三八度線が引かれ、日本軍の武装解除も治安維持も北部はソビエト（共産主義）、南部はアメリカ（自由主義）ときっちりとわけられ、それぞれ軍政を敷くつもりでいたのをヨ・ウンションも民衆も思いも寄らなかった。束の間の、まことに儚《はかな》い解放であった。

スターリンは朝鮮半島より北海道に関心があった。ときの流れ次第ではアメリカが半島を、ソビエトが北海道を占領という図式も皆無ではなかった。また三八度線による分断は日本人にとっても大きな問題となった。分断は交通の遮断であり、そのため祖国への生還を目指す日本人引き揚げ者は想像を絶する苦難に立ち向かうことになった。

米ソの水面下の動きをよそに九月六日、ソウルで朝鮮人民共和国が樹立され、ヨ・ウンションは副主席に選ばれた。主席はイ・スンマン（李承晩）が就任した。九月九日、ソビエト軍よりひと月遅れて米軍がようやく朝鮮半島南部に着いた。ただちにアメリカの軍政が敷かれたが、軍政当局は朝鮮人民共和国を認めなかった。アメリカのヨ・ウンションに対する評価は意外なほど低く、半島に誕生した共和国はかげろうのように消えた。失意のヨ・ウンションは二年後に暗殺され、イ・スンマンが大韓民国（韓国）の初代大統領になったのは、終戦から三年後だった。

敗軍の将のようにひっそりと帰還

一九四五年九月五日、いよいよピョンヤンへ帰還することになったキム・イルソンは総勢六〇人を率いて列車でハバロフスクを出発した。キム・イルソンはソビエト軍の軍服を着ていた。ハバロフスクを離れるとき、ソビエト軍は朝鮮人将校にソビエト軍政下の北朝鮮で担当するそれぞれの臨時のポストを内示した。キム・イルソンにはピョンヤン警務長、わかりやすくいえばピョンヤン駐在の憲兵隊長という職務が与えられた。重要ポストといってよい。

ユ・ソンチョル証言によれば、一行がまず向かったのは、中国黒竜江省南東部の牡丹江《ぼたんこう》だった。一行を朝鮮族の住民たちが歓迎し、宴会ではともに朝鮮民族の伝統民謡「アリラン」を歌って盛り上がった。アリランといえば、二〇一一年六月、中国が国家無形文化遺産に登録し波紋を投じた。アリランは朝鮮民族の魂のようなものだから、韓国は強く反発した。北朝鮮は沈黙を守ったが、ナショナリストのキム・イルソンが健在だったら、どう反応したか。

翌二〇一二年一二月、韓国主導のアリランが世界無形遺産に登録されたが、それはともかく久しぶりのアリランで気分が高揚した一行は牡丹江を出発した。予定では列車で満州を横断し鴨緑江を渡って、シンウイジュ（新義州）に入ることになっていた。ところが、ズタズタになった陸路を思うように進めず、いったんウラジオストクへ引き返す羽目になった。

それから一〇日後の九月一九日、キム・イルソン一行はウラジオストクでソビエトの軍船「プガチョフ」号に乗り換えて、日本海側にあるウォンサン（元山）港に上陸した。

キム・イルソンにとってウォンサンは不本意な上陸であった。満州の原野を駆け巡ってきた抗日の闘士にすれば海路より陸路が望ましく、できれば鴨緑江を渡って祖国へ凱旋したかったであろう。自分の夢がかなうなら朝鮮革命軍の軍旗をはためかせ、ペクトウサン（白頭山）のベースキャンプから白馬にまたがって大軍を率いて堂々とピョンヤンを目指したかったはずだ。

ソビエト軍大尉の肩章、赤旗勲章をつけたキム・イルソンはウォンサン港に出迎えたソビエト系朝鮮人に、「キム・ソンジュ（金成柱）です」と本名で挨拶した。キム・イルソンを年配の軍人とばかり思っていたソビエト系朝鮮人は、その場では本人と気づかなかった。どういう思惑があったのか、このときキム・イルソンは自分の素性を伏せていた。ふだんは目立ちたがり屋の人物が、借りてきた猫のようにおとなしかった。一行は、港近くのそば屋の二階にひとまず落ち着いた。祖国帰還の初めての食事となったクッス（ソバ）を一同がおいしく平らげると、キム・イルソンがつぎのような指示を下した。

ユ・ソンチョル証言によれば、「第一は、明日がチュソク（秋夕。旧盆）だから、外出しても酒を多く飲まず静かに過ごすこと。第二は、だれに聞かれてもわれわれは先発隊であり、キム・イルソンはあとから遅れてやって来る予定だと答えること。第三は、キム・イルソンの年齢、出身地、経歴など、身上についてはいっさい知らないということ」（八二頁）の三点で、これではまるで敗軍の将だ。どうして落武者のように振る舞うよう指示したのか、その理由は二日後にわかった。

身を隠すようにしてじっと動かなかったキム・イルソンは、ソビエト軍政司令官の到着を待っていた。北朝鮮を占領するソビエト軍政のトップは、ソビエト極東軍第二五軍司令官が兼ねていた。独ソ戦で勇名をはせたイワン・チスチャコフ大将がその地位にあり、九月二一日にピョンヤンから列車でウォンサンを訪れることになっていた。

キム・イルソンは、司令官と対面するまでは派手な動きをひかえておとなしくしていたのだ。キム・イルソンの生殺与奪《せいさつよだつ》の権は、ソビエト軍に握られていた。チスチャコフは九月二一日、ピョンヤンから汽車でウォンサンへ向かうことになっていた。しかし司令官は予定された時刻に到着しなかった。仕方なくキム・イルソンらはその日の午後一時頃、列車でウォンサンからピョンヤンへ向かった。その途中、アクシデントが起きた。

現場を目撃したユ・ソンチョルによれば、キム・イルソンらの乗った列車が、ウォンサン駅を出て山裾の曲がり角で反対側から走ってきた列車と正面衝突した。曲がり角だったので、双方の列車は速度を落としていた。それで急ブレーキをかけたため、ケガ人が出るような惨事には至らなかった。反対側から来た列車には、チスチャコフが乗っていた。この衝突事故に軍政司令官の副官がキレた。副官は、キム・イルソンの乗った列車の乗務員らの責任を問い詰め、涙を流して命乞いしている機関士をいきなり銃殺した。

ソビエトと北朝鮮の立場のちがいをまざまざと見せつけた陰惨な出来事であった。列車の衝突事故のためキム・イルソンらがピョンヤンへ着いたのは、翌二二日だった。晴れがましいピョンヤン入りも後味のわるいものになってしまった。一〇月一〇日、朝鮮共産党北部分局が発足した。翌年、北部分局は北朝鮮労働党となった。のちに一〇月一〇日は朝鮮労働党の創建記念日となった。

ソビエトが主導した神格化作戦

キム・イルソンを北朝鮮のトップリーダーに最終的に選んだのはスターリンであった。スターリンが首をたてに振らなかったらキム・イルソンの将来はなかった。スターリンはソビエト領土の周辺を友好国で固め、東側陣営の総帥として君臨する野望を着実に実行していった。スターリンは前線基地となる衛星国の政治リーダーに使いやすい人物をすえた。

といっても人選はそれぞれの出先が提出した報告書に頼った。北朝鮮の場合もピョンヤン駐在の軍政司令官やそのスタッフに候補者リストをつくらせ、それぞれのデータをモスクワへ送らせていた。北朝鮮のトップリーダー選びにかかわった一人が、ハバロフスクの歩兵学校でキム・イルソンの指導教官だったメクレルであった。メクレルは複数の候補者と面接し、能力や人柄、ソビエトへの忠誠度をはかった。結局、残ったのは朝鮮のガンジーと呼ばれたチョ・マンシク（曺晩植）、南朝鮮労働党指導者のパク・ホニョン（朴憲永）、それにキム・イルソンの三人だった。

V・ペトロフ、A・スターソフの『金正日に悩まされるロシア』（下斗米伸夫／金成浩訳）によれば、「目撃者が語るには、スターリンはテーブルに数人の朝鮮人の名簿が出されたとき、赤鉛筆でキム・イルソンの名前に印を付けた」（三〇頁）という。また、「北朝鮮は若い国だから指導者も若いほうがいいだろう」とスターリンがいったという話も伝わっている。

いともかんたんにキム・イルソンを選んだように思えるが、スターリンは実際には北朝鮮担当の責任者らの助言を参考にし、ソビエトにとって役立つ人物を最優先に選考したはずだ。有力候補の筆頭は六三歳の折り紙つきのナショナリストで人望のある政治家、チョ・マンシクだった。当初、ソビエト当局はチョ・マンシクに期待した。しかし、コミュニズムに批判的なチョ・マンシクを融通性に欠けるとして退けた。

パク・ホニョンとキム・イルソンのどちらにするか。その際、スターリンにとって、キム・イルソンのソビエト軍大尉という身分が案外気に入ったのではあるまいか。スターリンは三三歳年下のキム・イルソンを、「わが息子よ」としばしば呼んだ。そのたびにキム・イルソンはスターリンに対する畏怖の念を強めた。よほど嬉しかったのか、このエピソードを生涯にわたって数えきれないほど口にした。キム・イルソンは、ナチスの捕虜となって収容所で死んだスターリンの長男（陸軍中尉）より五歳年下であった。

経験の乏しい青年指導者の後見役となったメクレルが、実質的にはキム・イルソンの直属の上司であり、振付師のような存在であった。「キム・イルソンは、わたしのいうことをなんでも聞いた」とメクレルはのちに述懐している。

ロシア人振付師にとってキム・イルソンはものわかりのよい生徒であった。満州を駆けめぐっていたキム・イルソンは朝鮮半島にさしたる地盤はなかったが、ソビエト軍のサポートによって檜舞台へ躍り出ることになった。不運としかいいようのない朝鮮半島の分断で、結果として朝鮮人のソビエト軍大尉は北朝鮮のトップの座という大魚を得たのである。言い換えれば、朝鮮民族が単一の亡命政権を盛り立て一致団結して独立を勝ち取っていれば、キム・イルソンの出番はなかったということだ。

一九四五年一〇月一四日、ピョンヤンのモランボン（牡丹峰）にある公設運動場で多数の市民が見守るなかでソビエト軍歓迎集会がひらかれた。北朝鮮を代表してチョ・マンシクが歓迎のあいさつを述べた。北朝鮮では、この日をキム・イルソン将軍歓迎集会としている。ソビエト軍政当局は、この集まりを北朝鮮のトップに選んだばかりのキム・イルソンのお披露目の場にしようと考えていたので、キム・イルソン将軍歓迎集会という言い方はまったくの我田引水というわけでもなかった。北朝鮮では、のちにこの大会の写真からソビエトの国旗とソビエト軍将校を削り取った。

キム・イルソンはこの集会に背広姿であらわれ、来賓席に座っていた。胸にはソビエトの武功勲章が輝いていた。キム・イルソンは前日まではソビエト軍大尉だったが、この日、将官に昇格した。晴れて将軍となったのである。ここにはソビエト側の深謀遠慮があった。キム・イルソンは、ソビエト軍大尉の制服姿で登壇したかったといわれている。北朝鮮の指導者としてキム・イルソンを押し立てることにしたソビエト側は、あえて背広姿のキム・イルソンを民衆に紹介した。

ソビエト側の幹部が、「抗日闘争の英雄、キム・イルソン将軍」といったとき、会場がどよめいた。聴衆は貫録のある年配の将軍が登壇すると思っていたので、壇上にあがったキム・イルソンを見てあっけにとられた。

会場には、朝鮮半島の伝説的英雄、キム・イルソンの姿を実際に見た者はだれもいなかったが、それぞれがイメージしていたキム・イルソン将軍は老成し、品格があった。壇上のキム・イルソンは三三歳だった。痩せて短髪だったので年齢よりも若く見えた。「キム・イルソン将軍とはちがう」「ニセモノだろう」「ソビエトの手先にちがいない」といったささやきも聞かれたが、むしろ注目したいのはそのうちに「キム・イルソン将軍、万歳」という歓声があがった点だ。若かろうが、イメージが異なろうが、北朝鮮の民衆は英雄を待ち望んでいた。

ソビエト側の英雄すりかえ演出はまんまと成功し、キム・イルソンは華々しくデビューした。記念すべきモランボンの運動場は、主席が七〇歳になったとき大幅に拡張された。五万人が収容できる北朝鮮を代表する運動施設となり、名称もキム・イルソン競技場となった。二〇一一年一一月一五日、サッカーW杯のアジア三次予選で日本が北朝鮮に〇対一で敗れたのは、この競技場であった。まさかここで日本の国歌が流れるとはキム・イルソンも思いもよらなかったであろう。

キム・イルソンは人民服を着るようになり、背広姿で人前にあらわれることはめったになかった。キム・イルソンが人民服を脱いで背広姿になったのは一九八四年夏からであった。したがって北朝鮮民衆の多くは、キム・イルソンといえば人民服というイメージが強い。三代目のキム・ジョンウン（金正恩）が人民服を着ている理由もそこにある。

「キム・イルソンはニセモノかもしれない」というピョンヤンで流れたざわめきはすぐにソウルでも話題となった。手元にＤＶＤ「金日成――半島が割れた時」がある。ロシア国営テレビが二〇〇四年に制作したドキュメンタリーの日本語版だ。この番組にメクレルが登場し、証言している。それによると、キム・イルソンは朝鮮半島出身ではなく、外国から連れてこられてソビエト当局によって北朝鮮の指導者に任命されたと韓国メディアが書きたてたのをメクレルはとても気にした。そこでキム・イルソンに直接尋ねた。

「あなたの故郷はどこですか」「この近くです」「故郷に親戚はいるのですか」「わたしがゲリラ活動をしていたので、父と母は処刑されました。でも、祖父母が残っています」

すべに述べたようにキム・イルソンの両親は病死であった。こうした虚言で旧日本軍がわるものにされていった事例は、無数にあってまことしやかに伝わっている。キム・イルソンの実家がピョンヤン郊外のマンギョンデ（万景台）にあると知ってメクレルは一計を案じた。メディア関係者を祖父の家に招待したのだ。庭に大きな食卓を並べ、祝宴をひらいて新聞記者らを歓迎した。以来、ここは人出で賑わうようになるが、ロシアではマンギョンデを観光スポットにしたのはメクレルだといまも思われている。

ロシア国営テレビ番組でメクレルは、「キム・イルソンと一緒に車で国中をまわりました。

さまざまな人々や代表団に会いました。このような英雄がいることを知り、キム・イルソンのことをひたすら待ち続け、待ちわびていた人々にわたしがキム・イルソンを紹介したのです。ですので、みながキム・イルソンを歓迎してくれました」と述べている。

キム・イルソンはニセモノだというううわさが下火になっても、ソビエト当局はプロパガンダの手をゆるめなかった。キム・イルソンの神格化を最初に推し進めたのは、キム一族とその側近ではなく、一刻も早くキム・イルソンを一人前の指導者にしたかったメクレルらソビエト側であった。ふつうの人間を神格化し、特別の人間に仕立てるのにソビエトのテクノクラートは慣れていた。ソビエト共産党政権は見事なまでにスターリンの偶像化に成功していた。どこをどうすれば、人民はたやすく権力者を崇拝し、唯々諾々とその統治に従うか。キム・イルソンの売り出しを担当したメクレルらは本国で展開されたスターリンのイメージアップ作戦の手法を大いに活用したのはいうまでもあるまい。

第６章
✸日本人家政婦が見た素顔の将軍夫妻

一九四六年の将軍邸

一九四六年二月八日、ピョンヤン（平壌）に本拠を置く北朝鮮臨時人民委員会が発足し、キム・イルソン（金日成）が委員長に就任した。北朝鮮はまだ建国されていなかったが、これは半島北部における最初の行政機関といってよかった。背後にソビエト軍が目を光らせていたが、この日をもって実質的なキム・イルソン政権の出発点とすれば、じつに四八年を超える独裁政権のスタートであった。

前年のクリスマスイブに二六歳となった将軍夫人のキム・ジョンスク（金正淑）、それに二人の幼い息子たちがハバロフスクからピョンヤンへ到着していた。ソビエト主導による国づくりの準備が急ピッチで進められ、その先頭に立つキム・イルソンは多忙だった。仮住まいの屋敷にソビエト軍将校や臨時人民委員会のスタッフがしょっちゅう出入りし、すでに実質的な官邸のような雰囲気であった。ときには遊撃隊で苦労を共にした仲間も現れて賑やかだった。

周辺は厳重な警戒が敷かれていた。ところどころに武装した兵士が立っていたが、警備兵は日本軍の軍服を着ていた。ボロ着でも囚人服でも手に入ったら平気で身にまとっていた時代である。将軍一家がひとまず落ち着いたのは、緑の屋根にうす緑のブロックに囲まれた木造の平屋建てだった。ソビエト軍が接収した日本人の私邸で、白い陶器の表札はそのままにしてあった。表札には黒い文字で「福島」とあった。どこの馬の骨ともわからない人物の表札など、すぐに取っ払ってしまうのがふつうだが、キム・イルソンはなにかと体裁を気にするわりには、そういうところに無頓着だった。

ソビエト軍から提供された屋敷は新しい国家が誕生し、ちゃんとした官邸ができるまでの仮住まいだった。それでも一応は臨時人民委員会のトップが住むにふさわしい門構えで、警備上も問題のない高級住宅地の物件が選ばれた。

キム・イルソン邸の訪問客は白い石の門から入って、細かい砂利石を踏んで玄関へ向かうことになる。玄関に立つと、大きな板張りの広間が見えた。ここは会議室を兼ねた応接室だった。大きな長方形のテーブルがあり、一四、五人分の椅子が置かれていた。中庭に面して食堂があり、奥のほうに寝室があった。将軍も夫人もインテリアに興味がなかったのか、それとも引っ越して間がなかったのか、どの部屋も家具類や壁掛けはほとんどなくがらんとしていた。

和風住宅は使い勝手が悪かったのだろう、八畳と六畳の二部屋だけタタミを残し、あとは全部板張りにされた。南に面した一角に陽がさんさんとそそぐサンルームがあった。大きなガラスで仕切られ、銀白色のリノリウム床が張られていた。サンルームは将軍の書斎で、夫人も無断では決して入らなかった。あるじが外出するときは、鍵がかけられた。大きな机には、額に収まった将軍の写真が飾ってあった。写真には「排日闘士キム・イルソン」と書かれてあった。将軍の写真は食堂にも飾られていた。のちに北朝鮮の一般家庭の隅々に掲げられるポートレートの慣習は、「隗《かい》より始めよ」という格言にしたがったわけでもあるまいが、キム・イルソン邸から始まっていた。食堂は質素だった。広さは板張りの八畳ほどで、テーブルと椅子が六つほど並んでいた。この屋敷で将軍一家と、日本の若い女性二人の間に束の間の交流があった。舞台となった住まいは殺風景であったが、ピョンヤンの一角で展開されたふれあいにはなかなか人間味があった。警戒心を解いたキム・イルソンは、側近にすら見せなかった素顔の一部分を日本人女性に見せた。

顔いっぱいにソバカスの将軍夫人

一九四六年七月、ピョンヤンのキム・イルソン邸の門を二人の若い日本人女性がくぐった。この家で使用人として働くことになった富松嶺子（一九歳）と萩尾和子（一六歳）だった。この日から日本へ引き揚げる直前の一一月までの四か月間、和子たちは将軍一家の日常生活にふれる機会を得たのであった。

和子は一九二九年、満州の鉄嶺《てつれい》、現在の中国遼寧省鉄嶺市で生まれた。父親は新京の満州興業銀行に勤めていた。新京は満州国の首都だったところで、いまは吉林省長春市と名前が変わっている。

新京の錦ケ丘高等女学校を卒業した和子は、新京第二陸軍病院に勤労奉仕で通っていた。そして終戦目前の八月一二日、日本軍とともに通化《つうか》、現在の吉林省通化市へ移動した。同じ病院に勤めていた姉の満寿江（一九歳）、それにキム・イルソン邸で一緒に働くことになる嶺子も一緒だった。通化で終戦を迎えた陸軍病院の関係者は難を避けてピョンヤンに向かった。途中、軍人や医師らはソビエト軍に連れ去られてしまったが、陸軍病院の軍属であったことを隠した和子たちはピョンヤン第一中学校の寄宿舎だった建物に収容された。

ソビエト軍政当局が管理する避難民宿舎には八〇〇人ぐらいの日本人がいた。日本人はしばしば雑役に駆り出された。道路工事から家事手伝いまでいろいろあって、これは使役《しえき》といわれていた。また、中国大陸で終戦を迎えた多くの日本人のなかには、長期にわたって帰国できなかった人たちがいた。国民党との内戦で人材が不足していた中国共産党は日本人の医師や看護婦を従軍させ、武装解除の日本軍将兵を鉄道の建設現場や炭鉱に送りこんだ。こうした強制的な労働のために現地に留め置かれるのを留用《りゅうよう》といい、約二万人の日本人がさまざまな仕事に従事させられた。

和子は、陸軍病院の軍属という経歴を隠して大陸からピョンヤンへ来た。そしてピョンヤン滞在一年のうち、後半の四か月がキム・イルソン邸に通う日々となった。和子はその後、韓国のインチョン（仁川）へ移動し、そこから引揚船日辰丸で故国の土を踏んだ。一九四六年一一月のことで、両親もぶじに帰国していて感激の再会をはたすことができた。一九四六年といえば昭和二一年だが、一一月三日には貴族院本会議場で新憲法公布記念式典がおこなわれた。この日、新憲法を祝って全国の各家庭に酒が配給された。まだ参議院は存在せず、貴族院という戦前の制度がそのまま残っていた。

それから二四年後、東京・国立市で結婚して小林姓となっていた和子は、ピョンヤンのキム・イルソン邸に出入りしていた頃の様子を「わたしは金日成首相の小間使いだった」と題して奥村芳太郎編『在外邦人引揚の記録』に寄せた。

九八〇〇字ほどの小林手記には、キム・イルソン家のこまごまとした暮らしぶりが描かれて、じつに興味深い。これまで紹介してきた邸宅や一家の様子も手記を参考にした。自分の目で見たこと、聞いたこと、感じたことをそのままつづった若い日本人女性の体験記は、北朝鮮建国前夜のキム・イルソンの動きや私生活を知るうえで第一級の史料といえよう。以下、小林手記をもとに話をすすめる。

一九四六年七月、避難民宿舎にいる和子たちのところへ、日本人から「ご家老さん」と呼ばれていた年配の朝鮮人がやってきた。使役の手配をする世話人で、日本人の家政婦を求めてやってきたのだ。和子と嶺子の二人が選ばれ、世話人に連れられて、依頼された家に向かった。事前に行き先は教えられていなかった。

使役を割り振られた日本人は、世話人の指示のままどこへでも出かけた。それは仕方のないことと割り切っていた和子らも、着いたところが名の知れた朝鮮人将軍の家と知ってびっくりした。使用人として気になったのは将軍より将軍夫人のほうであろう。夫人に挨拶するため、恐る恐る和子らが案内された部屋に入ると、木綿の手づくりらしいシュミーズを着た二〇代後半の女性がいた。女性はひじつきのない椅子に後ろ向きにまたがり、木の背にアゴをのせ、手を回して爪を切っていた。将軍夫人というのでツンとすました北条政子のような年増の女傑を想像していたのか、和子の頭のなかが混乱した。

「この人が？　夫人？」と和子は思った。「ワッソウ（来たの）？」と、夫人は尻上がりに響く大きな声で呼びかけ、こっちへいらっしゃいと手招きをした。「そばへ寄ると、若いのに顔いっぱいにソバカスが目につく。大きく黒い目が印象的だが、鼻が低く、口は横に大きい。彼女は、わたしと嶺子さんの頭から下まで見おろしてから、ニッコリ笑った」と小林手記にはある。

白い歯を見せてニッコリ笑ったのは、まぎれもなく将軍夫人のキム・ジョンスクだった。和子も思わず引きこまれてニコッとした。怖い人だろうかという不安がこれで消えてしまい、和子はホッとした。ソバカスだらけのキム・ジョンスクは気さくで、将軍家の奥様然としたところがまったくなかった。キム・ジョンスクは日本語がわからなかったので、和子らに朝鮮語やロシア語をまぜながら身ぶり手ぶりで一生懸命に話しかけた。初対面からお互いに好感を抱いたようで、双方にとってラッキーな出会いとなった。そのあとにキム・イルソン一家の幼い息子たちとの出会いがつづく。

「廊下でバタバタ人が走ってくる音がした。ドアをピチャピチャと叩く音。わたしが開けてみると四歳と二歳ぐらいの男の子がいた。うしろに子守りの娘さんが立っていて、この子たちが

「ユーラとシューラといって、キム・イルソンの子どもだと教えてくれた」（小林手記）

　ユーラとは、ハバロフスクの西南七五キロにあるブヤツクで生まれた長男のこと。のちに悪名を世界にとどろかせるキム・ジョンイル（金正日）である。公式には一九四二年二月一六日の誕生とされているが、一九四一年の可能性もある。ユーラはユーリというロシア名の愛称で、名付け親はハバロフスクのロシア人だった。

　次男のシューラは一九四四年の生まれ。月日はわからない。また、手記には出てこないが、和子らがこの家に来る前の五月三〇日、キム・ジョンスクは長女のキム・ギョンヒ（金敬姫）を出産していた。兄のキム・ジョンイルがもっとも信頼し、北朝鮮の政治に深くかかわるキム・ギョンヒはのちにチャン・ソンテク（張成沢）の妻となった。母親の乳の出が悪く、三人の子どもたちは乳母に育てられた。

　廊下をバタバタと走ってきた男の子たちは、母親に甘えようとして来たのだった。どこにも姿が見えないので上の子は部屋の押入れを開けて、母親がいないか調べた。押し入れには、空色にぬられた三輪車が一台あった。三輪車を引っ張り出したユーラは、和子らがきれいに拭いたばかりの廊下を乗り回して汚していった。

　和子が玄関の掃除をしていると、ブーッと自動車の音がして止まった。ザクザクと何人かが砂利を踏んで近づいてきた。将軍が帰宅したのだ。北朝鮮の権力層の乗用車といえば、いまはドイツ製のベンツだが、その頃はソビエト製のボルガであった。ソビエト軍将校の服を着たキム・イルソンのうしろに秘書や護衛などが四、五人従っていた。和子は急いで台所へ戻った。

つぎは台所にいたおばさんと和子のやりとりである。

「ユーラパパ、もう帰ってきた？　さ、ごはん、ごはん」

「えっ、ユーラパパって、キム将軍のこと？」

「そうだよ」

「怖い？」

「怖くないよ」

和子がまだ掃除の終わっていない玄関に戻ろうと台所を一歩出たところへ、「あの写真とそっくりのキム将軍が歩いてきた」（小林手記）。ユーラパパと呼ばれていた将軍は若々しくてハンサム。面長で身長が一八〇センチを超えていた。キム・ジョンスクのほうは丸顔で身長が一五〇センチと小柄だった。外見的にはアンバランスなカップルに見えたが、遊撃隊長と女子隊員として戦時の修羅場を乗り越えてきたので夫婦の絆は強かった。


　どちらも性格は陽気なほうであったが、ともに血の気が多かった。負けん気の強さはキム・ジョンスクのほうが上手で、夫婦げんかでは一歩も引かなかった。長男と長女はあきらかに母親似だった。キム・ジョンイルは容貌、キム・ギョンヒは性格を母親から受け継いだ。丸顔のキム・ジョンイルは背丈が低いのを気にして特製の底上げ靴をはいていた。キム・ギョンヒの気性の激しさは母親以上のところがあって、父親もずいぶん手を焼かされた。

豪華メニューの食卓

和子と嶺子が初めてキム・イルソンを見た日、二人がいちばん関心を寄せたのは将軍や夫人より食卓に並んだご馳走であった。現代の日本人のなかには、北朝鮮といえば反射的に飢えた民衆を連想する向きもすくなくないが、このとき和子らはまったく逆の立場にいた。

一九四六年五月、中学三年生のときに三八度線を脱出して静岡県へ引き揚げた清水徹の『忘却のための記録――１９４５～４６　恐怖の朝鮮半島』によれば、この年の朝鮮半島は初頭から厳寒と飢餓と病魔で各地の収容所の日本人がつぎつぎと斃《たお》れ、「とても棺桶など間に合わず、死体は一片のムシロにくるまれて運び出されるようになった」（二六九頁）という。ちなみに北朝鮮には日本人の遺骨が約二万柱あるといわれている。

ピョンヤンでは日本人の餓死者が出ていた。まさに最悪の環境にあったわけだが、それでも和子らは使役で外出するときコウリャンのおにぎりを持参できる境遇にあった。昼の時間が過ぎても、将軍家ではだれも昼食を食べなかった。まさか自分たちだけがおにぎりをほおばるわけにもいかないので、二人は腹ペコだった。この家の食事は朝昼晩とも一般家庭より二～三時間遅く、朝食が午前一〇時、昼食が午後三時、夕食は午後九時から一〇時頃だった。この日、キム・イルソンは遅い昼食をとるために帰宅したのであろう。遅い食事はロシア式であった。

そのうちに食堂から将軍夫人の大きな笑い声が聞こえてきた。食欲をそそる匂いもしてきたのだろう、和子らは引き寄せられるように食堂へ近づいた。キム・イルソンがごく低い幅のある声の朝鮮語で、「あの人たち、食事すませたのか」と夫人に尋ねたのが聞こえてきた。おなかをすかしていた二人は思わず顔を見あわせてニコッとした。間もなく掃除をしている和子らは夫人から呼ばれた。

二人が食堂へ入っていくと、突き当たりの窓を背に将軍夫人が片ひざを立て茶わんをかかえていた。日本では人前で女性が片ひざを立てていたらみっともないと思われるが、朝鮮半島では高貴な女性もそうした姿勢をしていた。韓流の時代劇でもよく見られる光景である。

将軍夫人の両脇に幼いユーラとシューラがいた。その隣に子守りが子どもの面倒を見ながらご飯を食べていた。ほかに数人の使用人も細長い木製のテーブルを囲んでいた。和子は、まず山盛りの真っ白いごはんに驚いた。なにしろ白米のごはんに醤油をかけて腹いっぱい食べるのが、彼女の最大の夢だった。そのうえ食卓には、鳥肉と赤ピーマンの煮こみなどが六皿も並んでいた。

キム・ジョンスクはだれにも分け隔てがなく、「みんなで同じように食べてこそ、食事はおいしい」といった。このことばに和子は感動した。将軍夫人は次々と皿を回してくれるのだが、和子は食べ切れなかった。食べるのがやっとだった民衆からすれば、キム・イルソン邸の食卓はおとぎ話に出てくるような豪華メニューだった。食材や調味料はソビエト軍からの差し入れであろう。

寝室の枕の下に拳銃

当初、和子らは住み込みで家事を手伝ってほしいと強く望まれた。大胆にも彼女たちは将軍家の申し入れをきっぱりと断った。住み込みは窮屈だし、疲れるというのが理由だった。あとから聞いた話では、将軍夫人が日本人家政婦の住み込みを希望したのは、和子らを長く拘束して働かせるためではなく避難民宿舎からシラミを持ち込まれるのを恐れたからだった。

そういう理由なら、事情を説明して強く説得してもよさそうである。そもそもこの家のあるじの権勢からすれば、使用人の言い分など聞く必要もなかった。しかしキム・イルソン、というより将軍夫人の意向だろうが、和子らに無理強いはしなかった。結局、彼女たちは宿舎からの通いを許された。

そのうえ和子らは午前一〇時と午後三時にお腹がいっぱいになるほど朝食と昼食をふるまわれて、夕方五時ごろには宿舎に戻るという夢のような日々が約束された。次第にお互いに打ち解けて、プライベートな話も交わされるようになった。

「彼女の両親は日本の憲兵に殺された。当時八路軍のところにいたキム・イルソンのもとに走り、そこで幾多の排日の戦いを共にしながら、二人は結ばれた。夫人は、五尺そこそこの小柄でありながら射撃では右に出るものがなかったとも聞かされたときには、わたしも驚いた」

（小林手記）

キム・ジョンスクの両親が、日本の憲兵に殺されたのは事実かどうか、いまでは確認のしようもない。前述したようにキム・イルソンもソビエト軍将校に、自分の両親は日本軍に処刑されたと語っていた。実際には父母とも病死だった。なにごとも日本軍のせいにする風潮は、中国大陸でも朝鮮半島でもよくみられた。

キム・ジョンスクが射撃の名人であったのは事実のようだ。母親に見習ってキム・ジョンイルも射撃の練習は熱心だった。和子が驚いたことがもう一つあった。キム・イルソン邸に不意の来客があったとき、将軍夫人はさっと裸足《はだし》で裏口から飛び出し、ニワトリ小屋へ向かった。そしてニワトリの毛をじつに素早く、かつ上手にむしって見せてそばにひかえていた和子をうならせた。キム・ジョンスクは遊撃隊で賄いを担当していたので、調理の手際がよかった。

すっかり信頼されるようになった和子は、屋敷のどこへでも出入りができるようになった。手記には、この屋敷でもっともプライベートな場所である夫婦の寝室の様子も出てくる。ある日、和子はキム・ジョンスクのカーテンづくりを手伝っていた。出来上がったカーテンをそれぞれの部屋にかけるのも彼女の役目だった。それでカーテンを手に初めてキム・イルソン夫妻の寝室に入った。ダブルベッドだった。

和子はベッドに腰をかけてみた。フワーッと体の半分ほどが沈んだ。急いでめくれた毛布を直そうとしたら、枕の下に黒皮のケースに入った拳銃が見えた。和子はあわてて元どおりにした。夫婦ゲンカのときにキレた将軍夫人が拳銃を振り回した、という武勇伝が伝わっている。射撃好きで気性の激しいキム・ジョンスクの性格からして、冗談半分にちょっと拳銃に手をふれるようなまねをして見せたことが実際にあってもおかしくはない。

トイレで鉢合わせ

キム・イルソン邸の食事時は賑やかだった。専属の運転手をはじめ五、六人がいつも一緒で食堂の細長い木製のテーブルを囲んだ。将軍は食事をするとき、大きな箸とスカラという朝鮮式の柄が長く平たいさじを使った。贈り物なのだろう、銀製のスカラの柄にも「排日闘士」と刻みこんであった。

キム・イルソンの好物はギョーザで、毎日一回は食卓に出た。将軍夫人はギョーザづくりが上手で、少女の頃から腕を磨いてきたのか手馴れていて、メン棒で皮を伸ばしていくのがとても早かった。

祖国解放の立役者といわれてもキム・イルソンには毛沢東やカストロのような、だれが見てもわかるような革命実績があったわけではない。スターリンとその代理人たちの引き立てだけが頼りであった。したがってキム・イルソンはソビエト軍将校を大切にした。

キム・ジョンスクも内助の功を発揮し、ソビエト軍将校らが来宅した際は腕によりをかけてつくったご馳走で歓待した。おかげで将軍夫人はソビエト軍将校からヴェラというロシア名の愛称で呼ばれ、なかなかの人気であった。

手記にはトイレで将軍とばったり鉢合わせしたエピソードが出てくる。キム・イルソン邸には水洗トイレが三か所あって、真んなかがキム・イルソン専用であった。そのことを和子は知らなかった。ある日、真んなかのトイレが流れないままになっていたのに気づいた和子は掃除をしたあと、そこで用を足していると、いきなり戸を開けられた。

あわてて和子は戸を閉めた。すぐに出るのが気まり悪くしばらくしてそっと出てみると、将軍も待っていて、「ス、ミ、マ　セ、ン」とマジメな顔で詫びてトイレに入らず立ち去った。私生活を知る従卒の目に英雄なしというが、和子が見たのはまぎれもなく将軍の素顔であった。神格化された虚像を刷り込まれた北朝鮮民衆には想像もできないであろう。

飛ぶ鳥落とす朝鮮人指導者と日本人難民の娘は天と地ほどの上下関係にあったが、次第にふれあいが深まっていった。ロシア人将校が食事に招かれていたときなど、キム・イルソンは料理を運んでくる和子らを、「わたしの友だちです」と紹介した。そのつど来客たちは笑顔で使用人と握手した。

ある日、昼食がすんで新聞を読んでいたキム・イルソンは、和子を手まねきして呼んだ。カタコトの日本語が話せた将軍は、「これ、わかりますか?」といって、新聞に載っていた写真を見せた。

「なんと日本の新聞で『アカハタ』と書いてある。葉書大の男の写真を、キム・イルソンが指さすので知らないと答えたら、オカノ・ススムとわたしに教え、ウオッ、ウオーッと声をあげ、親指を立て、とても立派な男だという手つきをしてみせた。あとで嶺子さんとそれを見ながら日本も共産党の国になったのかと情けないような、怖い思いだった」(小林手記)

オカノ・ススムはのちに日本共産党議長となる野坂参三のことで、戦前、中国にいたときは岡野進と名乗っていた。野坂参三は一八九二年三月三〇日の生まれだから、この当時は五四歳ということになる。翌日、キム・イルソンは和子に、「どうお、日本、すばらしくなったでしょう」と話しかけてきた。共産党嫌いだった和子はクビを横にふった。「共産党、きらいですか」とキム・イルソンが聞いた。「はい」と和子がうなずくと、キム・イルソンは驚いた表情を見せた。

キム・イルソンは、終戦直後の日本がどんどん左傾化しているという情報を得ていた。それだけに和子のかたくなな態度に戸惑ったのだろう。和子は宿舎に帰って将軍とのやりとりを皆に話した。「もう、あんた方ふたりはクビになる」といわれたが、翌日、キム・イルソンの態度はふだんと変わりなかった。

数日後、キム・イルソンは赤い立派な本を持ってきて、「読みなさい」と和子に渡した。マルクスやクロポトキンの著書であった。アナーキズム運動の理論家として知られるピョートル・クロポトキン（一八四二〜一九二一年）は帝政ロシアの公爵家の生まれで、キム・イルソンは大杉栄訳の『革命家の思い出』か、あるいはやはり大杉訳の『相互扶助論』のどちらかを渡したと思われる。日本の共産党関係者から寄贈されたのかもしれない。日本共産党と朝鮮労働党が断絶してからずいぶん経つが、当時は緊密な関係にあった。

家政婦に心をひらく

二人の日本人女性がキム・イルソン夫妻から信頼されていたのはまちがいない。彼女たちの行動にも問題がなかった。それでも将軍の副官や護衛らは、つねに和子らの監視を怠らなかったはずだ。かれらから警戒されたような記述はまったくないが、常識的にそう考えてよい。

いくらおとなしそうな若い娘だからといって、将軍の警備にあたる側からすればいっときも油断するわけにはいかないのだ。しかし、肝心の将軍は驚くほどにあけっぴろげで、無防備だった。和子らがこの家へ来て三か月ほど経ったときだ。

「キム・イルソンが病気になった。寝室のカーテンを閉め切ってかれは寝ていた。そこで病院勤めの経験のあるわたしと嶺子さんが近づき、脈をみたら早い。顔も赤かった」（小林手記）

そこで和子が「熱があるようだから、お医者さまを早く」と夫人にいったら、寝ていた将軍が強く首を横にふった。キム・イルソンはふとんに伏せった姿を日本人の使用人にさらしたが、これ自体、危機管理の基本原則から逸脱している。そのうえさらに「宿舎に薬があるんです。あす持ってきます」と和子がいったとき、将軍は拒否しなかった。和子は陸軍病院にいたので薬を持っていた。翌日、和子はアスピリンを病床のキム・イルソンに手渡した。

「キム・イルソンはさし出された一粒半の薬を、夫人から受けたコップの水でゴクンと飲みこんだ。すぐあお向けに寝て辛そうに目をつぶった。二重まぶたの線がはっきり見える。そして、わたしは、何だか胸がジーンとして早く直ってほしいと祈る気持ちが湧いてきた」（小林手記）

自分にすっかり身をゆだねているキム・イルソンを目の前にして、和子は感動した。そして手記には「あの護衛、あのピストル。キム・イルソンの命をねらう者は多いのに、日本人のわたしたちがさし出す薬を、この人はなんの疑いもしないなんて。信頼にこたえられるように働こう、わたしは心から思った」とある。

キム・イルソンが和子を全面的に信頼していたのはまちがいない。ただ、和子が思うほど、将軍は純真であったわけでもあるまい。キム・イルソンほどの地位にある要人の健康問題は、それ自体が高度の機密事項である。政敵に知られたら、どうウワサを立てられるかわからない。単なるカゼであっても誤った情報となってソビエト軍首脳に伝えられた場合、それが人事などに跳ね返ってくることだってあり得る。

薬はソビエト軍スタッフに声をかければいくらでも手に入ったはずだが、キム・イルソンはそれを避けた。自分の体調不良をソビエト側に知られたくなかったのである。和子も「あとでわかったが、かれの病気はごくうちわの者だけにしか知らされないように配慮がとられていたのだ」と手記に書いている。

約束を守る

それから四、五日後、二四、五歳の青年が同居するようになった。キム・イルソンの末弟、キム・ヨンジュ（金英柱）であった。あまり長兄に似ていなかった。色白で切れ長の目、細く通った鼻、うすい唇、アゴが角ばっていた。ふだんでも濃紺のダブルをきちんと着ていて美男子だったが、「いつもニンニクの匂いがしていた」と和子の観察はこまかい。

混乱期のキム・ヨンジュは、キム・イルソンとはちがった道を歩んでいた。一九三八年、キム・ヨンジュは日本の警察に逮捕された。日本語がうまかったキム・ヨンジュは、その後日本軍に協力した。のちに権力を争うことになる甥のキム・ジョンイルからこの一件で厳しく批判された。

キム・イルソンは回顧録で戦前の末弟の消息にふれている。それによれば、キム・ヨンジュは新京のビール工場で働いていたとき、故郷恋しさに三か月ほどマンギョンデ（万景台）の祖父の家に帰っていたことがあった。そのとき、キム・ヨンジュは黒の洋服に白い靴という派手な格好で現われた。

キム・ヨンジュの身なりがとてもスマートだったので祖父の家では、「あの子は役人にでもなったのだろう」と思ったという。キム・ヨンジュが満州や朝鮮半島でどういう生活をしていたのか。実際のところはキム・イルソンにもわからなかった。新京のビール工場に勤めていたというのも、ほんとうかどうかはわからない。混乱期では、だれもが生きるのに精いっぱいだった。

長兄の家で暮らしはじめたキム・ヨンジュは和子たちに親切だった。和子は義侠心にあふれたキム・ヨンジュのエピソードを手記に書き留めている。ある日、和子の姉が不良朝鮮人のリンチにあった。以前、不良の仲間が姉の訴えで朝鮮労働党本部から注意されたことがあった。その恨みだった。姉は棒で背や腕を叩かれ、全身打撲症になった。

翌日、和子が青い顔でいると、キム・ヨンジュが目ざとく見つけて事情を聞いた。キム・ヨンジュは激怒して、この一件をキム・イルソンに報告した。キム・ヨンジュは腰にコルトの拳銃をしのばせ、短い棒を手にして何人かの兵士をつれて街へ飛び出した。かれらに不良の拘束を命じたキム・ヨンジュは日本人宿舎を訪れ、「どうもわが朝鮮人民が、ご迷惑をかけています」と詫びた。まもなく兵士たちが六、七人の不良連中を捕えて帰ってきた。そのときのキム・ヨンジュは和子らがあっけにとられるほど厳しかった。

「ずらりと前にすわらせ、顔に青筋をたてて叱ったと思うと、容赦なくビシッビシッと棒がとんだ。きゃしゃなかれのどこに、この激しさが潜んでいたのかと、わたしたちは目をそらせたほどである」（小林手記）

キム・ヨンジュはふたたび避難民宿舎に現れ、「みな牢に入れました。もう安心してください」と報告した。その翌日も、キム・ヨンジュは謝罪するため宿舎にやってきた。キム・イルソンに劣らず、このようにキム・ヨンジュもやさしい態度をみせ、和子は感動した。

一九四六年も秋から冬になろうとしていた。日本では一一月三日の午前、貴族院本会議場で新憲法公布記念式典がひらかれ、午後は皇居の二重橋前に一〇万人が集まって新憲法の公布を祝った。日本では酒の特別配給もあったが、そういう祝賀ムードからピョンヤンの日本人社会はほど遠かった。避難民宿舎の最大の問題は、病人や老人がピョンヤンの厳しい冬をぶじに越せるかどうかであった。この年の夏の頃から「南へ行けば日本へ帰してくれる」といううわさが広まっていて、歩いて逃げてでも決行しようという話が決まりかけていた。

二〇一三年八月一二日に放映されたＮＨＫスペシャル「知られざる脱出劇――北朝鮮・引揚げの真実」は、北朝鮮から自力で脱出しようとして三万五〇〇〇人が命を失ったと報じた。

最盛期には三〇万人の日本人が北朝鮮にいたといわれるが、ソビエトは一九四五年八月末、三八度線を封鎖。日本人の引き揚げに対して消極的であった。南朝鮮の場合、一九四五年一〇月から引き揚げが始まったが、北朝鮮は四六年一二月まで待たなければならなかった。

ＮＨＫスペシャルによれば、米ソ軍事司令部代表者会議がひらかれ、北朝鮮の日本人引き揚げについて踏み込んだ話し合いがあったのは、一九四六年一月であった。その際、ソビエトは日本人に食べさせるコメや、日本人引き揚げの費用をアメリカに押しつけようとして拒否された。その間、飢えや略奪など身の危険を感じた日本人は、つぎつぎと自力で北朝鮮から脱出を図った。和子らも必死で日本へ帰国する方法を探していた。

和子の姉が、「キム・イルソンに頼んで通行証をもらえないか頼んでみたら」といった。和子は将軍家の使用人頭の朝鮮人女性に話し、その女性からキム・イルソンへ伝えた。用件を聞いた将軍は、「どんなに残ることを希望しても、あなたたちの親に会いたいという気持ちをひき止められる力はわたしにはない。自由にしなさい。ただ、残念ながら通行証はあげられない」といった。このときキム・イルソンは何語で話したのか。手記はふれていないが、それはともかく、その理由をつぎのように説明した。

「いまの朝鮮は多くの避難民をかかえて経済的にも治安上も非常に苦しい。逃げ出してくれることはむしろ歓迎している気持ちだ。しかし、表むきは取り締まらねばならない。わたしの許可証は国際問題になるのです」（小林手記）

ソビエトの支配区域の出入りは、すべてソビエト軍政局の管轄下にあった。南部を支配するアメリカは、北部からの難民の流入を歓迎するはずもなかった。いずれにしてもキム・イルソンの一存ではどうにもならなかった。和子らは、将軍夫人といっしょに畳のある部屋にべったりすわって聞いていた。キム・イルソンは、「個人的にできるのは、欲しいだけのお金と食糧をあげることだ。十分に持っていくように」といったあと、こう付け加えた。

「最後に一言、お礼をいいたい。自分たちはいままで同志以外に心を許したことはなかった。が、心からお互いに信じあえることについて自分はちがうものを知った。本当にうれしい」

（小林手記）

キム・イルソンは障子につかまり、身をのり出して力強くいった。キム・ジョンスクも和子も嗚咽しながら聞いていた。キム・イルソンは約束を守った。別れのとき、黒パンやブドウ糖、米など持てるだけの品物を和子らにあげた。キム・ジョンスクは軍票をぱんぱんとなった袋のなかにねじ込むように入れてくれた。そして一家総出で見送ってくれた。和子は一人ひとりと握手し、外出中のキム・ヨンジュにこのまま黙って去るのが心残りだったが、何度も頭をさげ、ふり返りふり返り、将軍の屋敷から去った。

次男、ついで妻を失う

一九四六年晩秋、いつもニンニクのニオイをふりまいていたキム・ヨンジュが留学のため、モスクワへ旅立った。末弟のモスクワ留学は、いずれ長兄が率いる政権の要石《かなめいし》となるための修業であった。ソビエト軍政当局から信頼され、キム・イルソンはますます多忙となった。妻のキム・ジョンスクも三人の子どもたちの世話に明け暮れていた。

一九四八年八月一五日、イ・スンマン（李承晩）を初代大統領に大韓民国が成立した。九月九日、朝鮮民主主義人民共和国が誕生し、キム・イルソンは初代首相となった。党や政府の人事、予算、政策などにソビエト軍は口をはさんだが、キム・イルソンは意に介さなかった。ソビエトの支援なしには、前へ進めなかった。首都はソウルと定められた。南部も北朝鮮のものというわけだ。ピョンヤンが正式の首都となったのは一九七二年一二月二七日に公布された七二年憲法（社会主義憲法）からである。

夫婦一緒の時間はすくなくなったが、キム・イルソンは可愛い盛りの子ども三人との束の間の接触に癒された。一家にとっては、満ち足りた順風満帆《じゅんぷうまんぱん》の日々がつづいた。好事魔多しというが、新しい官邸に移ったキム・イルソン一家に思いもよらなかった災難がふりかかった。官邸の庭で六歳のユーラこと、キム・ジョンイルやソビエト軍将官の子らと遊んでいたヨチヨチ歩きの次男のシューラが、池にはまって溺死したのだ。さらに不運がつづいた。

一九四九年の秋、キム・ジョンスクは四人目の子どもを出産する際、危篤状態に陥った。九月二二日、病床に駆けつけた遊撃隊の仲間に長男の将来を託してキム・ジョンスクは息を引き取った。三二歳であった。母親を欠いたキム・イルソン一家の家庭環境は激変した。父親は相変わらず多忙で、政務のほかに政敵との抗争も激化し子どもたちを顧みる余裕がなかった。家政婦が何人いても母親の代役はつとまらない。

それでも兄と妹は、自分たちを親身になって世話をしたホ・ジョンスク（許貞淑）にはなついた。ホ・ジョンスクはのちに文化宣伝相、党書記に昇進し、キム・ジョンイル体制を支えた。回顧録にまだ幼い長女のキム・ギョンヒがはしかにかかったときの様子が出てくる。肺炎を併発して苦しんだキム・ギョンヒが、「お母さん、お母さん」と泣きだすたびに、兄のキム・ジョンイルが、「ギョンヒ、お父さんの前で、お母さん、お母さんといってはだめだ」と諭《さと》したというのだ（四巻二八六頁）。

要職にあるキム・イルソンが多忙であったのは事実だが、父親と兄妹の間に隔たりが生じていたのはほかにも理由があった。キム・イルソンはキム・ソンエ（金聖愛）という若い女性と再婚し、つぎつぎと子どもを設けていた。

第7章
✷元韓国軍師団長が語った朝鮮戦争の真相

北朝鮮の建国から一年と二七七日しか経っていなかった一九五〇年六月二五日、朝鮮人民軍は三八度線を越え朝鮮戦争が勃発した。あれから六四年経つ現在も形式上、交戦国は戦争状態にある。当時の朝鮮半島の人口は北朝鮮が約九〇〇〇万人で、韓国は約二一〇〇〇万人。人口数では、南が圧倒的に優勢だった。国づくりの先頭に立つキム・イルソン（金日成）には手掛けなければならない仕事が山ほどあったはずだが、なぜ無謀ともいえる韓国侵攻へ突っ走ったのか。どこにも支援を仰がない北朝鮮単独の侵攻はムリで、開戦にはソビエトの同意と援助が必要不可欠であった。キム・イルソンはさまざまな情報を分析した結果、スターリンの了解さえ得られれば、短期間で朝鮮半島南部を占拠できると本気で考えていた。「なんという甘い情勢判断であろう」と後世の人々は思うだろう。たしかにその通りだが、当時の西側世界でキム・イルソンの向う見ずな計画を「冗談でしょう」と笑い飛ばす軍関係者はほとんどいなかったはずだ。

ダグラス・マッカーサーが解任されたあと、国連軍最高司令官になったマシュウ・リッジウエイ（開戦時は陸軍参謀本部次長としてペンタゴンにいた）は、『朝鮮戦争』（熊谷正巳／秦恒彦訳）で、「一九五〇年六月、三八度線をはさんで対峙《たいじ》した両軍の戦力と戦闘準備を比較して考えるならば、朝鮮人民軍が南朝鮮全域を制圧するのに手間取ったのは、不思議といわざるを得ない。かれらは機甲部隊を持っていたが、韓国軍は持っていなかった」（三四頁）と述べている。

キム・イルソンの軍隊には強力な戦車隊と戦闘機があった。しかし、韓国軍には高射砲中隊も戦車の進撃を阻む火器もなかった。リッジウェイのことばを借りれば、携帯兵器を持ったボーイ・スカウトの数部隊が機甲部隊を阻止しようとしたようなものだった。ソビエト軍は北朝鮮から撤収する際、T34戦車一五〇両を残していたが、朝鮮人民軍は開戦時には二四〇両まで増強していた。T34戦車は第二次大戦においてもっとも大きな戦車であった。また、北の一〇師団に対して南は七個師団で、なかには師団というより軽歩兵旅団といった陣容のものもあった。

朝鮮戦争の開戦からちょうど五〇年になる二〇〇〇年、筆者は韓国のペク・ソンヨップ（白善燁）元陸軍参謀総長にインタビューする機会に恵まれた。朝鮮戦争のとき、弱冠二九歳で韓国陸軍の第一師団長（少将）として指揮をとった経歴の持ち主は、自著『若き将軍の朝鮮戦争――白善燁回顧録』が刊行されたのを機会に来日したのであった。

ペク・ソンヨップは一九二〇年、キム・イルソンと同じピョンアンナムド（平安南道）で生まれた。満州国軍官学校九期生で韓国軍の創建に参画した。五〇年四月、第一師団長に就任した。五一年四月、第一軍団長。そして休戦会談の韓国代表、参謀総長を歴任。陸軍大将。退役後は台湾大使、フランス大使、交通部長官（大臣）をつとめた。七九歳になっていた老将軍は開戦時の自軍の装備がとても貧弱だったことを振り返り、「弾薬はぜんぶで一週間分しかなかったんですよ」と語った。以下、老将軍とのやりとりやコメントをところどころに挟んでいきたい（このインタビューは「韓国将軍が五〇年後に明かす朝鮮戦争の真実」というタイトルで『正論』二〇〇〇年九月号に掲載された）。

いくさ慣れしていた北の将兵

キム・イルソンが開戦に踏み切ったのは戦力の優位だけではあるまい。三八歳の最高指導者をその気にさせたのは何だったのか。とりあえず一九四九年初頭までさかのぼって朝鮮戦争に至る経緯をざっとたどっておこう。

一九四九年一月一日、アメリカは正式に韓国を承認した。双方の協力関係に変化はなかったが、アメリカの韓国離れは歴然としていた。一二日、ソビエトのテレンチィ・シトゥイコフ大使がピョンヤン（平壌）に赴任した。シトゥイコフの着任がキム・イルソンの野望に拍車をかけたのはまちがいない。

一九四〇年代の後半から六〇年代にかけてキム・イルソンの息抜きの場の一つは、ピョンヤンのソビエト大使館だった。李朝時代にコ・ジョン（高宗）国王もロシアと親しくし、ゴタゴタがあったときに逃げ込んだのはロシア公使館だった。キム・イルソンは多いときは週に二、三回もそこを訪れ、映画を鑑賞し、ビリヤードに興じ、大使と食卓を囲んでロシア料理を堪能した。ロシア語ができてソビエト映画を字幕なしで観ていたキム・イルソンは自分の隠れ家のようにリラックスし、また大使館側も北朝鮮でいちばんの情報源を歓待した。

朝鮮戦争の開戦前夜、キム・イルソンとソビエト大使はひんぱんに情報交換をしていた。ロシアの朝鮮戦争研究家、アナトリー・トルクノフの『朝鮮戦争の謎と真実』（下斗米伸夫／金成浩訳）には大使とスターリンの極秘電報が紹介されており、当時のキム・イルソンの南進への積極的な姿勢が伺われる。スターリンへの電報では本音を隠しているが、大使もまた南進に積極的だった。

二月一六日、国連の安保理でソビエトの北朝鮮加盟提案が否決された。二月二二日、キム・イルソンは北朝鮮政府代表団を率いてモスクワを訪問し、ソ朝経済文化協力協定が締結された。このとき、キム・イルソンはスターリンに南進の意向を伝えたが、同意は得られなかった。しかし武器の調達などで確約をとり、開戦計画を一歩前進させた。四月一〇日、国連安保理は韓国の加盟案を否決。アメリカは議会の意向にそって韓国への援助を削減した。

六月二九日、韓国駐留米軍は五〇〇人の軍事顧問を残して撤退を完了。韓国は撤収に反対だったが、アメリカは引き揚げにちゅうちょしなかった。韓国軍は約九万六〇〇〇人の将兵を擁していたが、ほとんど実戦経験はなく、訓練もあまりしていなかった。戦車はないに等しかった。アメリカは、韓国のイ・スンマン（李承晩）大統領が祖国統一の熱望にかられて半島北部へ攻め入ることのないように攻撃用兵器を持ち帰っていた。取るに足りない南の軍事力であったが、イ・スンマンは強気の発言を繰り返した。北の情報機関は、「イ・スンマンは北進を企んでいる」とキム・イルソンに報告した。

蒋介石と戦う毛沢東の優勢がキム・イルソンを勇気づけた。五月七日、追い詰められた蒋介石は軍艦「江静」で台湾へ向かった。勝敗は決した。七月、キム・イルソンは毛沢東の指揮下にあった朝鮮系部隊の帰還を要請した。将兵の多くは中国籍の朝鮮族だった。求めに応じて部隊の一部が鴨緑江を越えて朝鮮人民軍の指揮下に入った。この朝鮮系部隊は国共内戦で実績をあげていた。そのためキム・イルソンは、「朝鮮戦争で中国人は北朝鮮を助けたというが、朝鮮人のほうが先に中国を助けた」と公言してはばからなかった。実際、キム・イルソンのいう通りであった。北朝鮮研究家の李成日《りせいにち》がいう。

「一九四六年春にソビエト軍が撤退したあと、中国の東北地域をめぐる国共内戦は激しくなったが、アメリカの支援を受けた国民党軍に比べると、中共軍の武装はかなり劣っていた。この時期、北朝鮮は合わせて貨物列車二〇〇〇台分の日本軍遺留の作戦物資をほぼ無償で中共軍に引き渡した。その他、北朝鮮は中共中央東北局軍需工業部の要請に応じて爆薬、塩酸、有色金属、鉄鋼、コークスなど武器生産に必要な物資を琿春《こんしゅん》の兵器工場に無償で提供した」(『中国の朝鮮半島政策』三九頁)

一九四九年一〇月一日、中華人民共和国が成立した。翌五〇年一月、キム・イルソンは中国に特使を派遣し、ふたたび朝鮮系部隊の帰還を求めた。毛沢東はこれに応じ、一万四〇〇〇人を北朝鮮へ返した。韓国の老将軍、ペク・ソンヨップもつぎのように語った。

「国共内戦は終わり、中国の人民解放軍に所属していた朝鮮系将兵がぞくぞくと北へ帰還したのです。かれらは対日戦、国共内戦を戦い抜いてきました。そういういくさ慣れした将兵が部隊単位、師団単位で帰還し、北の軍隊に編入されたんですよ。これによって北は人的戦力でも優位に立った」

朝鮮系部隊はすべて武装していたうえ、老将軍が指摘したように実戦を豊富に経験していた。かくして中国からの帰還将兵を含めて朝鮮人民軍の兵力は二〇万人近くにふくれあがっていた。

一九五〇年一月一二日、アチソン米国務長官は、ワシントンの全国新聞記者クラブで演説し、アリューシャン列島から日本を経て、フィリピンに至るアメリカの防衛線に言及し、重大な変更を示唆した。台湾と韓国をアメリカの西太平洋防衛ラインから除外するというのだ。アチソン演説を聞いたキム・イルソンは、南進してもアメリカ軍は動かないと確信した。当時のアメリカには、他国の紛争にかかわらないというモンロー主義の気風が残っていた。

キム・イルソンのライバルだった南朝鮮労働党（南労党）の有力政治家、パク・ホニョン（朴憲永）は南進に積極的だった。韓国は南労党のいわば縄張りでパク・ホニョンは、「南進すれば、二〇万の南労党員やシンパが立ち上がる」とキム・イルソンに豪語していた。この広言はのちにパク・ホニョンを死に追いやる要因となるが、朝鮮戦争ではキム・イルソン政権の副首相兼外相として中ソとの折衝など重要な役を担うことになる。

三月、キム・イルソンはひそかに腹心のパク・ジョンエ（朴正愛）を訪中させ、それとなく南進の意向を毛沢東に伝えた。四月、キム・イルソンはパク・ホニョンとともにモスクワを訪れ、南の状況を説得材料にしてスターリンを口説いた。スターリンは、「毛沢東が開戦に賛成すれば、わたしも同意しよう」といった。五月、キム・イルソンは訪中した。中国側はキム・イルソンに宿舎として中南海にある秘書室主任でロシア語通訳の住まいを提供した。キム・イルソンは毛沢東と会見し開戦支持をとりつけたが、首脳会談で毛沢東がしつこく尋ねたのはアメリカの出方についてだった。キム・イルソンは「アメリカは動かない」と見たが、毛沢東はちがった。

スターリンは朝鮮戦争に消極的だったように思えるが、マッカーサーは早い段階から、「北朝鮮の軍事力強化を支援するスターリンはいずれキム・イルソンをけしかけて韓国攻略の代理戦争を挑むだろう」と見ていた。老将軍の見解も明快だった。

「この戦争は二つの戦争です。前半はキム・イルソンとの戦い。後半は中国との戦い。この戦争は初めからスターリンと毛沢東とキム・イルソン、三者の共謀なんです。スターリンがいちばんのボス。その兄弟子が毛沢東で、弟弟子がキム・イルソンですよね。たとえばソビエト空軍は一九五〇年七月の段階で、もうウラジオストクやハバロフスクから奉天や安東に拠点を構えていいます」

六月に入ると、訓練を装って朝鮮人民軍の戦闘部隊が続々と三八度線近くに集結し始めた。後方にはソビエト軍顧問団が目立たないように控えていた。その数は三〇〇〇人にも及んだ。移動の指示は、暗号ではなくわざと有線で伝達された。盗聴しているにちがいない韓国側へ「これは訓練」というまやかしのメッセージであった。

開戦前夜に将校クラブでパーティー

一九五〇年六月二五日午前四時、三八度線に集結した朝鮮人民軍は総攻撃を開始した。ときは日曜日の夜明け前、韓国軍の将兵はぐっすりと眠りにふけっていた。予告なしの不意打ちに韓国軍は混乱をきわめた。第一師団長のペク・ソンヨップが奇襲の第一報を受けたのは、なんと午前七時という遅い時間であった。どういう事情があったのか。そのときを老将軍はつぎのように振り返った。

「悪いときには、何でも悪くなるんですよね。前日の土曜日の晩、韓国軍で初めて将校クラブをつくってパーティーをやっているんです。最前線は侵攻寸前だというのに、こっちはパーティーをやっている。どんちゃん騒ぎじゃありませんけれど、そういうへまをやってますね。その夜、わたしはあまり酒を飲まないので早々に帰宅し、夜遅くまで試験勉強をしていました。

というのは、そのとき高級幹部の多くは参謀学校や歩兵学校などに入って勉強していたんですよ。アメリカ軍の顧問団から、これまでのような古い考えではだめだ、アメリカの戦術を学ばなければいけないというので、わたしも一〇日前に歩兵学校の高級課程に入っていたんですよ。

アメリカの学校システムは一週間ごとに試験をするんです。それで師団は先任の連隊長に任せて、わたしはソウル市内の自宅から歩兵学校に通っていました。そんなこともあって、遅目に第一報を受けました」

トルーマン大統領はミズーリ州のインデペンデンスにいた。週末を家族と過ごしていたとき、アチソン国務長官から「大統領、重大なニュースです」と北朝鮮の南進を知らされた。朝鮮人民軍はまさに破竹の勢いであった。不意をつかれたイ・スンマンはうろたえ、トルーマンに救援を要請したあと、二六日夜一〇時三〇分、東京のマッカーサーに電話した。「元帥はお休みになっています」といわれて、イ・スンマンは電話口で怒鳴った。

「よろしい。では、元帥が目を覚ましたらまちがいなく伝えてもらいたい。アメリカの諸君がぐずついている間に、ここ韓国にいるアメリカ人は残らず共産軍に殺されるであろうと。だが、余人は知らずマッカーサーだけは、アメリカがこの半島でいかなる役割を果たすべきかをよく承知してくれるものと、このイ・スンマンは信じ切っている。よいかな。しかと伝えてほしい」

イ・スンマンはソウルから離れるのをためらった。フランチェスカ夫人が涙を流して懇願しなければ、ぐずぐずしていたイ・スンマンは朝鮮人民軍に身柄を拘束されていたであろう。

朝鮮人民軍がソウルを占拠する直前の六月二七日午前三時、イ・スンマン夫妻はソウル駅から特別列車で脱出、南方へ向かった。間一髪だった。大統領夫妻と秘書一人、警察署長と警護官四人が乗った特別列車が通過した五時間後、朝鮮人民軍の妨害工作によって南方行きの鉄道は不通となった。イ・スンマンは妻のおかげであやうく歴史に無様な姿を刻まずに済んだ。老将軍は述懐する。

「結局、戦車恐怖症にやられてしまったんですよ。戦車を見たことのない兵隊はパニックを起こしてしまった。戦車！と聞くと、みなビクッとするんです。ヘリコプターやバズーカといった対抗手段が当時の韓国にはなかったし。

イムジンガン（臨津江）の鉄橋の爆破に失敗しました。なぜかというと、イムジンガンの向こうにいた一個連隊がまだ戻っていないので、それを救うために午後まで待っていたんですよ。それが一挙に敵にやられて、工兵に爆破を命じたときには、どこかの電線が切れてしまっていた」

二八日未明、あっけなくソウルは陥落した。それを聞いた若き日のペク・ソンヨップ将軍は、「ああ、わがこと終われり」と天を仰いだ。

ソウルで北の最高司令官が向かった先

ソウルに入った朝鮮人民軍の三日間は、いまもナゾとされている。なぜか、じっとして動かなかったのだ。のんびりとソウル見物をする兵士もいた。ソウルを落とせば勝ったも同然と思っていたのだ。おかげで韓国はひと息つけた。二九日午前一〇時三〇分、ソウルから南に三五キロのスウォン（水原）飛行場にマッカーサーを乗せたバターン号が到着した。厚木に降り立ったあの飛行機だ。スウォンは小さな飛行場でバターン号のような大型機は離着陸に難儀した。イ・スンマンがタラップの下でマッカーサーを迎えた。七五歳の大統領と七〇歳の元帥は抱き合った。

タラップから歩きかけたとき、敵機が襲来し、一〇〇メートル足らずのところで炸裂した。地に伏せた二人が立ち上がったとき、「マイ・フレンド、ゼネラル。スターリンとキム・イルソンの歓迎あいさつと受け取っていただきましょうかな」とイ・スンマンはいった。マッカーサーへの電話やスウォン飛行場の様子は当時、韓国の陸軍参謀総長だったチョン・イルクォン（丁一権）の『原爆か　休戦か――元韓国陸海空軍総司令官が明かす朝鮮戦争の真実』の記述をほとんどそのまま拝借した（一七頁）。

一九八九年、産経新聞特集部編集委員だった筆者は外信部の大田明彦記者とともにソウルでチョン・イルクォンにインタビューした。そのときに本人から聞いたのだが、北朝鮮でキム・イルソンから、「軍に入らないか」と誘われたことがあったという。「あとで戦火を交えるとは夢にも思わなかった」とチョン・イルクォンは苦笑したが、このとき弱冠三二歳の参謀総長だった。チョン・イルクォンとはべつのテーマであったが、朝鮮戦争の中心となった将軍二人にインタビューできたのは記者冥利につきる（チョン・イルクォンとのインタビューは「不死鳥のごとく……」と題して産経新聞夕刊の「話の肖像画」に一九八九年一二月二〇日から七回にわたって掲載された）。

在任中、マッカーサーは韓国に一泊すらしなかったという説がある。つねに日帰りで東京へ戻っていたというのだが、それが事実ならたまたま緒戦で朝鮮人民軍の猛攻に遭遇したことになる。まさに百聞は一見に如かずで、開戦直後に元帥は身を持って事態の深刻さを知ったわけだ。六月二九日、マッカーサーはハンガン（漢江）線を視察し、どん底の韓国軍将兵を大いに勇気づけた。

七月四日、キム・イルソンは正式に朝鮮人民軍最高司令官に就任した。ソウルに乗り込んだキム・イルソンは、たぶんアレキサンダー大王のような気分であったにちがいない。イ・スンマンが去った大統領府に乗り込もうと、李朝時代の宮殿を訪れて国王の気分に浸ろうと自分の意のままであったが、真っ先に向かったのは宮殿とは正反対のようなところだった。

キム・イルソンは回顧録で「訪ねてみたいところは二、三にとどまらなかった。けれどもわたしはなによりもまずソデムン（西大門）刑務所へ行ってみた。わたしの知己や戦友のなかには、この刑務所とは血まみれの因縁がある人たちがすくなくなかった」（六巻八一頁）と述べている。

当時は京城刑務所といったソデムン刑務所は一九〇八年に建造された朝鮮半島初の近代的な刑務所だった。キム・イルソンが訪れたとき、刑務所の正門はすでに朝鮮人民軍の戦車によって押しつぶされていた。先陣をきった部隊はソウルに突入するや真っ先に刑務所を攻撃したが、その前に政治犯らは解放されていた。

キム・イルソンは、勝利の美酒に酔っていられなかった。大王の気分などすぐに吹っ飛んだ。ソウル市民の冷めた態度が気になったのだ。かれらの無表情にキム・イルソンは背筋が寒くなった。パク・ホニョンの大言壮語のほかに韓国に潜入した情報員からも開戦前、「わが軍がソウルへ進攻すれば、南の人民は大歓迎するでしょう」といった報告が届いていた。それがまったくの見当はずれであった。それでもキム・イルソンの軍は武力に劣るイ・スンマンの軍をプサン（釜山）まで追い詰めた。

七月七日、国連安保理はソビエトが欠席するなかで韓国を守るため国連軍の派遣を決めた。韓国を支援するため一六か国からなる国連軍が急派されることになった。主力はアメリカ軍で、国連軍最高司令官はマッカーサーだった。八月二一日、プサンのタブドン（多富洞）で韓国軍の第一師団は反撃に転じた。韓国軍の猛反撃もまたキム・イルソンにとっては予想外のことだった。以下は老将軍、ペク・ソンヨップとの一問一答である。

土俵際で起死回生の突撃

——タブドンの戦い、最後の抵抗線でした。
老将軍　とにかくプサン橋頭堡しか残らなかった。これをアメリカ軍と韓国軍で食い止めた。ここで一か月半戦って。ここで敗れたら、もう終わったんですよね。
——それほど北の火力は強かったのですか。
老将軍　そうですね。ただ、向こうは補給線が長いでしょう。それから制空権がない。アメリカ空軍は強いですからね。板付あたりからあさの九時ごろには飛行機が来るんですよ。夕方の六時ごろには帰るんですがね。
——文字通りの土俵際。
老将軍　家族をソウルに残しておいて、敵に包囲されているのですから。とにかく無我夢中でしたね。

――まだ二九歳の師団長、若いですねえ。わたしの伯父が陸士を出て、すぐ日露戦争に出征しています。小隊長だから率いる兵士はそれほどいないと思いますが、まだ若造でしょう。顔が青ざめて震えていては示しがつかないので、頬に薄く紅を塗って前線に出たそうです。

老将軍　わたしも師団を指揮した経験がないから初めの四、五日は震えていましたよ。食べられないんですね。水ばっかり飲んでいました。食べものはあることはあるんです。責任感にさいなまれているんですね。責任感が人に忍耐と勇気を与えるんですよね。そのうち怖いなんて、もう眼中にない。

――よく踏ん張りました。

老将軍　タブドンで一個大隊が無断で退却して来るんですよ。アメリカ軍の連隊長がわたしに、「これではとてももたない。わが連隊は撤収するしかない」というんですよ。それで困っちゃってね、飛んでいったんです。敵は山の上から下がってくるし、五、六〇〇人の兵隊はパニック状態なんです。「まあ、座われ」と、部隊を山のふもとに集めました。パニックに襲われている人間を落ち着かせるには、まず座らせることですね。それから無我夢中で語りかけました。

「これ以上逃げたって海に行くより仕方がないし、われわれは家族もみんなソウルに置いてきたじゃないか。ここを破られれば、この国は滅んでしまう。われわれを助けにやってきたアメリカ軍が、あんな谷底で戦っているではないか。アメリカ軍を見捨て、自分だけが助かろうなんて、大韓の男子ならとても恥ずかしくてできないことだ。よし、陣地を奪回するぞ。おれが先頭だ。もしも、おれが気おくれを見せたら、うしろから撃ってくれ」といって、突撃したんです。

さいわいプサン橋頭堡を一か月半支えて、マッカーサー元帥が九月一五日にインチョン（仁川）上陸を果たします。それからこんどは一気に盛り返して北へ行くわけです。

――マッカーサーのインチョン上陸は、朝鮮戦争のターニングポイントの一つでした。

老将軍　インチョンは干満の差が一二㍍もあるんです。そういうところに上陸して北朝鮮軍の後方をついて部隊の中心を断つわけですよ。これはマッカーサーの偉さですね。ニューギニアからレイテ、リンガエンに出てきたのと同じパターンですけれど、果敢にやってのけました。これで戦勢が逆転しました。

――士気が上がったでしょう。

老将軍　それは天に昇る勢いです。こんどはわれわれの番だと攻勢に転じましたが、あいにく翌日はどしゃぶりのうえ、深いもやがかかって航空支援も地上火力もままなりません。しばらく戦況は動きませんでしたが、うちの第一二連隊が北朝鮮軍の背後に回ったんですよ。これがプサン円陣（プサンを囲む形で円陣を構成）における最初の突破となりました。それが大きく響いて、北朝鮮軍は一挙に崩れるんです。

わたしはこの一生で一つの軍隊が一夜にしていなくなるのを初めて見ました。敵がいたところが真空地帯になったような感じでした。あらゆる装備を捨てて逃げるわけです。ここでキム

・イルソンはもうお手上げなんですよ。これでやっと統一が成ると思いました。それで一個連隊ずつ一つの軸線にそって北へ向かった。自動車に乗って鴨緑江、豆満江へ。

――占領されていたソウルはいかがでしたか。

老将軍　そんなに破壊されていなかったですね。

――略奪は？

老将軍　二か月半の間にはやっぱり略奪はありました。北は占領にそなえてコメの供出とか、軍政の計画を綿密に立ててきている。地方の農村組織まで軍政を敷いている。ゴマ油があるでしょう。あれの供出までやったんです。

一〇月一日、マッカーサーの降伏勧告がキム・イルソン宛てに出され、国連軍は三八度線を越えて北朝鮮へ入った。攻め込まれた北朝鮮の民衆は意気消沈した。キム・イルソンの指示で親衛隊員たちは「祖国防衛の歌」をうたいながらピョンヤン市内を行進した。「最高司令官はピョンヤンにとどまっているので安心してほしい」という市民へのメッセージであった。キム・ジョンウン（金正恩）の後継決定が行進隊によって暗示的に広められたように、北朝鮮では行進隊が重要なメッセージを発信した。九日、キム・イルソンはスターリンに電報を打った。「軍事科学技術の最新の成果を取り入れた装備を持つ強力な敵との戦いで成功をおさめるために、われわれには飛行士、戦車要員、通信員、工兵将校の早急なる育成が必要である。国内においてそれらを準備するのは非常に難しい」と述べたうえで、キム・イルソンはソビエトに留学で派遣されている朝鮮人学生のなかから二〇〇〜三〇〇人を飛行士として、ソビエト在住朝鮮人から一〇〇〇人の戦車要員、二〇〇〇人の飛行士、五〇〇人の通信員、五〇〇人の工兵将校の帰国を要請した（『朝鮮戦争の謎と真実』一五〇頁）。

一〇月一六日夜、土砂降りの雨が降るなか、キム・イルソンはボルガに乗ってピョンヤンから退却した。選りすぐりの親衛隊員五〇人が従った。キム・イルソンの子どもたち、八歳になったキム・ジョンイル（金正日）と四歳のキム・ギョンヒ（金敬姫）は、「もう満州の長春へ疎開したようだ」と親衛隊員たちはうわさした。

キム・イルソン一行が目指したのはチャガンド（慈江道）の中心都市、カンゲ（江界）であった。なぜカンゲだったかといえば、そこに中国から援軍が到着することになっていたからだ。親衛隊の中隊長は国連軍が三八度線を越えた頃から、「そのうちに中国軍が助けに来てくれる」といって隊員を励ましていた。

退却途中で、キム・イルソンは反共レジスタンスに執拗に命を狙われ始めた。身の危険を感じたキム・イルソンはソビエト製高級車のボルガを放棄し、最高司令官のメンツもかなぐり捨てて、山中に入った。山のなかは遊撃隊で慣れていたが、次第に焦りと恐怖で平常心を失っていった。疑心暗鬼にかられたキム・イルソンは親衛隊員まで疑うようになった。ちょっとでも気に障ると、「この反動分子め！」とののしり、皆の前でピストルを構え、その隊員を射殺した（『原爆か　休戦か』一九五〜六頁）。まさに殿、ご乱心である。

これは投降した親衛隊メンバーの証言による。キム・イルソンの常軌を逸した行動に恐れをなした親衛隊の小隊長（少尉）が逃亡。韓国軍に投降し、取り調べを受けた。その尋問書が参謀本部にあがり、キム・イルソンの行動に興味を持ったチョン・イルクォンがコピーしてファイルに残していたのである。キム・イルソンの退却の報にスターリンは「放っておけ」と冷たく言い放った。

ちなみにキム・イルソンが捨てたボルガは韓国軍の第六師団に鹵獲《ろかく》され、ソウルに送られた。のちにボルガは米第八軍司令官だったウォーカー中将の未亡人に贈られた。反撃作戦で目覚ましい活躍を見せたウォーカーは一九五一年一二月二三日に戦死していた。

ピョンヤンいちばん乗りの感想を老将軍はこう語った。

「最高でしたよ。でも、初めはわれわれの出番じゃないんですよね。ピョンヤン攻略はアメリカ軍があたると。韓国軍将兵が一人も敵の首都攻略に参加できない、というのは納得できません。

われわれの装備は劣等で、アメリカ軍は一個師団に一〇〇〇台の自動車があるけれど、こっちは一〇〇台もないわけです。トヨタ、日産、いすゞの車両で、いまはどれもたいへんな会社ですけれど、当時はアメリカ製にはかなわないですよ。アメリカの軍団長になんとか泣きついて、やっと正面のアメリカ二四師団をわれわれ第一師団にチェンジしてもらったわけです」

ピョンヤンの主役も入れ替わった。イ・スンマンは喜び勇んでみやげ物持参で敵の本拠へ入り、数十万人の民衆から歓迎された。中国の参戦がなければ、この時点で朝鮮人民軍は崩壊していたも同然だった。

中国参戦の舞台裏

キム・イルソンが中国から物資の支援を期待していたのはまちがいないが、当初、中国に援軍を頼むという考えはなかった。庇《ひさし》を貸して母屋を取られる恐れがあったからだ。しかし、状況は一変した。中国はどういう経緯で参戦に至ったのか。すでに登場した朝鮮人民軍の元作戦局長、ユ・ソンチョル（兪成哲）の証言をもとに追ってみたい。かれは南進計画の立案から参画し、朝鮮戦争では重要な役割を担った。

一九五〇年一〇月、ユ・ソンチョルはキム・イルソンから呼び出された。ピョンヤン郊外の地下壕で最高司令官に会ったユ・ソンチョルは、パク・ホニョン外相と一緒に北京へ飛んで中国の支援を要請するよう命じられた。

一〇月一八日、パク・ホニョンらは特別チャーター便で北京に到着した。中国側は北朝鮮の特使一行を中国人民解放軍第一副参謀長、呂正寅《ろしょういん》の屋敷に案内した。そこには中国政府から冬の軍服を調達するため北京を訪れていた北朝鮮高官が待っていた。高官は通訳としてパク・ホニョンらと行動を共にすることになっていた。午前零時すぎ、「毛沢東主席が待っている」と一行は叩き起こされた。訪中した外国要人の多くも同じような目に遭ったが、これが毛沢東流であった。

深夜、かれらは中南海にある中国共産党政治局の会議室へ案内された。北朝鮮からの特使を毛沢東、周恩来、高崗《こうこう》、林彪《りんぴょう》、彭徳懐《ほうとくかい》らが迎えた。北京政権の要人は、夜型の毛沢東にあわせて動いていた。挨拶を交わしたあと、それぞれの席に座ったが、だれもおし黙ったままだった。まもなく杖をついて朱徳が現れ、全員が起立した。北朝鮮の特使らは、中国の軍事会議における朱徳の存在感を目の当たりにした。

パク・ホニョンはキム・イルソンのメッセージを伝え、ユ・ソンチョルが戦況を報告した。途中でかれの説明を制止して毛沢東は立ち上がり、壁に掛けてあった戦局を示す軍事地図を広げて見せた。パク・ホニョンらが北朝鮮を出るときとは打って変わり、「地図にはアメリカ軍と韓国軍がすでにピョンヤンを占領し、朝満国境付近まで侵攻していることが示されていた」(ユ・ソンチョル証言一二五頁)。北京のほうが国連軍の動きを的確につかんでいた。

満州の皇帝と呼ばれていた高崗は、パク・ホニョンらと飛行機で瀋陽に戻り、自邸にかれらを招いた。高崗は食事をしながら中国共産党の政治局内部で北朝鮮への参戦をめぐって激論があったことを明かした。高崗は参戦賛成派だった。高崗は中国の安全保障の観点から北朝鮮の支援を主張した。周恩来は反対だった。中国の政治体制がまだ磐石でないことを心配する周恩来は、参戦によってアメリカが中国に宣戦布告するのを恐れた。主戦派の毛沢東は、「いつかアメリカと戦うのなら早いほうがよい」という考えだった。

中国では朝鮮戦争を抗美援朝戦争という。中国ではアメリカを美国といい、抗美援朝戦争は「アメリカに対抗して朝鮮を救援する」というわけだが、毛沢東政権のなかで北朝鮮のためを思って議論した者はだれ一人いなかった。

ユ・ソンチョル証言によれば、モスクワへ飛んだ周恩来に対してスターリンは、「ソビエトは戦争準備ができていないので、中国が代わって朝鮮を支援してほしい。現在、アメリカは、アジアで大きな戦争を起こせない状況にあり、なおさら朝鮮、中国双方で同時に戦争はできない」（二二七頁）とけしかけた。スターリンは遠くない将来の中ソ対立を予見し、中国の戦力が疲弊するのをひそかに期待していたのか。

周恩来もしたたかだった。ソビエト軍が朝満国境一帯に空軍と対空砲を出動させて中国を支援してくれるようスターリンに要請した。スターリンは受け入れ、これで事実上、中国の参戦が決まった。この瞬間、朝鮮戦争の主導権はキム・イルソンから毛沢東に移った。周恩来は、北朝鮮からの訪中団が北京に到着した当日、モスクワから戻った。周恩来が政治局で帰国報告をしたあと、パク・ホニョンらは呼ばれたのであった。

毛沢東は正規軍である中国人民解放軍を北朝鮮へ派兵するという形は避け、将兵たちがみずから志願して朝鮮人民を支援するために中国人民志願軍を結成したふうに装った。アメリカとの直接対決をかわすための苦肉の策だが、中国人民志願軍と名乗ったところで、実態は中国人民解放軍とまったく変わりがなかった。北朝鮮の一行も加わった軍事会議で毛沢東は、中国人民志願軍と朝鮮人民軍の編制、通訳の配置、後方支援などについて説明した。そして、中国人民志願軍の司令官は彭徳懐、後方支援は高崗が担当することになったと告げた。

毛沢東は、彭徳懐を補佐する朝鮮人将官としてパク・イルウ（朴一禹）を中国人民志願軍に参加するようキム・イルソンに要請した。満州生まれのパク・イルウは学校教師だった。中国共産党で頭角を現わし、朝鮮人部隊の副司令をつとめた。延安派のエリートとして北京政権とつながりが深かったパク・イルウは副司令官、副政治委員として中国人民志願軍の司令部に入った。

韓国軍が中国参戦に気づいたのは一〇月二五日であった。一人の捕虜をペク・ソンヨップ師団長みずから尋問し、初めて中国の動きがわかった。老将軍がいう。

「この捕虜は韓国語がまったくわからなかった。北京語ではっきりと、自分は人民解放軍の軍人だといったんですよね。これで中国の介入がわかりましたが、アメリカの司令部は信じないんですよ。その捕虜をアメリカの軍団長のところへ連れていき、直接尋問してもらったんですよ。わたしが通訳して。それでも半信半疑のようでした」

中国人民志願軍の煙作戦で、戦場の空は文字通りの煙幕が張られた。米軍機の爆撃から逃れるためであった。一九五一年一月、人海作戦が功を奏して中朝連合軍はふたたびソウルを奪還した。しかし、長く持ちこたえることはできず、三月にはソウルから撤退した。その後は一進一退をつづけ、戦局は膠着状態となった。

その間、キム・イルソンはいままで通り朝鮮人民軍の最高司令官であり、党も政も軍もトップであることに変わりはなかった。しかし、もはや最高司令官は名ばかりであった。毛沢東や彭徳懐は最高軍事指導者としてのキム・イルソンの能力を評価していなかった。一三歳年上で圧倒的な戦歴を誇る猛将の彭徳懐は陰でキム・イルソンを成り上がり者と揶揄《やゆ》し、無能な指揮官とこき下ろした。

プライドの高いキム・イルソンは彭徳懐を決して許さなかった。ロシア側の資料によれば、彭徳懐の態度を改めるよう中国へ伝えてほしいとスターリンに泣きついたという。もう一つ我慢がならなかったのは、毛沢東が自分と同い年のパク・イルウを一本釣りしたことだろう。

キム・イルソンがおそれたのは、北京とツーカーの延安派人脈の台頭だった。いずれにしてもパク・イルウの司令部入りは、キム・イルソンが中朝連合軍の作戦会議から実質的に体《てい》よくはずされたことを意味した。作戦会議で北朝鮮側を主導するのはパク・イルウで、キム・イルソンは後方動員などの地味な任務に没頭した。実権を失って時間をもてあましたキム・イルソンは、その間、朝鮮労働党員の拡充につとめ、とりわけ軍における党員増に取り組んだ。皮肉にもこれはのちにキム・イルソンの権力強化に役立った。

水一杯出なかった休戦会談

一九五一年六月三〇日、リッジウェイはラジオ放送で北朝鮮と中国に対して休戦会談を呼びかけた。会談場所としてウォンサン（元山）港にデンマークの病院船ユトランディア号を碇泊《ていはく》させて、その船上でおこなうことを提案した。七月二日、中朝連合は平和交渉に応じると伝え、会談場所としてケソン（開城）を提示した。リッジウェイは三八度線の南側にあるケソンに同意したが、これは大失敗だった。

ケソンは北朝鮮の掌中にあって、武装した兵士があちこちに立って緊張した雰囲気に包まれていた。国連軍の代表団やスタッフはそれぞれの車両に白旗をつけさせられていた。共産圏のジャーナリストや西側世界の左派文化人が招待されて会場を取材していた。いずれも朝鮮戦争の勝利を想定させるので、キム・イルソンの思うつぼであった。韓国軍の代表だった老将軍、ペク・ソンヨップに七月一〇日から始まった休戦会談の模様を聞いた。

――代表団の構成は？

老将軍　双方五人ずつです。国連軍側の首席代表はチャールズ・ジョイ中将（極東海軍司令官）で、あとはヘンリー・ホッジス少将（第八軍参謀副長）、ローレンス・クレーギー少将（極東空軍副司令官）、アーレイ・バーク少将（極東海軍参謀副長）、そしてわたしです。北の首席代表はナム・イル（南日。朝鮮人民軍総参謀長兼副首相）で北が三人、中国軍が二人でした。会談は首席代表だけがしゃべるんです。

――ことばは？

老将軍　英語、韓国語、中国語の三か国語を使うんです。こちらが「アイ・アム・ソウリ」というと、韓国語で「ミヤナミダ」、中国語で「トイブチ」というわけですよね。

――イヤホンつきの同時通訳じゃない。

老将軍　そんなものはない（笑い）。向こうの主導権は周恩来が握っているんです。直接電話で指示しているんだね。戦略は毛沢東の指示でしょうけど。アメリカはＧＨＱと連絡をとりあっていました。向こうは初めこちらに小さい椅子を用意したんですよ。向こうは高い椅子。

――わざと。

老将軍　ええ。ジョイさんはそんなに小さい人でもないけれども、やっぱり相手を見上げるような格好になるわけです。かれは、「こんな椅子じゃやだめだ。帰る」と、怒っていました。翌日は変えさせましたけれど。旗もそうです。こちらが国連軍の旗を立てる。それでかれらの旗が小さいと思ったら、こんどは大きいやつを立てる。こちらも、ちょっと大きいのを……。

――意地の張り合いですね。

老将軍　初めは、そんなに時間はかからないと思っていました。ところが、やっぱり共産主義者との交渉は難しいですね。新聞記者を入れる、入れないで二、三日もめるし、アジェンダ（協議事項）の件で一週間はかかるし。非武装地帯はどうする、捕虜はどう送還する。どれもこれも向こうは難題をつけてね。とにかく難しいですよ。

――聞いているだけでも疲れてきます（笑い）。飲み物は出るんですか。

老将軍　何も出ない。水一杯出ないんです。

――氷のような会談にすべて出席したのですか。

老将軍　いいえ。わたしは戦争をしなきゃいけないから（笑い）。

――その間も戦闘はあったんですね。

老将軍　休戦会談は二年つづきましたからね。「この休戦会談はつづけるけれども、戦闘もつづける」ということですから。

勝者を装ったキム・イルソンと毛沢東の悲運

一九五三年三月一日の夜、スターリンはモスクワ郊外のクンツェヴォ別荘で倒れ、五日夜に死んだ。東京証券市場では軍需株を中心に暴落した。休戦へと一挙にはずみがついた。話し合いは煮詰まってきたが、韓国側の不満は高まるばかりだった。七月二七日、やっとパンムンジョム（板門店）で国連軍首席代表のハリソンと共産軍首席代表のナム・イルの間で休戦協定の署名が交わされた。二人はひとこともことばを交わさず、握手もしなかった。休戦協定書のコピーは国連軍司令官のマーク・クラーク、キム・イルソン、彭徳懐にも送られ、それぞれ署名した。

分断が固定化すると韓国は休戦協定に署名するのを拒否したが、停戦を受け入れ、銃声はやんだ。二四八キロの軍事境界線が南北を分けた。一九五一年七月一〇日から始まった休戦会談は一九五三年七月二七日まで二年と一七日の期間に五三八回もひらかれ、「歴史上、もっとも聞くに堪えない話し合いだった」といわれる。ペク・ソンヨップはこのときの気持ちを、「また分断になるのかという悲しさがありました。何百万人の国民が犠牲になって、自分の国は廃墟になった。共産国家に対する憤りがありました」と沈んだ声で語った。

三年におよんだ戦闘でどれくらいの死者が出たのか、休戦から六〇年近くなっても、いまだにおおまかな数ですらはっきりしない。朝鮮戦争にかんする著書や論文はたくさんあるが、犠牲者の数はどれもまちまちだ。

アメリカ人ジャーナリスト、デイヴィッド・ハルバースタムの『ザ・コールデスト・ウインター　朝鮮戦争』上巻（山田耕介／山田侑平訳）は、「この戦いでアメリカ人の死者は推計で三万三〇〇〇人、ほかに一〇万五〇〇〇人が負傷した。韓国側の損害は死者四一万五〇〇〇人、負傷者四二万九〇〇〇人だった。中国と北朝鮮はその死傷者数を固く秘匿しているが、米軍当局者は死者およそ一五〇万人だったと見積もっている」（一七頁）としている。また二〇一三年七月二七日の朝日新聞には、「韓国側の資料によれば、韓国・国連軍の死者は約二〇万人で、北朝鮮・中国軍の死者は六五万人超。民間人の死者・行方不明者は数百万人におよび、離散家族は一〇〇〇万人を超えた」とある。

北朝鮮には韓国兵の遺骨が三万体から四万体ほど残っていると見られているが、そのうち韓国に戻った遺骨はわずか一二体にすぎない。いずれも米兵の遺骨発掘の際にみつかった。一二体がハワイを経由して韓国に帰ってきたのは休戦から五九年も経つ二〇一二年五月二五日で、イ・ミョンバク（李明博）大統領が出迎えた。

軍事境界線をもって朝鮮半島は完全に南と北に分けられた。分断国家として西ドイツと東ドイツがすでにあったが、南北朝鮮と決定的なちがいがあった。たしかに東西ドイツは同じ民族ながら異なるイデオロギーのもとに交流を断ち切り、いがみ合った。しかし、互いに血を流してまで争ってはいなかった。血にまみれず家族が引き裂かれることもすくなかった分、怨念も希薄だった。そうでなかったら東ドイツ出身のアンゲラ・メルケルがドイツで初の女性首相に選ばれ、長期政権を維持することはなかったであろう。朝鮮戦争の深刻さは、東西ドイツにはなかった流血と家族の離散にあった。

朝鮮戦争の見方はさまざまだ。筆者は以前、ロシアの朝鮮戦争研究家、アナトリー・トルクノフにインタビューした際、「一体、朝鮮戦争の収支決算はどうだったのか」と尋ねたことがある。これに対してトルクノフは「一言でいうならば、朝鮮戦争はすべてに悪と罪をもたらした。この戦争の勝利者はだれもいない。みんなが損をした。悪いことばかりをもたらした戦争だった」と答えた（『正論』二〇〇二年二月号）。

朝鮮戦争のさなかにマッカーサーが国連軍最高司令官の地位を追われ、スターリンはこの世を去った。毛沢東は将来を託していた長男を空爆で失った。彭徳懐は一九五九年、国防相を解任された。毛沢東の大躍進政策に反対したからだが、中国側はキム・イルソンに彭徳懐を解任した理由を伝えた際、朝鮮戦争の不手際をあげた。ウソの説明を信じたかどうかわからないが、キム・イルソンが大いに溜飲を下げたのはまちがいあるまい。

朝鮮戦争の主役クラスの人物の不運をよそに、仕掛け人のキム・イルソンはしぶとく生き延びた。勝者ではなかったが、さりとて敗者でもなかった。

アメリカを同じテーブルに座らせたことだけでもキム・イルソンには快感であった。後継者たちもこの味を追い求め、対米外交の基本戦略とした。休戦協定が調印された七月二七日は、以後、北朝鮮では祖国解放戦争に勝利した記念すべき日となった。四〇年後にはピョンヤンに「祖国解放戦争勝利記念塔」がオープンした。キム・イルソンがこの世を去る一一か月前のことだった。

祖国解放戦争勝利記念日といったところで、中国人民志願軍の支援がなければ悲惨な結果に終わったのは一〇〇％たしかだった。にもかかわらず、キム・イルソンは中国への感謝をあまり口にしなかった。キム・イルソンは胸の内でおそらくこう思っていたにちがいない。毛沢東が朝鮮戦争への参戦を決めたのは、北朝鮮を助けるというのは建前であって、本音はできたばかりの新中国を守るためであったと。

二〇〇九年一〇月五日、北朝鮮を訪問した中国の温家宝首相はピョンヤンの東一〇〇キロのフエチャン（檜倉）郡にある中国人民志願軍烈士墓地を訪れた。朝鮮戦争で犠牲になった中国人兵士を祀る高さ一四メートルの慰霊銅像に献花したあと、温家宝は一つの石像に向かって「岸英同志、わたしは祖国を代表して、あなたに会いに来ました」と語りかけた。

毛沢東と楊開慧《ようかいけい》との間に生まれた長男の毛岸英は一九五〇年一一月二五日、北朝鮮のサクチュ（朔州）市の近くで米軍の空爆に遭い、死んだ。二八歳だった。毛沢東が長男を朝鮮戦争に送り出したのは、帝王学の一端であったのかもしれない。毛岸英は一九二二年一〇月二四日の生まれ。かれの写真をみると、父親にそっくりだ。毛沢東と談笑する写真も残っている。写真を見ただけで毛岸英の存在感は、弟の毛岸青など足元にも及ばないほど大きかったのがわかる。毛岸英は一九五〇年一〇月八日、北朝鮮に入り、一九日に司令部入りし、一一月二五日に空爆に遭った。

欧陽善の『対北朝鮮・中国機密ファイル――来るべき北朝鮮との衝突について』は毛岸英の爆死を克明につづっている。ちなみに欧陽善というのは、北朝鮮を担当する中国の党・政府の現役官僚の複数のペンネームだという。毛岸英が爆死する前日の一一月二四日、キム・イルソンはパク・イルを通じて彭徳懐に卵を一籠贈った。

欧陽善がいう、「当時の戦場では、卵といえば貴重で珍しい食べものである。翌日の明け方、防空壕の前で、毛岸英ともうひとりの参謀はその卵を使ってチャーハンをつくっていた。空爆はそのとき、なんの警告もなしに起きた。米軍の爆撃機編隊は司令部を空爆し、その一発の凝固燃焼爆弾が施設を直撃、先に防空壕に入っていた彭徳懐司令官は九死に一生を得たが、仮眠ベッドの下に隠れるしかなかった毛岸英ともうひとりの参謀は投下された爆薬の炎につつまれた」(四二頁)。

死体は真っ黒に焼けただれていた。顔面蒼白の彭徳懐は立ちすくみ、副司令官の洪学智《こうがくち》は人目も憚らず涙を流した。長男の戦死の報に毛沢東は書斎に籠ったまま何時間も姿を見せなかった。単なる一青年の死ではなく、世界の歴史にかかわる出来事だった。「毛岸英がもし朝鮮戦争から無事帰国することができていたならば、まずまちがいなく毛沢東政権の跡を継いでいたことであろう」(二三三頁)という欧陽善の見方に同感である。それは毛沢東王朝がキム・イルソンの家とちがって一代かぎりで終焉《しゅうえん》したことでもあった。

キム・イルソンはことあるごとに「アメリカ帝国主義を打倒した」と勝利宣言を繰り返した。失策ばかりで自分の手柄などほとんど何もなかったにもかかわらず、朝鮮戦争を体制維持と自己宣伝に最大限利用した。それができたのもかろうじて引き分けの状態で水入りになったからだ。国土は荒廃し、民衆は困窮のなかに放り出された。

民衆にりんご一つ与えることはできなかったが、キム・イルソンは意気軒昂であった。自分にふりかかるマイナス状況をいつの間にかプラス要因にしていくのが、この人物の生涯にわたって見られる運勢だった。キム・イルソンは勝者の高揚した気分で国内の政敵へ戦いを挑んでいった。

一九五〇年代の北朝鮮政界にはいくつかの派閥があった。そのなかでキム・イルソンを支えていたのは、満州やハバロフスクで苦労を共にしてきたパルチザン派であった。キム・イルソンが警戒を怠らなかったのは、韓国から北朝鮮へ来たインテリ人士を中心とした南労党派（国内派ともいう）、モスクワ留学組などのソビエト派、中国と関係が深い延安派、それにハムギョンナムド（咸鏡南道）のカプサン（甲山）出身者たちのカプサン派があった。

これらの派閥とそれぞれの人間関係が複雑にからみあって主導権争いを展開していた。出る杭は徹底的に叩くというキム・イルソンの目論見は、巧妙かつ大胆だった。その戦術は朝鮮戦争のさなかから入念に練られていた。事実上、指揮系統からはずされてヒマになったキム・イルソンは、たっぷりあった時間をライバル蹴落とし作戦に費やした。

南労党派でまず標的にされたのはパク・ホニョンであった。休戦になった直後の一九五三年八月、米帝スパイとみなされ、身柄を拘束された。五五年一二月一五日、パク・ホニョンは死刑を宣告され、ほどなくして銃殺された。のちにチャン・ソンテク（張成沢）はパク・ホニョンと並ぶ罪人とされた。チャン・ソンテクもまたスパイとみなされた。南労党派にはインテリが多かった。キム・イルソンは、越境してきた南の著名人士を厚遇した。ピョンヤンは知識人がすくなかったので、ソウルのインテリは貴重な人材であった。南労党派の末路は哀れだった。ピョンヤンを理想郷と信じたソウル出身のインテリの多くが、その後、キム・イルソンの粛清によって消えていった。

南労党派の弾圧に対してソビエト派も延安派も傍観を決め込んで動かなかった。南労党派にも、ソビエト派や延安派と結束してキム・イルソンに対抗しようとする策も気迫もなかった。パルチザン派はつねに圧倒的な勢力を誇っていたわけではなく、かりに三派連合が成立していたらキム・イルソン政権は窮地に立たされていたはずだ。

一九五六年四月二三日から二九日まで朝鮮労働党の第三回党大会がひらかれ、キム・イルソンは新五か年計画を発表した。そして六月から一か月、キム・イルソンは経済援助を求めてモスクワをはじめ東欧共産国を歴訪した。留守中にはかりごとがあり、ソビエト派は延安派に働きかけてキム・イルソン追い落としを練った。北朝鮮政界において初めて反キム・イルソン連合の動きであった。このとき、延安派に老練な策士がいたら、北朝鮮の歴史が大きく変わる可能性があった。

一九五六年八月にひらかれた朝鮮労働党中央委員会総会でソビエト派と延安派はキム・イルソン批判を展開した。八月宗派事件である。宗派はセクトという意味であるが、これは主席に対する真っ向からの攻勢だった。しかしながらパルチザン派に反撃されて腰がくだけてしまった。キム・イルソンはあらゆる手段、権謀術数を駆使して南労党派、ソビエト派、延安派のライバル三派を根こそぎ蹴落とし、キム一族三代にわたる世襲への道筋をつけた。

第８章 ✹毛沢東を一歩リードしていた頃

別荘を持たず専用列車に宿泊

国際社会の評価をひとまず度外視していえば、キム・イルソン（金日成）の生涯で比較的充実していたのは、一九五八年から一九六六年にかけてであった。中ソや東欧の友好国からの援助も潤沢にあった時期で、北朝鮮の歴史のなかでこの八年間はほかと比べればいくらか輝いていたように思う。党も軍も政府も、ほぼ主席の意のままであった。キム・イルソン政治のハイライトとされるチョルリマ（千里馬）運動が追い風となった。一日に千里を走るという伝説の馬にちなみ作業のスピード化、生産性の飛躍的な向上をめざす運動であった。

キム・ジョンイル時代の現地視察といえば部隊の駐屯地が中心だったが、キム・イルソンはほとんどが協同農場や工場の巡回だった。農民は協同農場で共同作業をおこない、それぞれの働きに応じて配給を受けていた。このほかにキム・イルソンは各農家に九九平方メートル（三〇坪）までの個人農地を与え、自由に耕作することを許可していた。個人農地に私有権はなく、あくまでも使用権だが、農民は手塩にかけ三毛作で農産物を育てた。この九九平方メートルの農地が、一九九〇年代の深刻な食糧不足の時期に役立った。

キム・イルソンが現地視察で姿を見せると、民衆は歓呼の声で迎えた。主席のカリスマ性を帯びた立ち居振る舞いや、「大胆に考え、大胆に行動しよう」といった呼びかけは民衆の心をつかんだ。主席の悪口をいう人は皆無といってよかった。「恐怖政治だから、だれも怖がって口を閉ざしていたのだろう」という見方もあるが、皆が皆、そうだったとはかぎらない。

おおむね平等であった。貧しさにおいて平等であったにすぎないのだが、それでも格差社会より平穏をもたらした。民衆に不満はあっても不満の対象を身近な中堅幹部やアメリカとか日本に向けて主席を恨むことはなかった。こういう見方は独裁政治を否定する人々には受け入れ難いであろうが、たとえ独裁者でも民衆の支持を得ていた時期があるのだ。一方、北朝鮮政界にはちゃんと批判勢力が存在していた。

キム・イルソンはタフだった。各地の生産現場を精力的に駆け巡る主席にお伴の党書記らは汗だくで従った。同行書記の一人にファン・ジャンヨプ（黄長燁）がいた。かれはキム・イルソンの死から三年後の一九九七年に来日を利用して韓国へ亡命した。脱北者のなかでもっとも高位だった。亡命時は七五歳で、現職の朝鮮労働党国際担当書記であった。三六歳になる直前の一九五八年一月三日、理論書記に抜擢されたかれは主席より一〇歳若かったが、現地指導に同行したときはくたくたになったという。これからもしばしば出てくるのでファン・ジャンヨプという名前は覚えておいていただきたい。

一九五〇年代後半のキム・イルソンは民衆との接触が多く、私生活も後年と比べれば地味であった。ファン・ジャンヨプの『黄長燁回顧録――金正日への宣戦布告』（萩原遼訳）によれば、「キム・イルソンは早起きで、夜は遅くまで起きていたが、その代わりに一日に一、二時間ずつ昼寝をした。当時かれには別荘がなく、現地指導に出ると書記たちもかれと一緒に汽車のなかで寝泊まりした」（二三七頁）。

現地指導で出張していたある早朝、車内で寝ていたファン・ジャンヨプはコツコツという音で目を覚ました。窓から覗くと、主席が副官とプラットホームを歩いていた。早朝ウオーキングであった。ファン・ジャンヨプはあわてて着替えて駆けつけた。列車のなかで寝泊まりしたのは、経費節減と身の安全を守るためであった。キム・イルソンはつねに暗殺の恐怖に苛まれていた。列車は居場所を転々と変えられ、警備上も安心できた。

すでに毛沢東が列車を宿舎がわりにして広大な中国大陸を飛び回っていた。キム・イルソンは毛沢東の政策や言動をつぶさに観察し、しばしばそれに見習った。ときには抜かりなく毛沢東を反面教師にもした。中国への対抗心を燃やしてきたキム・イルソンは、嫌中の態度はおくびにも出さず、一九六一年七月には中国と軍事同盟を結び、唇と歯の関係を損なうようなヘマは避けた。

語り継がれる一九六〇年代

キム・イルソンは小さな企業の創業者のような気分で、なんとか国民の意識を改革し生産性を高めようと全国を飛び回って陣頭指揮をとった。「革命家はつねに人民を信頼し人民に依拠すれば百戦百勝するが、人民に身捨てられれば百戦百敗するという真理を生と闘争の座右の銘とすべきである」とキム・イルソンはいう。一九六〇年代のキム・イルソンには人民に対するこういう謙虚さがあった。

上も下も額に汗を流した結果、朝鮮戦争の痛手から北朝鮮はようやく立ち直り、生活は向上した。教育費と医療費はタダだった。キム・イルソン時代の北朝鮮は配給社会であった。賃金は安かったが、必需品は配給によってまかなわれた。西側諸国の民衆と比べ、北朝鮮の民衆は金銭にそれほど執着していなかった。そういうフリをしていた人もいたのは、カネにこだわるような人間は蔑《さげす》まれて見られたからだ。為政者にとって都合のよい風潮だった。

キム・イルソンは見栄っ張りで外国人がデパートを訪れた際、良質の商品が品切れになっているのを嫌った。そこで国民が上等の商品を買わないようにした。バカバカしい話だが、もともと高価な品物に縁のない庶民には痛くもかゆくもないことだった。気になったのは、自分たちの生活必需品が不足しがちなことだけだった。

やがて品薄だった商店の陳列棚がどんどん食料品や日用品で埋まっていった。元外交官のコ・ヨンファン（高英煥）は六〇年代を振り返って、「商店には鶏のから揚げや砂糖菓子があふれていた」と回想している（『平壌25時』一四六頁）。酒類も豊富になった。ようやく人々は生活をエンジョイする気分になった。休日に家族連れはピクニックに行き、若者たちは野外劇場でダンスを楽しんだ。どれもヨソの国からすれば当たり前のことに過ぎなかったが、異形国家の民衆には、ふつうの国では当たり前のことが貴重であった。恵まれていたのはピョンヤンとその近郊、それに一部の地方都市に限られていたが、それでも社会全体に明るさがよみがえってきたのはだれの目にもあきらかだった。

一九六二年一〇月二三日、キム・イルソンは最高人民会議第三期第一回会議で当面の課題について演説をおこない、「祖国の山河は姿を一新し、社会経済制度は根本的に改造され、わが人民のすべての物質的生活と精神生活に大きな変化が起こりました」と劇的な発展を強調した。このときの演説の全文は、未来社の『金日成著作集』第三巻（『金日成著作集』翻訳委員会訳）に収録されている。演説だけで五二頁に及ぶが、このなかでキム・イルソンは日本でもよく知られ、しばしば引用される北朝鮮国民への有名な約束を口にしている。

あと三年から四年経てば、三〇〇万トンの米と二〇〇万トンの肉類、三億メートルの織物を生産し、都市と農村には数一〇万世帯分の文化住宅が建設されると具体的な数字をあげたあとキム・イルソンは、「そうなれば、わが国の人民はだれもがみな瓦ぶきの家に住み、白米のごはんに肉のスープをとり、絹織りの服を着て暮らす、ゆたかな生活ができるようになるであります」（七四頁）と述べた。心底、キム・イルソンはそうなれると確信していた。まだ主席には明るい未来を語る自信がみなぎり、民衆もそれを素直に受け入れる余裕があった。いくばくかの果実を手にした民衆はいつまでも一九六〇年代を折に触れて懐かしみ、語り継いだ。

北朝鮮でNGO活動をつづけたドイツ人、マイク・ブラツケの『北朝鮮「楽園」の残骸――ある東独青年が見た真実』（川口マーン恵美訳）は、民衆が語り継いできたチョルリマ運動の成果をこう伝えている。

「たちまち国中がやる気であふれかえり、人々を工場、住宅、道路の建設に駆り立てた。『一つの顔に一つの屋根を！』（外力依存は亡国の道の意）というのが当時のスローガンの一つだったが、事実、国の復興はめざましく貧富の差は縮まり、あっという間に戦前とは比べものにならない生活が達成された」（五〇頁）

ここでいう戦前とは朝鮮戦争前のことだが、ブラツケの北朝鮮滞在は一九九九年から二〇〇三年にかけてだった。したがってかれは休戦後の五〇年代も、チョルリマ運動が盛んだった六〇年代も知らない。現地で知り合った朝鮮人から何度となく古き良き時代の話を聞かされたのだ。六〇年代への民衆の大いなる賛辞は、この旧東独の青年が滞在していたキム・ジョンイル時代の惨状を逆説的に伝えている。「首領様の時代はよかった」というのは、現実に対する民衆の憂さ晴らしであった。

インテリ知識層の子弟には「夢よ、もう一度」という強い願望があった。かれらは、一九六〇年代の若い知識人が恵まれた境遇にあったのを羨んだ。チャンスに恵まれたのは秀才のうちの一握りであったが、当時のエリート青年は未来への夢を与えられていた。選抜された有能な人材はモスクワやベルリン、ブタベストなどへ留学した。ブラツケが出会った朝鮮人のなかには、ソビエトや東欧で学んだエリートが多かった。医学生は東ドイツへ、生物学を学ぶ者はハンガリーへ、建築を専攻する学生はモスクワで学んだ。

ブラツケの知っている北朝鮮のドイツ語通訳はすべて東ドイツの留学生で、例外なく優秀だった。国費留学生の活躍は国内の学生を刺激し、キム・イルソン総合大学を筆頭に各大学は活気に満ちていた。半面、この時期のキム・イルソン時代が過剰に美化されたのは否めない。チョルリマ運動がまっさかりだった一九六〇年代の北朝鮮社会に泥棒が一人もいなかったというたぐいの話だ。「中国にはハエが一匹もいなかった」と、文革期に訪中した日本の知識人が語った。北京の高級ホテルにはいなかったかもしれないが、路地裏の囲いのない公衆トイレには五月蠅《うるさ》いほどハエはいた。これに類した話は、訪朝談にもすくなくなかった。

実際には北朝鮮の民衆は盗難に遭っていたが、のちの深刻な食糧不足の頃に比べればたしかに被害はすくなかった。一九九〇年代には、飢えた兵士らが協同農場の収穫物を強奪することさえあった。そういう殺気立った空気のない頃に北朝鮮を訪れた日本の政治家や言論人のなかには、ピョンヤンで老後を過ごしたいという人もいた。豪華な宿泊施設に豪勢な食事、それに持病があれば主治医までつくという最高の待遇を受けていれば、そういう気持ちにもなろう。

遊撃隊長の頃、満州の荒野で日々食糧の確保に腐心してきたキム・イルソンは、国を率いるようになると中ソや東欧諸国から食糧や機械などを最小限のコストで調達し、また資金を引き出した。集めた資金は重工業につぎ込まれた。北朝鮮がトラックやトラクターの本格的な量産体制に入ったのは一九六〇年代の前半であった。それまではソビエト製を使っていた。北朝鮮成人男性の平均的な身長がロシア人より低いためトラックやトラクターの使い勝手が悪く、それらの国産化はキム・イルソンの悲願であった。

ピョンヤン郊外に機械工場が建てられ、海外留学組をはじめ有能な技術者が集められた。トラクターの試作品第一号が完成したとき、主席は党幹部をしたがえて機械工場に足を運んだ。ところが、トラクター試運転の晴れ舞台でハプニングが生じた。コチコチに緊張した運転士が操作をまちがえ、前へ進むべきトラクターがバックしてしまった。セレモニーの華やいだ雰囲気が一瞬にして凍りついた。

その直後のキム・イルソンの言動を韓国人ジャーナリスト、ソン・グァンジュ（孫光柱）が『決定版　金正日レポート』（裵淵弘訳）で脱北者の証言として伝えている。主席は放心状態の運転士の背中を叩き、「トンム（同志）、心配するな。後進できることは、前進もできることだ」（六七頁）とやさしく声をかけた。キム・イルソンは、まだこの頃は現場の人間を大切にし、心の通ったふれあいにつとめようとしていた。

キム・イルソンの絶頂期はW杯で八強になったとき

一九六六年七月、ワールド・カップ（W杯）がサッカーの母国、イギリスでひらかれた。一六チームが参加した第八回イングランド大会でアジア・アフリカ地域から唯一出場したのは北朝鮮チームであった。W杯出場は北朝鮮の悲願だった。建国以来、だれもかれもがこのときを待ち望んでいた。乏しい国家財源のなかでキム・イルソンはサッカー代表選手の強化費増額を認めた。

『サッカーマガジン』第一巻第二号（一九六六年七月一日発行）で共同通信運動部のサッカー記者だった鈴木武士がW杯出場の北朝鮮チームを紹介している。それによれば、一九六五年にはW杯出場に全力を集中するために、恒例のリーグ戦が中止された。

代表候補選手として四〇人が選ばれ、特訓がおこなわれた。合宿生活ではタバコも酒も禁じられた。あさ六時から練習を開始し、夜一〇時には消灯という、「まるで清教徒のような生活」（鈴木武士）を一八か月もつづけた。

北朝鮮代表選手の平均身長は一六五㌢と小柄で、国際的にはまったく無名のチームだった。それでもかれらは闘志にあふれ、当時の国際サッカー連盟会長も、「決して弱いチームではない」と評価していた。

一次予選の初戦の相手はソビエトで、北朝鮮は〇対三で負けた。次のチリ戦は引き分けだった。そして三戦目の相手は優勝候補のイタリアだった。イギリスのカケ屋はこの試合に一五〇対一という北朝鮮にとって屈辱的な賭け率を設定した。実際、イタリアが負ける要素はどこにもなかった。

ところが、番狂わせが起きた、北朝鮮は一点を守り抜いて優勝候補のイタリアに完勝し、一次予選を通過した。一次予選の突破はイタリアに勝ったこととともにアジアでは初めての快挙であった。のちに日本サッカー協会の会長となる岡野俊一郎は、日本スポーツ社発行の雑誌

『イレブン』にサッカーの世界名勝負物語を連載していた。岡野が第二巻第九号（一九七二年八月一日発行）の世界名勝負物語で取り上げたのは、イングランド大会で大活躍した北朝鮮チームだった。

岡野俊一郎の記事になぞっていけば、一九六六年七月一九日、アイアサム・パーク・スタジアムに駆けつけた観衆は一万七八二九人だった。W杯というビッグな試合では、とてもすくない数だった。

岡野俊一郎は、「この一万七八二九人の人々は幸せな人々だ」と書いた。なぜなら、このときの観衆はアジアから来た小さな選手たちがヨーロッパの巨人、イタリアを見事に打ち破るという思いがけない試合を自分の目で見ることができたからだ。また、北朝鮮に賭けた人たちは、投資額が一挙に一五〇倍もふくらんで大金を手にすることになった。大ショックだったのだろう、いまなおイタリアでは、一九六六年はW杯で北朝鮮に負けた屈辱の年と記憶されている。

岡野俊一郎によれば、北朝鮮の選手たちの個人技は優秀だった。そして体力的にも十分鍛えられていた。なによりも北朝鮮チームのよいところは、研究熱心であり、努力し、一試合ごとにチーム力を伸ばしていったところにあった。

七月二三日、リバプールのグディソン・パーク・スタジアムで北朝鮮はポルトガルと対戦した。これに勝てば四強入りだった。当日の入場者数は四万二四八人と発表された。このスタジアムは六万人を収容できたので、満員というわけではなかったが、北朝鮮が出場した試合では異例の大観衆であった。しかも声援のほとんどは北朝鮮チームに向けられた。強豪イタリアに勝ってベスト８入りを果たし、俄然注目されたのだ。試合が始まって二分で北朝鮮は一点を先取した。そして前半二一分、さらに一点を追加した。その直後、グディソン・パーク・スタジアムには、「ウイ・ウォント・スリー、ウイ・ウォント・スリー！（三点目を！）」の大歓声が響き渡った。

奮い立った北朝鮮チームは、その一分後に、三点目をシュートで決めた。北朝鮮ではラジオで生中継されていた。この瞬間に沸き起こった大歓声は、キム・イルソン時代でもっとも輝かしいときとなった。北朝鮮が、多数の外国人からこれほど盛大な声援を受けたのは初めてのことであった。

準々決勝の前半は三対二で北朝鮮が折り返したが、後半、ポルトガルのエウゼビオが得点を重ねるにつれて北朝鮮選手の動きが鈍くなった。北朝鮮は逆転され、三対五で敗れた。

試合終了後、リバプールのスタジアムに詰めかけた観衆の心をとらえたのは、負けた北朝鮮チームだった。岡野俊一郎によれば、スタジアムを揺るがす大きな拍手が何度も沸き起こり、称賛の拍手は真っ白なユニフォームに身を包んだ一人一人の小さな選手たちがグラウンドから姿を消すまで止まなかった。

しかし、称賛の拍手はキム・イルソンの絶頂期のフィナーレをも告げていた。その後、北朝鮮はどんどんおかしくなっていき、二度と国際社会で喝采を浴びることはなかった。海外で開催された国際競技で、北朝鮮チームの負け試合が国内で放送されることもなくなった。ちなみにイングランド大会で優勝したのは地元イングランド、準優勝は西ドイツ、三位がポルトガル、四位はソビエトだった。帰国した北朝鮮代表チームは大歓迎を受け、温泉でゆっくり保養した。実績をあげた選手には住居が提供された。しかし、翌年、選手たちの運命は暗転する。政争に巻き込まれて地方へ飛ばされてしまった。

中朝の唯一の逆転現象

一九五八年七月三一日、フルシチョフが北京を訪問した。個人崇拝を否定するフルシチョフのスターリン批判に、個人崇拝の権化《ごんげ》のような毛沢東とキム・イルソンは腹を立てていた。フルシチョフの訪中をじっと見守ったキム・イルソンは、中ソ対立が抜き差しならない段階にあるのを確信した。

のちに毛沢東の主治医、李志綏《りしすい》が著書『毛沢東の私生活』上巻（新庄哲夫訳）でフルシチョフを迎えた毛沢東の態度をあきらかにした。フルシチョフが案内されたのは、中南海のプール脇であった。水泳好きの毛沢東はプールの更衣室を改造して執務室と書斎にしていた。李志綏のことばを借りれば、毛沢東は自分がモスクワ訪問でうけた贅沢なもてなしに平手打ちをもって報い、「ソビエトの最高指導者を水着一枚という姿のまま中南海のプールサイドで歓迎した」（三六六頁）。

一緒に泳がないかと、毛沢東はフルシチョフをプールに誘った。フルシチョフは泳げなかった。負けず嫌いのフルシチョフは断らずに救命具をつけてプールに入った。警護官や通訳がプールに浸った毛沢東とフルシチョフを囲んで見守った。フルシチョフはなごやかな素ぶりを見せていたが、一週間の予定を三日で切り上げ、モスクワへ帰った。北京から避暑地の北戴河へ向かう列車のなかで毛沢東は李志綏に、「やつの尻に針をさしてやったよ」といった。

中ソ対立はキム・イルソンにとっても深刻な問題であったが、中ソを両てんびんにかけてうまく立ち回った。こういうときのキム・イルソンの処し方は職人芸のように細《こま》やかで巧妙だった。一九六六年、キム・イルソンは中ソ論争に対して中立を宣言し自主独立の気構えを強めていったが、援助のほうは相変わらず中ソ双方から抜け目なく引き出していた。食客国家としての面目躍如たるところがあった。

一九五八年から一九六六年にかけて北朝鮮は大飢饉もなく、十分とはいえないけれど深刻な食糧不足に悩まされることがなかった。大きな政治問題や致命的な失策もなかった。つねに問題山積だったキム・イルソン時代において、これはマレな時期といってよい。いまでは信じがたいことだが、北朝鮮はアフリカ諸国にトウモロコシなどの食糧を援助していた。

外国への食糧支援は画期的な出来事といってよかった。なにしろ朝鮮半島北部の居住民は有史以来、飢えの不安がつねにまとわりついていた。どの時代の支配者も直面した難問だった。生涯にわたってキム・イルソンがいちばん苦労してきたのもやはり食糧の確保であり、それは臨終の間際まで悩んだ課題であった。

北朝鮮は日本統治時代の電力や工場などをそのまま受け継いだが、田畑に恵まれなかった。北朝鮮の農地は全地域の二割にも満たなかった。キム・イルソン自身、「わが国は農耕地がすくなく、それもほとんどが勾配のひどい傾斜地ややせた土地だ」と生涯にわたって嘆いていた。キム・イルソンがいつまでも南進をあきらめなかったのは、韓国の豊かな穀倉地帯が欲しかったからではないか、と勘繰りたくなるほど農作物の収穫が貧弱だった。

そのうえ日照り、洪水、冷害、病虫害などがひんぱんに農民を苦しめ、しばしば食糧危機に直面した。二人のアメリカ人東アジア研究家、ステファン・ハガードとマーカス・ノーランドの『北朝鮮　飢餓の政治経済学』（杉原ひろみ／丸本美加訳）によると、一九四五〜四六年、一九五四〜五五年、一九七〇〜七三年、そして一九九五年の中頃がとくに深刻だった。地球上どこでも環境の厳しいところで暮らす人々は辛抱強い。北朝鮮の民衆また然りで、キム・イルソン体制を支えていたのは軍や秘密警察、情報統制などであったにしても民衆の忍耐力も無視できない。

北朝鮮がなんとか飢えの不安から逃れていた時期に、中国は食糧危機に苦しんでいた。一九五八年から六二年にかけての大飢饉で中国ではすくなくとも三〇〇〇万人が飢えで死んだといわれる。毛沢東が推進した大躍進運動の暴走に中国の民衆は翻弄された。中国と北朝鮮の間で明暗がわかれた。文化大革命の頃、中国の丹東の住民は鴨緑江の向こう岸のシニジュ（新義州）の人々の豊かな生活を羨んだ。いまは脱北者が絶えないが、当時は中国から北朝鮮へ渡る脱南者が続出していた。なにごとも中国が勝る中朝の長い歴史において、史上唯一ともいえる逆転現象が見られた時期だった。

中国の不運は大飢饉の惨状が毛沢東の耳に届かず、そのまま放置されていたことだ。毛沢東は視察に訪れた先々で、「食糧は十分あります」とウソの報告を受けていた。ソビエト離れを決意した毛沢東は、人民公社を設立するなど独自の大躍進運動に着手した。また、鉄鋼生産や穀物生産の短期倍増計画に取り組んだ。いずれも場当たり的な計画だったが、それを諫《いさ》める幹部も側近もいなかった。

鉄鋼増産に執念を燃やした毛沢東は、「一五年以内にアメリカを追い抜く」といったフルシチョフに対抗して、「一五年以内にイギリスの鉄鋼生産高を追い抜こう」と叱咤した。といっても本格的な製鉄所の建設に着手したわけではなかった。幼稚きわまりない方法が津々浦々で展開された。

上からの指示を受けた各農家は、裏庭にレンガづくりの煉鋼炉をつくって、そこに鍋やシャベルなどをぶちこんで鉄のかたまりを量産した。農民はまったく意味のない鉄づくりに追われて農作業は停滞し、収穫物は放置された。それが食糧不足を加速させた。穀物生産の短期倍増計画では、深く耕して隙間なく植える深耕密植法というのが採りいれられた。これで収穫量は何倍にもなると喧伝された。毛沢東は何もわかっていなかった。

一九五八年一一月、キム・イルソンは訪中し、武漢で毛沢東と会見した。この訪中に同行したファン・ジャンヨプが農村の混乱を伝えている。キム・イルソン一行はトウモロコシやコーリャンが畑にそのまま放置されているのをみつけた。「なぜ収穫しないのですか？」という質問に案内役の中国の役人は、「あれは収穫をしようかしまいかまだ決めていないんです。来年からは、一町歩あたり五〇〇トンから六〇〇トンの収穫をあげる方法を発見したんです。それで農民たちが収穫を急いでいないんですよ」と答えた（『黄長燁回顧録』一四〇頁）。

中国では、農民までが新方式で大量の収穫をあげられると信じていた。毛沢東はキム・イルソンと会見した際、深耕密植法の結果、「耕地面積を三分の一に縮小するのが可能になったので、残りは牧場と公園をつくる」と得意げに語った。帰国したキム・イルソンは党中央委員会で深耕密植法を報告し、多くの幹部が中国式の耕作に強い関心を寄せた。キム・イルソンは、「他人の経験を機械的に導入することは危険なことだ。やってみたければ、党中央で試験的にやってみて、よい結果が出れば全国に適用するようにしたほうがよい」（一四二頁）といった。

ファン・ジャンヨプによると、翌年春、ピョンヤンから二〇キロ離れたところに試験栽培場をつくり、深耕密植法による穀物栽培をおこなった。肥料をたっぷり与え、深く耕して密植したが、四〇〇トンどころか四トンも獲れなかった。キム・イルソンは深耕密植法から手を引いた。毛沢東の大躍進とキム・イルソンのチョルリマ運動を比較すれば、問題はたくさんあったにせよ、キム・イルソンのほうに軍配を上げてよい。文化大革命が両雄の関係に影を落とした。

紅衛兵から貴族と批判される

キム・イルソンは、文化大革命で紅衛兵を使って自分の主張を大衆に広める毛沢東に批判的だった。そのうちに北朝鮮政界の内情が壁新聞に書かれるようになった。キム・イルソンは中国へ内通する者の存在を確信し、苛立った。ソ・デスク（徐大粛）によれば、「一九六七年二月四日には、名前は挙げていないが朝鮮人民軍の将軍によってキム・イルソンが逮捕されたという紅衛兵の壁新聞が出るに至った」（『「金日成」二八三頁』）。根も葉もないことでキム・イルソンは無視した。しかし、その直後、北朝鮮を訪れて帰国した北京の高校生たちが主席をさらに挑発する壁新聞を貼った。

ソ・デスクがいう、「その内容は、キム・イルソンを物質的快楽に耽《ふけ》り、時代の革命的息吹きをまったく無視する修正主義者だと決めつけた。キム・イルソンは文化大革命の偉業を誹謗中傷し、毛沢東の名を傷つけていると断じた。おそらく当時北京から北朝鮮に足を運んだ人はだれもがそうした印象を持っていたのだろう」（同）。ピョンヤンの街には『毛沢東語録』が一冊もなく文化大革命に対する冷ややかな姿勢は北京っ子の自尊心を大いに傷つけたにちがいない。

北朝鮮は在外公館やメディアで反論を展開し、キム・イルソンは北京からの大使召還を命じた。ところが、翌一九六八年二月、「文革通旬」という雑誌にもっと激越なキム・イルソン批判文が掲載され、広州で話題となった。その論文はキム・イルソンを「反革命主義者であり、貴族であり、資本家である」とこきおろしたうえ、主席の豪壮な邸宅についてつぎのように明らかにしたと、ソ・デスクはいう。

すなわち、「ピョンヤンのモランボン（牡丹峰）の邸宅は、デドンガン（大同江）とポトンガン（普通江）をともに見下ろす風光明媚の地にあって、ピョンヤンの一等地およそ一万二〇〇〇坪を占め、ぐるりと高い囲まれ、歩哨が警備に当たっている。中央の庭に通じる門が五、六か所もあって昔の皇帝たちの宮殿を彷彿とさせるほどである」と（二八五頁）。

さらに論文はキム・イルソンが全国各地の景勝の地に離宮を建てていると告発した。ソ・デスクがいう、「一つはピョンヤン郊外の松林にあり、二番目は美しいクムガンサン（金剛山）の近く、三番目はチュウル（朱乙）温泉、四番目はシニジュの鴨緑江の河口の黄海の浜、そして五番目は東海沿岸の東北の町チョンジン（清津）である。これらの別荘は広大かつ贅を尽くしたもので、キム・イルソンの短期間の滞在にも膨大な数の役人、軍隊、そして警備陣を必要としていると暴露した」（二八五〜六頁）。

専用列車に寝泊まりしながら各地を飛び回っていた頃の、ひたむきなキム・イルソンの姿はもはや想像もできない。キム・イルソンは紅衛兵の背後に毛沢東の存在を感じたのはまちがいあるまい。それはキム・イルソンが腹いせにピョンヤン郊外にある中国人民志願軍烈士墓地を荒らさせたことでもわかる。すでに述べたように、この墓地には毛沢東の長男が眠っていた。

第９章
✸世界を震撼させた五大事件の内幕

一九六〇年代の北朝鮮政界はキム・イルソン（金日成）直系のパルチザン派と非主流のカプサン（甲山）派で勢力を分け合っていた。カプサン派は真っ向からキム・イルソン政権に政策論争を挑み、極端な重工業偏重で民衆の生活が圧迫されていると訴えた。一九六〇年代の北朝鮮にはまだ批判勢力が存在し、キム・イルソンに対して軍事費を減額し民衆の生活を最優先するよう政策の転換を求めたのだ。カプサン派の主張は多くの民衆の意向に沿っていた。

すでに栄光の一九六〇年代も後半になると陰りが生じ、ピョンヤン（平壌）など一部地域以外では、衣類や石鹸といった生活用品が極端に不足していた。品不足のうえ、品質も粗悪になるばかりだった。石鹸でいえば、一般家庭ではイワシ石鹸を使っていた。北朝鮮ではイワシがたくさん水揚げされるので、頭や内臓を煮て脂肪分を取り出して石鹸にしていた。イワシ油も重宝にされた。医療体制の不備は深刻だった。医師や看護師は慢性的に不足し、医薬品もすくなかった。

カプサン派は、党組織指導部長のポストを自派で確保することを望んだ。キム・イルソンは先手を打った。W杯イングランド大会の余韻がまだ残る一九六六年の秋口、実弟のキム・ヨンジュ（金英柱）を呼び、「政治局候補委員と党組織書記兼組織指導部長を頼む。しっかりやってくれ」と内示した。組織指導部長は朝鮮労働党のカナメであり、北朝鮮の実質的なナンバー2であった。キム・イルソンは緊張したキム・ヨンジュに、「これまで以上の権限を与える」と告げた。

キム・イルソンの長男、キム・ジョンイル（金正日）は二四歳になっていた。二年前にキム・イルソン総合大学を卒業し、朝鮮労働党中央委員会に配属されていた。叔父が党組織指導部長になると、キム・ジョンイルは組織指導部の指導員となった。まだ叔父に対するライバル意識は芽生えていなかった。キム・イルソンはカプサン派つぶしにかかり、かつてライバル三派を血祭りにしたように一九六七年から一九六八年にかけてカプサン派の面々をしらみつぶしに粛清していった。

一九六七年六月二八日からひらかれた党中央委員会第四期第一六回総会で唯一思想体系の確立というキム・イルソンの地位を強固にする提案がなされ、決定された。これはキム・ヨンジュの主導によって進められた。キム・ヨンジュは、キム・イルソン体制を不動とするためのイデオロギーが必要と考えたのである。唯一思想体系はのちにキム・ジョンイルによって絶対化され、悪しきバイブルとして北朝鮮社会に暗雲をもたらすことになった。

唯一の抵抗勢力であったカプサン派を一掃し、不動の独裁体制への地歩を固めたキム・イルソンは自信満々であった。図に乗っていたところもあったし、追い上げてくる韓国への焦りもあって、これが暴走へと駆り立てた。野望に燃えたキム・イルソンは政情不安定の韓国を混乱に陥れる作戦をひそかに練っていた。以来、世界を震撼《しんかん》させる大事件がつぎつぎと発生した。その一部はキム・ジョンイルの主導によるが、いずれにしろキム親子のエゴが招いた事件で命を失った人々はむろん、片棒をかつがされた者たちの悲運も筆致に尽くしがたい。以下、キム・イルソン時代の五大事件ともいうべき青瓦台《せいがだい》事件、プエブロ号事件、ポプラ事件、ラングーン事件、大韓航空機事件にふれていくことにする。

青瓦台事件と牧師になった北の少尉

青瓦台とは、韓国大統領の官邸をいう。一九六八年一月、北朝鮮の特殊部隊がソウルに侵入し、パク・チョンヒ（朴正熙）大統領を襲撃し、暗殺しようとして寸前で阻止された。これが青瓦台事件だ。このときパク・チョンヒはキム・イルソンより六歳年下の五〇歳であったが、一九六一年五月の軍事クーデターで国家再建最高会議議長としてトップに立ち、一九六三年一二月に大統領に就任し、強権をもって国力増進に突き進んでいた。

キム・イルソンがパク・チョンヒ暗殺という無謀な作戦にとりつかれたのは、ベトナム戦争で南ベトナム解放戦線（ベトコン）が優勢だったのに刺激された面もある。朝鮮半島の南半分にベトコンのような勢力を増殖させ、いずれはそれと呼応して韓国を掌中にするのがキム・イルソンの思惑であった。そしていかにも遊撃隊長的な発想で、それには韓国を混乱に陥れるのが手っ取り早く、大統領暗殺がもっとも即効性があり、効果も絶大という読みがあった。

ひそかに組織された特殊部隊は二年間、徹底した訓練をうけた。北へ越境してきた韓国人の情報をもとにソウルの克明な地図がつくられ、青瓦台の模型を使って実戦さながらの訓練が入念におこなわれた。

一九六八年一月一六日、特殊部隊三一人を乗せたバスがファンヘド（黄海道）の軍事基地を出発し、一路非武装地帯を目指した。韓国軍の軍服と私服を用意していたかれらは三八度線を越えると、まず軍服を着替えて韓国軍兵士になりすました。特殊部隊は夜間に行動し、日中は人里離れたところに身を隠して眠った。

一月一九日、韓国軍を装った特殊部隊はキョンギド（京畿道）の山中で伐採作業員四人と出会った。侵入した南でだれかに姿を見られた場合は、目撃者をその場で射殺するのが、特殊部隊のオキテであった。しかし、このときはオキテが破られた。地面がカチカチに凍っていて、穴を掘って死体を処理するのは至難の業であった。射殺は見送られたうえ、「こんな山奥では警察に通報することもあるまい」という意見が通って、伐採作業員たちは危うく難を逃れた。

命からがら山を下りた伐採作業員たちは特殊部隊の予想に反して、「韓国軍の軍服は来ているが、どこかおかしい集団に出くわした」と警察に通報した。その後、このときの教訓から北朝鮮の軍や工作機関では、見られては困るものを目撃された際は容赦なく始末する、というオキテの再確認がなされた。

韓国側にも手抜かりがあった。通報をうけて警察の捜査隊は現地へ向かったが、不審な一行を発見できず、まもなく捜索は打ち切られた。韓国当局は事の重大性に気づいていなかった。というのも北からの侵入事件が頻繁にあって、不審情報に感度が鈍くなっていたのだ。

　特殊部隊はあっけないほどかんたんにソウルへ接近した。かれらは韓国軍の軍服を脱ぎ、こんどは背広に着替えた。一般市民になりすました特殊部隊は、ソウルの街に溶け込むように雑踏のなかへ消えていった。ファンヘドの軍事基地を出発してから五日目の一月二一日、スーツ姿の特殊部隊はいよいよ青瓦台へ向かった。ソウル市民のだれからも不審がられずに特殊部隊は、大統領官邸の正門までわずか三〇〇㍍のところに接近した。

　大統領官邸の目と鼻の先までゲリラの潜入を許した当局の警備体制はのちに問題となるが、ようやく土壇場で待ったをかけた。午前一〇時頃、パトロール中の警官が特殊部隊を呼び止めた。職務質問にかれらは、「特別防諜部隊だ」と言い張ったが、警官は納得しなかった。連絡をうけて警察署長らが現場にかけつけ、さらに問い質した。そのうちに特殊部隊の一人がこらえ切れずに発砲し、撃ち合いとなった。激しい銃撃戦で警察署長は即死し、市民五人が巻き添えに遭って死んだ。特殊部隊の十数人も射殺された。

　ふたたび韓国軍の軍服に着替えた特殊部隊の残党は逃走し、韓国当局は一月末まで追跡をつづけた。結局、三一人いた特殊部隊のうち、二七人の死亡が確認された。大半は射殺されたが、なかに自殺者もいた。生き残った四人のうち小隊指揮官で少尉だったキム・シンジョ（金新朝）は、韓国当局によって身柄を拘束された。残り三人のうち一人は北朝鮮へ逃げ帰ったが、二人の消息はわかっていない。

南と北にわかれて生き延びた二人は、まったく異なる人生を歩むことになった。事実は小説より奇なりというが、一人は北朝鮮へ帰還して英雄となって昇進をかさね、ついには大将となった。逮捕されたとき、テレビカメラの放列の前で、「わたしはパク・チョンヒの首を取りに来た」と叫んだキム・シンジョはその後、韓国でキリスト教会の牧師になった。のちにキム・シンジョは、「わたしは決死隊のなかで体力も使命感もいちばん強かったので、考えを変えて韓国社会で生きていくのがとてもたいへんだった」と述懐している。

青瓦台事件で韓国の強硬な抗議や国際世論の批判に対して北朝鮮は、「韓国の愛国者の行動だ」と言い張った。決して自分の罪を認めず、他人のせいにするのは北朝鮮の常套手段であった。しかし、キム・シンジョの証言で北朝鮮最高指導者による韓国大統領暗殺の企ては白日の下にさらされた。

北をダメにしたプエブロ号事件の成功体験

テロの失敗にキム・イルソンが苛立っていたとき、予想もしなかった事態が起きた。韓国でゲリラ狩りのさなかの一九六八年一月二三日、北朝鮮海軍がウォンサン（元山）港沖でアメリカ海軍の情報収集艦プエブロ号を拿捕《だほ》した。高度な機密装置を備えた艦艇と乗組員がそっくり北朝鮮の手に落ちた。キム・イルソンにすれば、カモがネギを背負って飛び込んで来たようなハプニングだった。

乗組員一人が死亡し、八二人が拘束されたプエブロ号拿捕事件が知れ渡ったとき、世界に緊張が走った。アメリカの世論はいきり立ち、リンドン・ジョンソン大統領は顔をひきつらせ、議会は騒然となった。米上院軍事分科委員会では、「戦争を引き起しかねない重大な国際法違反事件だ」といった発言も飛び出し、戦争前夜のような雰囲気であった。

アメリカは、「プエブロ号は公海にいた」と主張した。北朝鮮は、「プエブロ号は領海を侵犯した」と譲らなかった。北朝鮮は、キム・イルソンはパク・チョンヒ暗殺未遂事件の失地回復の好機と見て終始強気だった。北朝鮮は、アメリカに不法侵入を認めて謝罪するよう求めた。米国務省はソビエトに働きかけたが進展はなく、ホワイトハウスとペンタゴンは人質救出とプエブロ号奪還のために北朝鮮の空爆を真剣に検討した。

アメリカの国務長官は三八度線の線引きをおこなったラスクだった。ラスクはのちに、「プエブロ号で北朝鮮と交渉していた一〇か月間が自分の人生においていちばん不快なエピソードであった」と回想している。機を見るに敏なキム・イルソンは、自分の踏み出し得る限界点をつねに意識する一方で、相手の限界点を見極めるための分析に抜かりがなかった。このときも、「アメリカが空爆に踏み切ることはあるまいし、仮にあったとしてもソビエトが止めに入るだろう」と読んだ。

アメリカの国務省や国防総省には強硬論があった。しかしベトナムで苦戦するアメリカにとって北朝鮮の空爆に踏み切るのは危険な賭けであった。それでもジョンソンは賭けに出た。アメリカは空母三隻と二〇〇機以上の戦闘機を出動させた。これにブレジネフ書記長やコスイギン首相らクレムリンの首脳は仰天した。米朝戦争になれば、ソビエトも巻き込まれるのはあきらかだった。

ソビエト共産党中央委員会で北朝鮮問題を担当していたワジム・トカチェンコが、NHKスペシャル「ドキュメント北朝鮮――第一集　個人崇拝への道」（二〇〇六年四月二日放映）で当時の緊迫した様子をコメントしていた。トカチェンコはフルシチョフからゴルバチョフ時代まで三〇年以上にわたって北朝鮮と向き合い、ソビエトの歴代首脳とキム・イルソンの会談に立ち会った人物であった。テレビ画面のトカチェンコは、もう二度とあのときのことなど思い出したくないように表情をゆがめながらつぎのように語った。

「政府、党の中央機関の人間は、だれも睡眠をとることができませんでした。だれも家に帰れず、オフィスから出ることもできませんでした。わたしたちは、まさに激流のなかにいました。ぎりぎりの状態で危機を解決しなければならなかったのです。北朝鮮は、わたしたちをためしさえしました。かれらは、カミソリの刃のうえを渡っていたのです。一歩まちがえれば、ほんとうに戦争になっていました」

コスイギンはジョンソンに書簡を送り、軽率な行動をとらないようにとクギを刺した。ベトナム戦争で手がいっぱいだったジョンソンは北朝鮮と本気で戦うつもりはなかったので、至急協議したいと呼びかけた。ホワイトハウスもクレムリンも穏便にコトを解決したいという点では同じだった。それはキム・イルソンが分析済みのことでもあった。

キム・イルソンの脳裏には、自分の曾祖父がかかわったという一八六六年のシャーマン号焼き打ち事件があった。シャーマン号事件の場合、二〇余人の乗組員は全員死亡し、のちにアメリカ艦隊の攻撃を受けた。プエブロ号事件の場合、八二人という大勢の人質がいた。キム・イルソンは、アメリカ政府が市民感情を重視して人質への配慮にこだわるのを計算に入れていた。その後、アメリカ人の人質をたくみに利用し、十分な実利を得る作戦はキム・ジョンイル、キム・ジョンウン（金正恩）へと引き継がれていく。

有利な立場に立ったとき、キム・イルソンは要求を上乗せしていった。キム・イルソンはソビエト首脳の本心がアメリカ寄りと知りながらコスイギンに、「北朝鮮がアメリカと戦争になったときは、ソビエト政府がわれわれとともに戦うことを確信しています」としたためた書簡を送った。弱小国が大国と対等に渡り合うには、相手の弱点に食らいついていくしかない。キム・イルソンの巧妙な交渉術は、マイノリティーの屈辱に耐えるなかで研《と》ぎすまされた。

ブレジネフが、キム・イルソンに対してモスクワへ来るよう呼びかけた。キム・イルソンは応じなかった。スターリン時代では考えられないことだったが、キム・イルソンは相手の意のままにならないことを伝える効果もちゃんと計算していた。キム・イルソンは色あせた北京の外交戦術より優位に立った自分の立場に満足だった。このとき、中国は文化大革命の真っただ中にあった。プエブロ号をめぐるアメリカとの対決は、文化大革命ですっかり内向きとなった毛沢東とは対照的に派手な展開となった。

パンムンジョム（板門店）で始まった米朝交渉で北朝鮮側は完全にイニシアティブを握った。巨象が小猿に翻弄されているようだった。「アメリカが謝罪しなければ、決してプエブロ号の乗組員は釈放しない」と、北朝鮮代表は主席から受けた指示をオウムのように繰り返した。春が過ぎ、夏が来て、秋が過ぎ、雪が降り始めても話し合いは平行線をたどった。睨みあったままの我慢くらべであった。

年の瀬が近づいたとき、アメリカ世論は変化すると、キム・イルソンは予測していた。読みは当たり、クリスマスを異郷の地ではなく本国で迎えさせてあげようという世論の高まりをジョンソンは無視できなかった。ホワイトハウスは譲歩に踏み切った。

北朝鮮が署名を求めた謝罪文は、アメリカにとって屈辱的な内容だった。まずプエブロ号が何度も北朝鮮の領海に不法侵入し、スパイ行為をしたことを認めなければならなかった。そのうえ不法侵入に対して全面的な責任を負い、かつ謝罪しなければならなかった。そして米艦船がふたたび北朝鮮の領海を侵犯しないことなどを明記したうえで、プエブロ号乗組員全員の寛大な処分を要請するという文言であった。

一九六八年のクリスマスイブの前日、アメリカ代表のギルバート・ウッドワード陸軍少将は北朝鮮代表の前で、「これからわたしは北朝鮮が用意した文書にサインする。しかしこれは、われわれの主張とはちがう文書である。わたしは、乗組員を自由にするためにサインする」と異例の発言をしたのち、署名した。不快感をあらわにしたウッドワードのことばは、悔しさと弁解の双方を込めて世界に発したメッセージであった。

復讐の念に燃えたパク・チョンヒの指示で、のちにキム・イルソン暗殺を目的とした特殊部隊が韓国でもつくられた。インチョン（仁川）沖のシルミド（実尾島）に三一人の隊員が集められ、ひそかに訓練がおこなわれた。故意か偶然か、青瓦台を狙った北の武装ゲリラと同じ人数だった。パク・チョンヒの強い執念のもとに結成された韓国の特殊部隊は、のちに悲劇的な結末を迎えることになった。数年後、深刻だった南北対立が一転して和解ムードへと状況が変わってしまったのだ。パク・チョンヒのキム・イルソンに対する憎悪はやわらぎ、物騒な暗殺隊はいつしかお荷物となってしまった。

一九七一年八月、冷遇されて不満を爆発させた韓国特殊部隊の隊員たちはバスを乗っ取り、ソウルへ向かった。本来はピョンヤンへ侵入するはずだった韓国の特殊部隊が、二年前に北朝鮮の特殊部隊が目指した青瓦台へ怒りの進撃を開始したのである。無残としかいいようのない、国家への反逆であった。韓国軍との銃撃戦のさなかにかれらの大半は手榴弾《しゅりゅうだん》で自爆し、生き残った者も病院で死んだり、処刑された。のちに、この事件をもとに映画「シルミド」がつくられた。映画では死刑囚から特殊部隊の隊員が選ばれたとしているが、そういう事実はない。

プエブロ号というタナボタをキム・イルソンは最大限に利用した。プエブロ号をウォンサン港に係留し、超大国アメリカを屈服させたシンボルとして一般に公開した。一九九八年、キム・ジョンイルはプエブロ号をピョンヤンへ移した。テドンガン（大同江）沿いにあるシャーマン号記念碑の横に据えつけ、さらに多くの北朝鮮民衆の自尊心をくすぐった。このようにプエブロ号事件でキム親子は瀬戸際外交のうま味を覚えた。この成功体験が、結果として一層北朝鮮をダメにしていった。

ポプラ事件の顛末

米朝が対決した事件といえば、ジェラルド・フォード大統領時代に発生した一九七六年八月一八日のポプラ事件を忘れてはなるまい。「ポプラ事件は、キム・イルソンが破綻した経済から民衆の目をそらすために仕組んだ」とか、「キム・ジョンイルが自分の権力を固めるために起こした」といった見方もあるが、いずれも当たらない。キム・イルソン時代の五大事件のなかでポプラ事件は唯一、偶発性の高いものであった。

事件はパンムンジョムの共同警備区域で起きた。直径七三〇㍍《メートル》ほどの円形の共同警備区域は双方が自由に往来できた。この日の午前一〇時三〇分頃、国連軍の作業チームが斧やノコギリ、剪定《せんてい》用のハサミを持ってポプラの木の下に集まった。共同警備区域で警戒や監視にあたる国連軍兵士の詰所ともう一つの詰所の間の視界が生い茂ったポプラの木に妨げられたので、枝を伐採するのが目的だった。

朝鮮人民軍の詰所も近くにあって、「共和国の住民が植えたポプラにさわるな」と、国連軍側の作業員がいわれたこともあった。しかし、ムダな枝を取り除く作業は双方の了解事項だった。国連軍作業チームは監視兵（米軍と韓国軍）と韓国人作業員（奉仕団）から成っていた。アーサー・ボニファス大尉をリーダーとする作業チームが揃ったところに、朝鮮人民軍の中尉が飛んできた。中尉は九人の兵士を引き連れ、「何をするのか」と説明を求めた。

国連軍側が説明し、作業が始まった。北朝鮮側はなおもしつこく作業の中止を求めた。しかしボニファスは作業をつづけさせた。あとでわかったのだが、朝鮮人民軍は急きょピョンヤンに事態を報告し、どう対処すべきか、指示を仰いでいた。

午前一一時、棍棒《こんぼう》などを持った北朝鮮の兵士三〇人ほどが現場に集まってきた。ふたたび北朝鮮側が作業を中止するよう食ってかかったが、ボニファスは拒否した。すると、「かかれ！」と号令がかかり、あと三日で韓国勤務を終えることになっていたボニファスは斧で殴打され、死亡した。韓国人作業員が持っていた斧が北朝鮮兵士に奪われて、それが凶器となった。咄嗟に国連軍の大型トラックが朝鮮人民軍に突っ込んで、かれらを蹴散らすまでの数分間の出来事だった。

その間、マーク・バレット中尉も斧で殴り殺され、米軍兵士四人と韓国軍兵士四人が負傷した。血が流れると、途端に空気は一変する。しかも陰惨な事件だったので緊張が一気に高まった。アメリカ軍は臨戦態勢に入り、空母ミッドウェイが朝鮮半島へ向かった。プエブロ号事件をしのぐ一触即発の状況が生まれた。

八月二一日、武装した作業チームが編成され、物々しい警戒のなかでポプラの枝が切り落とされた。攻撃ヘリが作業中、上空を旋回した。朝鮮人民軍の動きはなかった。ポプラ事件で北朝鮮側にどれだけの被害があったかはわかっていない。

さて、このときのピョンヤンの対応であるが、道下徳成の『北朝鮮　瀬戸際外交の歴史』に紹介されているキム・ジョンイルと同じオフィスで働いていた脱北者の証言が参考になる。それによれば、現地からの報告に対するキム・ジョンイルの指示は、「朝鮮人の気概を見せてやれ。韓国人労働者は放っておいて米軍の奴らだけを選んで気概を見せてやれ。銃は撃つな」（一二二頁）だった。

キム・ジョンイルから「気概を見せてやれ」といわれた現場のリーダーが、これで奮い立ったのは明らかだ。一説では、このリーダーはボニファスに敵愾心《てきがいしん》を持っていたともいわれる。さすがに死者が出るに及んでキム・ジョンイルはあわてて、「撤収せよ」と命じたというが、この一件は主席には報告されなかった。事件が拡大し、ようやくキム・イルソンに報告されたが、「なぜ、そんなことをしでかしたのか」と党幹部を叱責した。党幹部は人民武力部のせいにした。

「事がうまくいけばキム・ジョンイルの指示でおこなったことにし、うまくいかなければ部下が責任をとる」のが当たり前の時代で、このときは人民武力部が割を食った。キム・イルソンから叱られた人民武力部長は作戦局長を叱責して鬱憤《うっぷん》をはらし、責任を取らせた。脱北者の証言によれば、キム・イルソンは、「人が死んだのだから、遺憾の意を表明しなさい。プエブロ号事件のときは米軍が謝ったではないか」と指示した。

実際、キム・イルソンは国連司令部に遺憾の意を表明するメッセージを伝えた。米国務省では、「誠意が足りない」と受け取りを拒否する意見もあった。北朝鮮の担当者は、あの国の最高指導者が取れるぎりぎりの謝罪だということを知っていた。キム・イルソンの現実的な対応をフォードは受け入れ、危機は去った。

しかし、アメリカや韓国の一部から、強硬姿勢を取らなかったホワイトハウスへの批判が続出した。これが影響したのか、フォードは事件から三か月後にあった大統領選で民主党のジミー・カーターに僅差で敗れた。カーター当選をキム・イルソンは歓迎した。カーターは韓国からの米軍撤退を選挙公約にしていたが、それこそは南北統一を目指すキム・イルソンの長年の宿願であった。ポプラ事件でくさっていた主席は元気を取り戻し、アメリカの次期大統領への接近工作にかかった。これが自分の最晩年に役立つとは、キム・イルソンは思いもよらなかったであろう。

ラングーン事件と運命のトランペット

一九八三年一〇月八日夕刻、韓国のチョン・ドファン（全斗煥）大統領はビルマ（現ミャンマー）のラングーンに到着した。インドなど六か国歴訪の旅の最初の訪問国がビルマだった。チョン・ドファン暗殺を狙う北朝鮮はラングーンのアウンサン廟を決行場所とした。アウンサンスーチーの父親、アウンサン将軍は現代ビルマの建国の父といわれ、ラングーンを訪れる外国首脳はかならずこの廟に献花をするのが慣例となっていた。とくに国賓は日程の最初のほうで参拝していたので、ここに照準が当てられた。

テロの総指揮は、チャン・ソンテク（張成沢）の実兄、朝鮮人民軍将校のチャン・ソンウ（張成禹）がとった。実行グループとして特殊工作部隊少佐のチン・モをリーダーにカン・ミンチョル（大尉）、シン・キチョル（大尉）が選ばれた。

ロシアの朝鮮史家、アンドレイ・ランコフの『民衆の北朝鮮』によれば、九月二二日、チン・モらは貨物船に乗ってラングーンに潜入した。かれらは大使館の女性従業員の案内で外交官アパートに落ち着いた。

一〇月五日、かれらはアウンサン廟近くに移動した。廟周辺の警備は手薄だった。七日未明、爆弾を廟の屋根裏に取り付けた。そこから数百メートル離れた廟が見えるところに隠れ場所を設けた。チョン・ドファンが廟に近づいたときにスイッチを押し爆発装置を起動させるという手はずを整え、九日は夜明けから監視場所で身構えていた。

一〇月九日午前九時五〇分頃から大統領に同行してきた韓国の要人がアウンサン廟の前に集まってきた。かれらは廟へ向かっているチョン・ドファンを待っていた。一〇時前、ラングーンに駐在する韓国大使の乗ったメルセデス280が到着し、廟の近くに止まった。ここで北朝鮮の特殊工作隊が想定していなかったことが起こった。迎える側が、韓国の大使を大統領に見たてて、セレモニーのリハーサルをおこなったのだ。

ランコフによれば、「ビルマの当局者はすべてが定まった外交儀礼通りに行くか確かめることにした。ラッパ手がトランペットを吹いた。工作員はそうした動きを見ていた。トランペットが聞こえ、韓国の国旗を付けた大きな車が見えた。かれらは大統領が着いたと思った。暗殺班の班長であったチン・モはボタンを押した」（『民衆の北朝鮮』三〇二頁）。

大爆発が起き、ビルマ人三人、韓国人一七人が即死した。犠牲者のなかには韓国の副首相、外相などの要人がいた。しかしチョン・ドファンはまだ廟に到着していなかった。運命のトランペットというべきか、これで韓国大統領は救われた。シン・キチョルはラングーン警察に射殺され、重傷を負ったチン・モとカン・ミンチョルは身柄を拘束された。ビルマは北朝鮮と国交を断絶し、キム・イルソン政権は例によって、「チョン・ドファン一味の自作自演」と否定しつづけた。

チン・モは死刑を宣告され、執行された。終身刑に減刑されたカン・ミンチョルは獄中でビルマ語を習い、信仰心の篤い仏教徒になった。ミャンマーと北朝鮮は二〇〇七年四月、国交を回復した。カンは二〇〇八年五月一八日、肝臓がんで死んだ。五三歳だった。総指揮をとったチャン・ソンウはその後、朝鮮人民軍次帥に出世したが、二〇〇九年八月二五日に死んだ。このため弟のチャン・ソンテク事件で自分の子や孫が粛清されたのを知らずに済んだ。

大韓航空機事件と女とソウル五輪

一九八七年一一月二九日午後二時頃、乗員一一人と乗客一〇四人を乗せたバグダッド発アブダビ経由のソウル行き大韓航空機（ＫＡＬ）八五八便が、ビルマ上空でラングーン管制当局と交信したあと消息を絶ち、行方不明となった。乗客の多くは家族が待つ本国へ帰る中近東へ出稼ぎの韓国人であった。また、九人は業務についていない操縦業務員（機長三人、副操縦士三人、航空機関士三人）だった。

ただちに事故とテロの両面からの捜査が開始された。エジプトから搭乗し、給油先のアブダビで大韓航空機を降りていた乗客は一五人いた。そのうちの親子ほどに年齢のちがう男女二人はアブダビからバーレーンへ飛び、市内のホテルへ泊まった。パスポートには「蜂谷真一」と「蜂谷真由美」とあった。途中で降りた「日本人の父親と娘」に疑いがかかるのは時間の問題だった。以下、キム・ヒョンヒ（金賢姫）の『金賢姫全告白　いま、女として』上巻（池田菊敏訳）を参考になぞっていこう。

案の定、夕方にはこの奇妙なカップルの部屋に電話があり、ホテル側がそれとなくさぐりを入れてきた。五分後、日本大使館から電話があり、生年月日やパスポート番号などを尋ねた。そのあと韓国大使館員が部屋を訪ねてきた。この館員は日本語がわからず下手な英語で、「KAL八五八便が墜落したようだ」といった。午後一〇時、またドアがノックされた。ボーイがチョコレートを持ってきた。ふだん、こういうサービスはまずない。ホテル側が様子を見にきたのだ。

一二月一日、二人はローマ行きの飛行機に乗るためタクシーでバーレーン空港へ向かった。出国審査台で二人のパスポートは取り上げられ、「真由美」のパスポートが偽造とわかった。空港内で事情聴取を受けた男はタバコを喫うフリをして自殺を図った。タバコとフィルターの間に毒薬のアンプルが入っていた。「真一」は死亡し、「真由美」もアンプルを噛んだが一命を取り留めた。「真由美」が死んでいたら、大韓航空機事件は日本人の仕業になりかねなかった。

韓国捜査当局は「真由美」が「真一」とともに北朝鮮の工作員として教育を受けたプロで、時限爆弾で大韓航空機を爆破した容疑者と認定、その身柄は一二月一五日に韓国へ引き渡された。日本人から一転して中国人になりすまして追及をかわしていた「真由美」がすべてを自白したのは、ナムサン（南山）の取り調べ室から出てクルマでソウルの街を見せられたあとだった。彼女は、これまで教えられていた南朝鮮に関する情報がウソであることを自分の目ではっきりと確認した。

男はキム・スンイル（金勝一）、七〇歳。女はキム・ヒョンヒ、二五歳。ともに朝鮮労働党所属の特殊工作員だった。「大韓航空機を爆破せよ」とキム・ジョンイルから指令を受けた二人は、パナソニックの携帯ラジオに仕込んだ時限爆弾を客席の荷物入れに置き去りにしてきた。

キム・ヒョンヒは日本語を習っていた、「リ・ウネ（李恩恵）先生は日本から拉致されてきた人で、キム・イルソンから恩恵を受けたので恩恵という名前がつけられた」と証言していたことがわかり、日本は騒然となった。リ・ウネは一九七八年六月、こつ然と姿を消した田口八重子だった。八重子は二歳半の長女と一歳の長男をベビーホテルに預けていた。八重子の長兄でのちに北朝鮮による拉致被害者家族連絡会の会長となる飯塚繁雄は、「なにが恩恵だ」とはらわたが煮えくり返る思いがしたと述懐している。

事件から一年五か月後の一九八九年四月二六日、キム・ヒョンヒに死刑が宣告された。翌一九九〇年四月一二日、大統領の特別赦免が下り、死刑執行は免除された。以来、キム・ヒョンヒは韓国でもう一度生まれ変わったとして一九九〇年四月一二日をもう一つの自分の誕生日にしている。

大韓航空機事件は韓国に社会不安を巻き起こし、あわよくば一九八八年秋にソウルで開催されるオリンピックを中止に追い込む狙いがあった。北朝鮮はソウル五輪の開催が決まった一九八一年九月以来、どうすれば中止できるか、あらゆる手段を検討していた。朝鮮半島における韓国の優位が際立ってしまう地球規模の大祭典など我慢がならなかったキム・イルソンは、ソビエトや東ドイツなど社会主義国に参加しないように呼びかけた。

「ソウルオリンピックは、朝鮮半島における社会主義と資本主義の戦いで社会主義が敗北することを意味するので、是非ともボイコットしてほしい」という訴えはなかなか聞き入れられなかった。一九八六年一〇月、キム・イルソンが親密な関係を築いてきた東ドイツのホーネッカー国家評議会議長がピョンヤンを訪れた。しかしホーネッカーは、「われわれは国威発揚のためにソウルオリンピックに参加する。ボイコットはできない」といった。経済不況に苦しむ東ドイツは西側諸国の投資を必要としていた。「そのとき、キム・イルソンは無言だった」と、ホーネッカーの通訳がのちにＮＨＫ取材班に証言している。

その一年と一か月後に起きた大韓航空機事件をキム・イルソンは事前に承知していたのか。それともポプラ事件同様、キム・ジョンイルの独断だったのか。五大事件のうち、キム・イルソンの関与がはっきりしているのは、青瓦台事件とプエブロ号事件ということになる。

第10章 ✹メンドリ一族の有為転変

女帝のように振る舞った後妻

一九七〇年代の初期、北朝鮮はキム・イルソン（金日成）の後妻、キム・ソンエ（金聖愛）の時代であった。ほとんどの民衆は、最高指導者の亡くなった先妻、キム・ジョンスク（金正淑）の存在すら知らなかった。労働新聞をはじめとする北朝鮮メディアは、女帝のように振る舞うキム・ソンエを大々的に報じた。キム・ソンエは北朝鮮社会に初めて登場したファースト・レディーであった。いまでこそキム・ジョンイル（金正日）の生母であるキム・ジョンスクは女性革命家の鑑《かがみ》のように称えられているが、それは息子が力をつけてきた八〇年代以降のことだった。

キム・ソンエは美人で頭の回転が早く、政治に関心があった。キム・ソンエの全盛期はそう長くなかったが、その大胆さや権力欲は毛沢東夫人の江青に劣らなかった。「メンドリうたえば家滅ぶ」と、メンドリがオンドリより早く朝のときを告げるのは不吉な兆しとされた。江青とキム・ソンエは典型的な出しゃばりメンドリであった。中国のメンドリはけたたましく鳴いていたが、毛沢東がこの世から姿を消すと死刑を宣告され、一九九一年五月一四日、北京の刑務所で自殺した。北朝鮮のメンドリもやはり先妻の息子に頭を押さえられて失速したが、それでもなんとか晩年まで生きながらえた。

血のつながっていない親子の間柄をなさぬ仲というが、キム・ソンエとキム・ジョンイルのなさぬ仲は、当初、うまくいっていた。しかし、年を経るにしたがってすこしずつ微妙に変化していった。キム・ソンエが権勢を誇り始めたのが、いちばんの原因だった。

キム・ソンエは実権のない主席夫人で満足できる女性ではなかった。彼女は情勢判断に長《た》けていて、じっと中央政界のヒノキ舞台へ踏み出すチャンスをうかがっていた。その機会は思ったより早く来て一九六九年一月、キム・ソンエは労働党の女性同盟中央委員会の委員長に選出された。朝鮮労働党には青年同盟（一四歳から三〇歳の若者全員が加盟）、職業総同盟（工場の従業員など）、農業勤労者同盟（農民）、そして主婦たちが加盟する女性同盟があり、党員はいずれかに属するのを義務づけられていた。

女性同盟自体は党のなかでの影響力はないに等しかった。それでもファースト・レディーに加えて労働党傘下の主要組織の長としてキム・ソンエは、公の場に姿を見せる機会が格段にふえた。これが彼女の狙い目であった。キム・イルソンの工場や農場の視察にしばしば同行したキム・ソンエはもともと社交好きで、ときには主席より多くの人々に話しかけ、注目を浴びた。彼女はあきらかにメディアへの露出を意識して行動していた。

キム・ソンエの派手な活動で女性同盟の注目度が上がった。人口に占める主婦の数はあなどりがたい。党も無視できなくなり、次第に女性同盟の幹部は一目置かれるようになった。それでまたキム・ソンエがメディアに登場する回数も加速度的にふえていった。そのうちに彼女は党の方針や人事に口を出した。また、党幹部の間でいまなお衰えない先妻の人気に対する腹いせに母親学習室をつくってキム・イルソンの母親、カン・バンソク（康盤石）を持ち上げて、さりげなく先妻のイメージダウンを図った。

女性同盟の各事務所から先妻の写真がはずされ、母親学習室にはカン・バンソクと並んでキム・ソンエの写真が飾られた。妻の行動をキム・イルソンは黙認した。図に乗ったキム・ソンエは二人の実弟、キム・ソンガプ（金聖甲）とキム・ソンホ（金聖浩）の昇進に動いた。姉の七光りですぐ下の弟は海軍司令部政治委員に、そのつぎの弟はファンヘブクド（黄海北道）の党書記になった。軍の政治委員は司令官と同格であり、道の党書記は日本の知事にあたる。

労働新聞に掲載されるキム・ソンエの写真が、いつの間にかキム・イルソンと同じサイズになった。主席と同格というのは本来、許されないことであった。編集局幹部の一存で決められる問題ではなくキム・イルソンの暗黙の了解、ないしは明確な指示があったと見るべきであろう。これまで教示といえば、主席のことばのみを指した。それは法律に勝っていたが、次第にキム・ソンエのコメントもキム・イルソン教示と同じくらいの重みをもってきた。

なぜキム・イルソンは一六歳も年下の妻の言いなりになったのだろう。けたたましいメンドリの鳴き声に辟易して、なし崩し的に押し切られてしまったのか。夫婦の機微は、第三者には伺い知れないところがある。

キム・ジョンイルより目立った異母弟

先妻のキム・ジョンスクとの間に二男一女を授《さず》かったキム・イルソンは、後妻のキム・ソンエとも二男一女をもうけた。あわせて六人の子どものなかで先妻の次男は死亡したが、あとの五人は成長した。キム・ソンエの上の息子、キム・ピョンイル（金平一）は一九五四年八月一〇日に生まれた。異母兄のキム・ジョンイルより一二歳年下だった。キム・ピョンイルは北朝鮮ハイソサエティーの子弟が通学するナムサン（南山）中学でサッカー選手だった。一九六〇年代の日本のスポーツの花形は野球であったが、北朝鮮の場合は当時もいまもサッカーである。

背の低いキム・ジョンイルとちがって、キム・ピョンイルは身長が一七八チセンもあった。ハンサムで頭もよく、容貌は父親にそっくりだった。後年、寡黙で穏やかな性格といわれたが、それは異母兄に頭を押さえつけられていたからで、中学生の頃はお山の大将だった。中学在学時のキム・ピョンイルは権力者の息子らしい逸話を残している。

一九六九年度の全国高等中学校サッカー競技会でナムサン中学チームは決勝に進出し、キム・イルソン総合大学運動場でピョンヤン外国語革命学院チームと優勝を争うことになった。のちに外交官となるコ・ヨンファン（高英煥）はピョンヤン外国語革命学院に在学していて、スタンドで自校チームを応援していた。コ・ヨンファンがいう、「試合は終了一〇分前まで勝負がつかなかった。ところが、審判であった総合大学の体育教員がキム・ピョンイルの顔色をうかがっていてピョンヤン外国語革命学院チームにペナルティキックを与え、結局、ナムサンチームはそのペナルティキックによって一対〇で勝利を収めた」(『平壌25時』一一二頁)。

しかし、審判の判定を不服として外国語学院の応援団が騒ぎ始めた。そのなかにはキム・イルソンの従兄弟の息子や、パク・ソンチョル(朴成哲)外相の息子などがいた。かれらはペナルティキックの無効を求め、グラウンドは騒然となった。このとき、キム・ピョンイルは母親顔負けの権勢を両校の教員と生徒に見せつけた。キム・ピョンイルは審判に、「一度下した判定を取り消すのなら主審の資格はない」と言い放った。そしてグラウンドのなかまで入ってきた護衛総局のボルガに乗り込むと、ナムサンチームの選手たちに向かって、「わかったか、戦ったら勝たねばならないのだ」と叫んで立ち去った。

当時のキム・ピョンイルはまぎれもなく本流の王子様で、世間的にはキム・ジョンイルより目立つ存在であった。キム・ピョンイルはキム・イルソン総合大学政治経済学部を卒業したあと東ドイツに短期留学し、帰国後は護衛司令部に入った。母親のキム・ソンエが自慢の息子をキム・イルソンの後継者にするつもりでいたのはいうまでもない。

キム・ソンエの一人娘、キム・ギョンジン(金敬珍)は、母親似のすらりとした美人であった。キム・イルソン総合大学総長だったファン・ジャンヨプ(黄長燁)によれば、キム・イルソンはキム・ソンエとの間にできた子どもたちの教育に熱心であった。とくにキム・ギョンジンに注ぐ関心には並々ならぬものがあった。ファン・ジャンヨプがいう、「彼女は物理学専攻だったが、キム・イルソンは娘が大きな仕事をするためには生産力とともに生産関係を勉強しなくてはならないといって、経済学や哲学を教えるように特別なカリキュラムを組むよう指示した。わたしはキム・イルソンの子どもたちのために、特別講義を何度もやらなくてはならなかった」(『黄長燁回顧録』一六一〜一六二頁)。

キム・イルソンは、この娘の将来に期待し、ゆくゆくは党か政府の要職に就けるつもりだった。娘のほうも気の強い異母姉のキム・ギョンヒ(金敬姫)とちがって、教育パパに従順であった。キム・ギョンジンはナムサン中学を経てキム・イルソン総合大学政治経済学部で学び、モスクワに短期留学したのち青年同盟に入った。母親が羽振りのよいときには青年同盟中央委員会の副委員長をつとめた。その後、職業総同盟中央委員会の副委員長になり、外交官と結婚した。相手は、のちにチェコスロバキア大使になるキム・クワンソプ(金光燮)であった。

下の息子、キム・ヨンイル(金英一)もナムサン中学からキム・イルソン総合大学政治経済学部へすすみ、卒業後に東ドイツへ短期留学した。プレイボーイのキム・ヨンイルは、留学中にもかかわらずときどきピョンヤンへ戻ってピパダ歌劇団の踊り子とデートしていた。

キム・ジョンイルは父親の禅譲をひそかに期待する一方で、みずからの存在感を高め、実行力を身につけるための努力を惜しまなかった。しかし、キム・ソンエの息子たちはそういうガッツに欠けていた。気の荒いキム・ジョンイルは次第に継母への対抗心を強め、人前であからさまな嫌悪感を隠さなくなった。韓国人ジャーナリストのソン・グァンジュがキム・ジョンイルらしいエピソードを紹介している(『金正日レポート』九〇頁)。

党の行事を前に会場の準備をしていたとき、担当者がキム・ソンエの席順をどこにしてよいかわからず、とりあえず政治委員の席に割り振った。政治委員はのちの政治局員で朝鮮労働党における地位は高い。上席に継母の名札があるのを見つけたキム・ジョンイルは「オイ、この野郎！　キム・ソンエが政治委員なのか！」と怒り、その席を蹴飛ばした。勘のいいキム・ジョンイルは有頂天になったキム・ソンエ一族がそのうちにつまずくのを見通していた。

没落の発端は実弟の豪邸建築

どの時代でも成り上がり一族は、まず邸宅にカネをかける。キム・ソンエのすぐ下の弟、海軍司令部政治委員として羽振りの良かったキム・ソンガプが豪邸をつくった。これが原因でキム・イルソンとキム・ソンエの夫婦仲がおかしくなった。そのいきさつはキム・ヒョンジク（金亨稷）師範大学（元ピョンヤン師範大学）ロシア語露文科で四〇年近く教鞭をとったキム・ヒョンシク（金賢植）の『わが教え子、金正日に告ぐ――脱北エリート教授が暴く北朝鮮』（菅野朋子訳）に詳しい。同じ逸話をソン・グァンジュも紹介している。それらをもとに略述すれば、つぎのようになる。

一九七三年夏、キム・イルソンはピョンヤンのキム・イルソン広場のうしろにある丘に出かけた。主席はそこに人民大学習堂（中央図書館）を建設する構想をもっていた。吉林の毓文《いくぶん》中学に在学していたとき、図書主任であった主席にとって図書館建設は若いときからの夢であった。この日は、党幹部や建築家が同行し、現地で建設計画を話し合うことになっていた。その建設予定地に豪壮な邸宅が建ち、周りに軍の歩哨まで立っていた。義弟の私邸とわかってキム・イルソンは烈火のごとく怒った。

もともと義弟の旧宅はこの近くにあり、母親のコ・ヨンチル（高英七）と同居していた。海軍司令部政治委員の屋敷にしては小さかったのでピョンヤン市党責任書記のカン・ソンサン（姜成山）がキム・ソンエにおもねって大邸宅を建てることを勧め、敷地の便宜を図った。カン・ソンサンらは、敷地が大学習堂の建設予定地のなかにあるのを承知していたが、キム・イルソンの義母になるコ・ヨンチルが一緒に住むなら納得するだろうと考えた。

キム・イルソンは、その日、自分の許可を得ないで勝手なまねをした義弟をキム・ソンエも同席する場で激しく叱責した。自分のテリトリーがほんのすこしでも損なわれたとき、この独裁者はだれであれ容赦しなかった。その場には言い出しっぺのカン・ソンサンもいたが、終始黙っていた。処世術に長けたカン・ソンサンは、のちに二度にわたって首相をつとめた。

夜、主席官邸でキム・イルソンとキム・ソンエは派手な夫婦ゲンカを繰り広げた。早耳のキム・ジョンイルは、チャンス到来とばかりにすばやく動いた。翌日、キム・ジョンイルは公務報告を終えたあと、そっと父親にささやいた。キム・ソンエを直接名指しせず、党組織に口出しする女性同盟の横暴をなじった。キム・ソンエ一族の身辺を洗い上げ、キム・ソンガプがアヘン中毒だというわさを耳にすると、すぐ父親に告げ口した。

遊撃隊長時代、アヘン中毒の隊員で苦労したのが骨身に沁みていたキム・イルソンは激怒した。主席は家庭でも麻薬にうるさかった。その影響か、キム・ジョンイルも麻薬には神経質なところがあった。その長男のキム・ジョンナム（金正男）もやはり自分の子どもたちに強く麻薬を戒めていた。

キム・ジョンナムとメールを交換していた東京新聞記者、五味洋治の『父・金正男と私――金正男独占告白』によれば、子どもの教育方針を問うとかれは、「わたしはわたしの子どもらに勉強を強要しません。勉強を強要すればストレスが高まって、勉強がさらに嫌いになると考えます。学校生活でよい友人らとつき合うように勧めています。しかし、一つだけは明確にしています。嘘、麻薬、賭けをしたら親子の縁を切ると」（二〇九頁）。そういう本人自身はどうだったのか、というのはさておき、麻薬厳禁がキム家の家訓になっていた。そういえば血祭りにあげられたチャン・ソンテク（張成沢）の罪状のなかにも麻薬常習が入っていた。

告げ口をしたキム・ジョンイルは、頃合いを見計らって夫婦の不和を狙ったのか、美人の看護婦を父親のもとに送り込んだ。あれやこれや重なってキム・イルソンとキム・ソンエの夫婦仲はますます悪化した。

メンドリ一族の没落を早めたもう一つの要因に、キム・ソンエに対するパルチザン派幹部の反目があった。キム・ソンエはパルチザン幹部が享受していた物資供給の特典を大胆にもなくそうと試みた。キム・ソンエは、ことあるごとにキム・ジョンスクを持ち上げるパルチザン派幹部へ一矢報いる機会を狙っていた。そのうちにかれらのあいだに、「キム・ソンエは江青になろうとしている」と悪評が広がった（『金正日レポート』九〇頁）。

キム・ソンエは虎の尾を踏んでしまった。もし彼女がパルチザン派幹部と良好な関係を維持していれば、自分の息子が後継候補としてその後もリストに残る可能性は十分あった。キム・ジョンイルは、後継者の地位を不動にしていく段階でキム・ソンエ一族を脇の枝として徹底的に押さえつけた。いつの間にかキム・ソンエの動静や写真が労働新聞をはじめ北朝鮮メディアから消えた。各地の女性同盟事務所に麗々しく飾られていたキム・ソンエの写真もつぎつぎと外された。やがてキム・ソンエは公式行事への参加を禁じられた。彼女の三人の子どもたちの境遇も変わっていった。

本流からはずれたキム・ピョンイルは、キム・ジョンイルによって体よく外国へ飛ばされた。一九八九年、キム・ピョンイルは三五歳の若さでブルガリア大使になった。ほかの国なら破格の抜擢人事だが、かれの場合はみじめな新任大使だった。元外交官のコ・ヨンファンによれば、キム・ピョンイルがブルガリアの首都ソフィアに到着した日、大使館の党書記は大使館員を集めて新任大使の出迎えを指示した。しかし三〇人以上もいる大使館員のなかで、空港に出迎えに行ったのは党書記と外交部の参事官だけだった。

北朝鮮の在外公館はすべて大使が責任を負い、大使の決済がなければなにごとも進まない。当時のブルガリア大使館員たちはキム・ピョンイルを避けて近づかず、党書記や首席参事官が実務を仕切っていた。名誉職のような立場に置かれたキム・ピョンイルはその後、フィンランド大使に転出し、一九九八年からはポーランド大使となった。ポーランドでは北朝鮮情報機関の監視下に置かれ、結局、キム・ジョンイルの存命中、本国に呼び戻されてしかるべき要職につくことは一度もなかった。

キム・ギョンジンの夫も同じような目に遭っていた。一九八六年、この人物はチェコスロバキアの大使に任命されたが、大使館員から疎外され、孤独の日々を強いられた。主席のお婿さんもキム・ジョンイルに睨まれてはどうしようもなかった。一九八七年一二月、ピョンヤンで大使会議があったとき、コ・ヨンファンはキム・クワンソプのそばに座ったが、キム・ヨンナム（金永南）外相は、「まるでチェコ大使など存在しないかのように取り扱った」という。

出席した大使たちは外相ら本省幹部の指示事項を熱心にメモしながら耳を傾けていたが、だれからも無視されたキム・ギョンジンの夫だけはメモも取らず、窓の外を眺めていた。北朝鮮にかぎらず、ときの権力者から睨まれている人物に積極的に近づくようなお人よしはそういない。北朝鮮社会では、こういう場合の態度の変化が極端であった。それにしても不可解なのはキム・イルソンの態度である。血を分けた息子や溺愛していたはずの娘の婿殿が冷たい仕打ちに遭っているというのに、ただ傍観していただけだった。

末っ子と踊り子の悲恋

キム・ソンエの末っ子、キム・ヨンイルに関する情報はすくなかったが、のちに意外なところから消息がわかった。マンスデ（万寿台）芸術団の花形スターで、喜び組のメンバーであったシン・ヨンヒ（申英姫）が明かしたのだ。シン・ヨンヒは一九九五年一二月、夫と二人の子どもとともに韓国に亡命した。一九六一年、貧しい労働者の長女として生まれたシン・ヨンヒは舞踊が好きだった。ピパダ歌劇団を経てスターの道を歩んだ。シン・ヨンヒの『私は金正日の「踊り子」だった』上巻（金燦訳）にキム・ヨンイルとピパダ歌劇団の踊り子、ヒスクの悲恋がつづられている。

シン・ヨンヒによれば、踊り子をキム・イルソンの末っ子に紹介したのはピパダ歌劇団の舞踊指導員だった。キム・ピョンイルの妻もこの人物が引き合わせた。彼女は踊り子ではなく、歌手だった。ピパダ歌劇団はマンスデ芸術団よりランクは下だったが、容姿の点では引けを取らなかった。

踊り子や歌手のなかには、党幹部の息子たちと結婚していくケースがすくなくなかった。また何人かは幹部の愛人になった。キム・ジョンウン（金正恩）夫人のリ・ソルジュ（李雪主）も歌手出身である。また、チャン・ソンテクの愛人も歌劇団の出身だった。

キム・ヨンイルとヒスクの成り行きだが、シン・ヨンヒ証言を参考につづれば、つぎのようになる。東ドイツに留学中にもかかわらずキム・ヨンイルは、ヒスクとデートするためピョンヤンにときどきこっそりと戻ってきた。父親や異母兄のキム・ジョンイルにわかってはまずかったので、人目を忍ぶ仲であった。二人はベンツを乗り回し、ピョンヤン北部のモランボン（牡丹峰）の丘に登ったりしていた。

キム・ヨンイルは帰国のたびに東ドイツで買った生地や化粧品などをヒスクにプレゼントした。どれも北朝鮮の女性にはとても手が届かない品だった。それらを見せられたピパダ歌劇団の仲間はヒスクに嫉妬した。キム・ヨンイルの小遣いは母親が出していたのだろう。東ドイツとピョンヤンの往復航空券はばかにならない。ベンツを乗り回し、恋人へ高価なプレゼントをしている。キム・ソンエ一族はすでに斜陽となっていたはずだが、まだロイヤル・ファミリーの一員として一般市民とは格段にちがった経済的な余裕があったようだ。

キム・ヨンイルとヒスクの付き合いが一年になった頃、ピパダ歌劇団の主な団員に対して身元調査がおこなわれた。歌劇団にかぎらず、それぞれの組織は人事に際して昇級候補などの身元調査を抜き打ち的におこなっていた。ヒスクもその対象になった。団員たちは、ヒスクは格上のマンスデ芸術団へスカウトされるのだろうとささやいていたが、キム・ヨンイルとの関係を知っていたシン・ヨンヒは結婚のためにちがいないと思った。たぶんシン・ヨンヒの推測は当たっていたと思う。二人の関係をキム・イルソンが知り、ヒスクの家庭環境などを調べさせたのだろう。結果は、ヒスクの父親に問題があった。キム・ヨンイルにはなにがなんでも恋人を守るという情熱も勇気もなく、ヒスクはあっけなく捨てられてしまった。

後日談がある。キム・ソンエはキム・ヨンイルの嫁さがしを始め、私邸に数人の踊り子たちを個別に呼んだ。彼女たちはだれの家に行ったかも知らされていなかったが、あとでキム・ソンエのところとわかった。シン・ヨンヒも呼ばれた一人であった。彼女は選にもれ、泣いて悔しがるが、キム・ジョンイルによって弾き飛ばされたキム・ソンエの居場所がこの手記であきらかになった。

シン・ヨンヒによれば、その日、指定された時刻の午前一〇時、ピョンヤン市内にあるピパダ歌劇団の寄宿舎入り口で待っていた。何日か前、党の宣伝扇動部から人が来て、ピパダ歌劇団から三人を選んでいった。選抜事業だとしか聞かされなかった。迎えの車が来た。シン・ヨンヒによれば、「車はもう平壌市内を外れ、雪の積もった荒野を走っていた。点在する人家がやっと見えるくらいの閑静な地域に入ると、疑念が不安に変わり、わたしは背筋をピンとのばして座り直した。それからさらに三〇分くらい走った頃に、遠くから護衛総局の歩哨の姿が見えてきた」(七八頁)。

キム・ソンエが住んでいたのは大きな平屋で、通された部屋には当時の北朝鮮ではめずらしい電気ラジエーターがあった。軟禁状態におかれていたとはいえ、庶民とは比べようのない生活ぶりである。息子の結婚相手を探すために、ピョンヤンから遠く離れた私邸に複数の候補をいちいち呼び入れるというのは、だれにもできることではない。いずれにしても主席夫人という体面は保っていたのである。

第11章 父子家庭の兄妹の生き方

父親の毒見をしていた息子

先妻の二人の子どもに目を転じよう。一九五九年一月、キム・イルソン（金日成）はソビエト共産党第二一回大会に出席するためモスクワを訪問した。まもなく一七歳になろうとしていた大学生のキム・ジョンイル（金正日）も同行し、甲斐甲斐しく父親の世話を焼いた。訪ソに随行したファン・ジャンヨプ（黄長燁）はモスクワでこの若者と話し合う機会が多かったが、「話しながら受けたかれの印象は、若年ながらすでに政権欲が強いということであった。かれは父親に仕えることにとりわけ大きな関心をよせた。毎朝父親が出かけるときは介添えし、靴を履かせたりもした」（『黄長燁回顧録』一四三〜一四四頁）と、いくぶん皮肉をこめて述べている。

じつの息子でありながら信長に仕えた秀吉の若い頃を思わせるような様子だが、このときキム・イルソンはまだ四六歳で靴を履く際、介添えの必要はなかった。それでも父親はこまごまと世話を焼く息子に目を細め、父親の嬉しそうな表情が息子をさらにハッスルさせた。この親子はどちらも雑事にまめなタチであった。一行が宿舎に戻ってくると、息子は若輩ながら副官や医師、看護婦など随行のスタッフを集めミーティングをひらいた。連日、かれらから父親の体調を聞き、こまかく指示を出した。

訪ソ団には、全体を仕切る朝鮮労働党の政治局員が首席随員として同行していた。キム・ジョンイルは責任者の党幹部を差し置いて年長のスタッフを振り回した。張り切りボーイの御曹司にファン・ジャンヨプは「もしかしたらこの少年が叔父のキム・ヨンジュ（金英柱）を追い出し、権力を継承するかもしれないと思った」。ファン・ジャンヨプはモスクワ留学組の先輩であるキム・ヨンジュの後継をひそかに期待していた。

キム・ジョンイルの献身ぶりにはすこしくらい打算があったかもしれないが、本気で父親を守ろうとしていたと思う。ソウルへ亡命した元朝鮮中央放送記者によると一九六一年七月、キム・イルソンはチョンジン（清津）にあるキムチェク（金策）製鉄所の視察に訪れた。戦前は日本製鉄清津製鉄所といわれていた北朝鮮最大の製鉄所だが、父親の現地指導にキム・ジョンイルがお伴した。元記者はそのときの同行記者団の一人だった（『THIS IS 読売』一九九四年一〇月号）。

キム・イルソン一行は製鉄所の食堂で労働者たちと一緒に昼食を取ることになった。そのとき、若い男が主席のすぐ横に座った。大学生のキム・ジョンイルだった。食事が運ばれてきたとき、かれは突然、父親の前に置かれたスープに自分のスプーンを突っ込んで一口飲みほした。

「同席者たちは訳がわからず驚くばかりだったが、キム・イルソンはそれを見て豪快に笑っていた」と元記者はいう。父親のために衆人環視のもとで毒見をする息子、それを止めることもしないで豪快に笑う父親。どう見ても異様な光景である。

キム・ジョンイルはキム・イルソン総合大学を一九六四年に卒業した。「社会主義建設における郡の位置と役割」というのが卒業論文だった。この年の四月に朝鮮労働党中央委員会へ配属となった息子は、党中央書記局組織指導部指導員としてスタートした。党中央委書記に選出されたのはそれから九年後の一九七三年九月にひらかれた党中央委第五期第七回総会でのことだった。しかし、正式に後継者として認められたわけではなかった。キム・ジョンイルは、宙ぶらりんのときはもちろん権力の大半を受け継いだあとも父親を極度に恐れた。

藤本健二の『金正日の私生活――知られざる招待所の全貌』によれば、キム・ジョンイルのオフィスや各地の別荘の主な部屋にはかならず白いランプがつけられており、父親から電話があるとそれが点滅した。点滅すると、息子はどんな仕事もすぐに中断し、あたふたと電話のある自室へ駆けつけた。ときには、慌てふためいてドアを閉め忘れて電話にかじりついていることもあった。ことば遣いも親子とは思えないほど丁重であった。

「それほどキム・イルソンには弱いのだ。それは畏怖の念というほうが正しいのかもしれない」（二一七頁）と藤本健二。電話の現場を目撃したとき、キム・ジョンイルが本当に父親と話しているのか、最初はいぶかしがったという。

藤本健二は一九八二年八月にキム・ジョンイルの料理人として北朝鮮へ渡り、二〇〇一年四月に帰国した。その間、出たり入ったりしたが、滞在期間は一三年間に及んでいた。三代目後継者としてコ・ヨンヒ（高英姫）が生んだ三男のキム・ジョンウン（金正恩）を早い段階から指摘したのは藤本だった。

一九七九年の一時期、キム・ジョンイル邸に居候していたイ・ハニョン（李韓永）の『金正日が愛した女たち――金正男の従兄が明かすロイヤルファミリーの豪奢な日々』（浅田修訳）にも電話のことが出てくる。それによれば、キム・ジョンイルが座る食堂のテーブルに電話があった。キム・ジョンイルは電話魔だった。食事中でも思いつくとすぐにかたわらの受話器をとりあげ、役所の事務方まで電話をかけた。要領よくテキパキと答えないと気の短いかれはすぐ癇癪玉を爆発させた。

イ・ハニョンが見たなかでは、軍部を抑えるオ・ジヌ（呉振宇）との通話が多かった。年長者への礼節をわきまえたことば遣いだった。キム・イルソンの信頼も厚かったオ・ジヌは、人民武力部長（国防相）をつとめたパルチザン派の有力者だった。また息子は父親の副官によく電話し、体の調子や様子を聞いていた。副官に対しても決して乱暴な言い方はしなかった。

キム・ジョンイルと四人の女性

父親の顔色をうかがって成長してきた息子は、自分の女性関係を父親に隠していた。父親は長い間、何人かの孫の存在すら知らなかった。最初の女性は、キム・イルソン総合大学ロシア文学科出身のホン・イルチョン（洪一茜）といい、キム・ジョンイルと大学で同期だった。一九六六年にキム・ヘギョン（金恵敬）という娘が生まれた。五年間ほどの同棲生活であった。

二番目の女性は、銀幕のトップスターだったソン・ヘリム（成恵琳）である。キム・ジョンイルが見初めたときは人妻で、三歳の娘がいた。二人が同棲したとき、キム・ジョンイルは二七歳、ソン・ヘリムは三二歳だった。一九七一年五月一〇日、彼女はボンファ（烽火）診療所で人目をはばかるようにして男の子を生んだ。二〇〇一年五月、日本に偽造パスポートで入国し、拘束されたキム・ジョンナム（金正男）である。

ソン・ヘリムの存在を知らなかった父親は、息子がいつまでも身を固めないので心配し、一九七四年、労働党中央委員会に勤務していたタイピストのキム・ヨンスク（金英淑）との結婚をすすめた。これが三番目の女性でいわば正妻格だった。彼女は一九七四年、娘を生んだ。キム・イルソンは初孫にキム・ソルソン（金雪松）という名前をつけた。この子は小学校へは行かず、家庭教師がついた。ファン・ジャンヨプの妻、パク・スンオク（朴承玉）もその一人であった。結婚の経緯からしてキム・イルソンにいちばん可愛がられた孫はキム・ソルソンであろう。現在、彼女はキム・ジョンウン政権で要職についている。

四番目の女性は、日本でもっともよく知られているコ・ヨンヒだ。一九五三年、大阪市生野区鶴橋で生まれた。両親はチェジュド（済州島）出身で、一家は一九六〇年代に北朝鮮へ渡った。成長した彼女はマンスデ（万寿台）芸術団のスターとなってキム・ジョンイルに見初められ、二男一女を生んだ。上からキム・ジョンチョル（金正哲）、キム・ジョンウン、キム・ヨ

キム・イルソン一族の系図

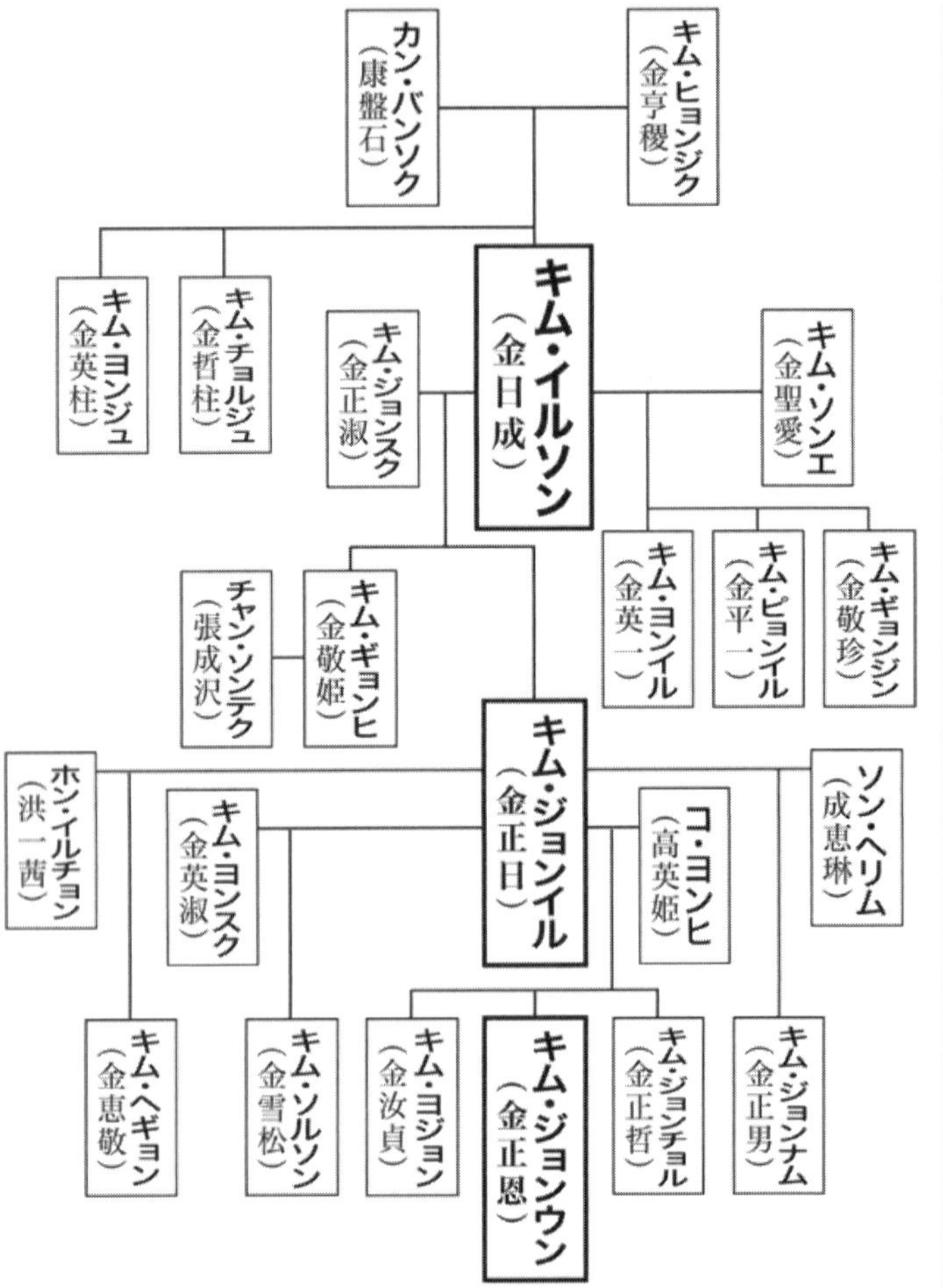
カン・バンソク（康盤石）
キム・ヒョンジク（金亨稷）
キム・ヨンジュ（金英柱）
キム・チョルジュ（金哲柱）
キム・ジョンスク（金正淑）
キム・イルソン（金日成）
キム・ソンエ（金聖愛）
キム・ヨンイル（金英一）
キム・ピョンイル（金平一）
キム・ギョンジン（金敬珍）
チャン・ソンテク（張成沢）
キム・ギョンヒ（金敬姫）
キム・ジョンイル（金正日）
ホン・イルチョン（洪一茜）
キム・ヨンスク（金英淑）
コ・ヨンヒ（高英姫）
ソン・ヘリム（成恵琳）
キム・ヘギョン（金恵敬）
キム・ソルソン（金雪松）
キム・ヨジョン（金汝貞）
キム・ジョンウン（金正恩）
キム・ジョンチョル（金正哲）
キム・ジョンナム（金正男）

ジョン（金汝貞）である。

藤本健二は幼かったキム・ジョンウンと初めて会ったときに強い印象を受けた。握手した際、もの凄い顔で睨まれたからだ。後継者として総書記の次男、キム・ジョンチョルの名前が日本のメディアを賑わしていた頃、藤本だけはその可能性を否定していた。父親が「あれはダメだ。女の子みたいで」とよくいっていたからだ。

末娘のキム・ヨジョンは現在、党中央委員会の責任幹部として政権の一翼を担っている。メディアに登場する回数も徐々に増えている。コ・ヨンヒは二〇〇四年六月、パリで乳がんの治療をうけ、帰国途中のモスクワで死んだ。キム・ジョンイルが愛した女性はすべて丸顔であった。ぽっちゃりした丸顔の生母、キム・ジョンスク（金正淑）の面影を大人になっても求めていた。

宿命の恋と兄妹の異常な絆

キム・イルソンの長女、キム・ギョンヒ（金敬姫）は大学生のとき、恋愛問題で父親と激しくぶつかった。あまりにもすさまじく、ふつうの親子ゲンカの域を超えていたといわれる。キム・イルソン総合大学経済学部政治経済学科に在学していた彼女は、同じクラスにいた男子学生を好きになった。相手は、のちに結婚するチャン・ソンテク（張成沢）である。

積極的だったのは長女のほうだった。その頃、キム・イルソン総合大学の総長だったファン

・ジャンヨプによれば、娘のうわさを耳にした父親はチャン・ソンテクの家族関係を調べさせた。その結果、かれの父親の経歴に問題があるとケチをつけ、キム・ヨンジュに対して「なんとしてでも二人の関係を切れと指示した」(『黄長燁回顧録』一六三頁)。

北朝鮮流にいえば、「成分が悪い」ということだ。父親からそういわれたら、なかなか結婚できないのが北朝鮮社会だ。しかも父親は権力者。本来なら二人の恋は悲恋に終わるはずだが、なにしろ長女は強かった。

キム・ヨンジュは、姪のきつい性格をよく知っていた。それでうまくいいくるめてファン・ジャンヨプにゲタをあずけた。キム・ギョンヒとチャン・ソンテクが会えないようにしてほしいと頼まれた総長も気が乗らなかった。恋愛に夢中の男女をムリに引き離したところで、むしろ熱を上げるだけと、ほとんど何もしなかった。しかしキム・イルソンは二人を別れさせようとうるさかった。総長はやむなくチャン・ソンテクの姉の家に行ってかれに会おうとしたが、留守だった。総長の行動に主席の娘は怒った。

「キム・ギョンヒは総長室にわたしを訪ねてきて、総長がなぜ愛情問題に干渉するのかと抗議した。わたしは彼女が子どもだとばかり思っていたが、とてもたくましく、しっかりしていると感じた。彼女の叔父であるキム・ヨンジュに会ってキム・ギョンヒの話をした。かれも首を振りながら、キム・ギョンヒの性格があまりにもきついので兄のキム・ジョンイルも手におえないのだといった」(二六四頁)

総長に食ってかかる大学生時代のキム・ギョンヒの姿が目に浮かんでくるが、やはりファン

・ジャンヨプの思ったとおりであった。二人は別れるどころか、ひそかに逢引し、ますます燃え上っていた。堪忍袋の緒を切ったキム・イルソンはチャン・ソンテクをウォンサン（元山）の経済大学へ追放した。しかし、長女は父親の猛反対にも諦めず、結局、チャン・ソンテクと一緒になるのに成功した。宿命の恋の陰にキム・ジョンイルの協力があった。結婚してからは、典型的なカカア天下で、夫が政界の実力者になっても呼び捨てにしていた。子どもはいなかった。

それにしてもキム・イルソンの反対も執拗であった。出身成分とはべつに、この男のどこかに不安を感じたのか。キム・ジョンウンがチャン・ソンテクをちゅうちょなく処刑したのは、女たらしの夫に叔母が愛想をつかしていたのと、祖父がこの男を嫌っていたのも理由の一つにちがいない。

キム・ジョンイルとキム・ギョンヒの絆の強さを語るエピソードがある。間近で二人の関係を見てきた藤本健二によれば、キム・ジョンイルの妹への溺愛ぶりは異常だった。キム・ギョンヒは宴席で兄に擦り寄って、こんな調子で小遣いをせびっていた（『現代』二〇〇四年九月号）。

「オッパ（兄さん）、このごろ生活が困って大変なのよ」
「いくら必要なんだ」
「三〇万米ドルもあればいいわ」

左から、キム・ジョンイル（金正日）書記、父親のキム・イルソン（金日成）主席、妹のキム・ギョンヒ（金敬姫）氏（肩書は当時）（1963年撮影、朝鮮通信＝共同）　（写真提供／共同通信社）

藤本健二がいう、「わたしが聞いたかぎり、最低で一〇万米ドル、最高で五〇万ドル要求していました。キム・ジョンイルはその場で経理部長のリム・サンジョン（林相鍾）を呼びつけて、『明日中に三〇万ドル用意してギョンヒに渡せ』と命じます。キム・ジョンイルは妹の無理難題を断ったことは一度もなく、妹の喜ぶ顔を見るのが生き甲斐といった様子でした」。

年齢を重ねてもキム・ジョンイルとキム・ギョンヒは異常ともいえる強い絆で結ばれていた。この兄妹が結束すれば、さすがのキム・イルソンも太刀打ちできなかった。

長兄に見放され都落ち

キム・イルソンは、どの時点でキム・ジョンイルを後継者にしようと決断したのか。ピョンヤン（平壌）に駐在していた友好国の外交官は長い間、キム・ジョンイルの存在すら知らなかった。ＮＨＫスペシャル「ドキュメント北朝鮮第二集──隠された〝世襲〟」（二〇〇六年四月三日放映）で、取材班はピョンヤンに駐在していた旧東ドイツの元外交官、クラウス・バーテルの居場所をつきとめ、証言を得た。バーテルは、国費留学生としてキム・イルソン総合大学で学んだ最初のドイツ人であった。一九六三年から計一〇年間、ピョンヤンに駐在し、朝鮮労働党の権力抗争を分析していた。東ドイツのような友好国の外交官であっても、情報収集は困難をきわめたという。

番組でバーテルはいう、「すべてが秘密でした。北朝鮮では、国家の方針で外国人には情報を明らかにしない、秘密主義をとっていました。こうしたかれらの態度をわたしたちは腹立たしく思っていました」。そこでソビエトやルーマニアなど、ピョンヤン駐在の社会主義国の外交官たちは、互いに得た少ない情報を交換しあって北朝鮮の動向を把握していた。

一九七二年の時点でバーテルは、労働党の序列六位の主席の実弟キム・ヨンジュをもっとも有力な後継者とみていた。「キム・イルソンは、北朝鮮という国を自分の作品と見ていました。死んだあとに、自分の作品がどうなるのかと、自問自答していたのでしょう。そして、自分の作品を継ぐ人物は、信頼できる家族以外、ありえないという結論に達したのです。わたしたちは、そう考えていました」とバーテルはいった。

党組織指導部長のキム・ヨンジュを後継者の本命と見たバーテルの判断は、まちがっていなかった。この時点でキム・イルソンの念頭にあったのは、自分の長男より実弟のほうであった。しかし一九七三年になるとキム・イルソンの考えは変わっていた。キム・トンシュク（金東赫）の『金日成の秘密教示――対日・対南工作、衝撃の新事実』にそれを裏づける記述がある。

『金日成の秘密教示』によれば、一九七三年二月、党中央政治委員会でキム・イルソンは「スターリンはマレンコフを後継者に立てて、毛沢東は林彪を後継者に選定したため、革命の代が途切れることになった」（七六頁）と切り出した。革命の代を継いでいくには、革命の二世、すなわち若い世代を後継者に立てるべきだといい、「革命一世はだれかれを問わず、権力に欲を出してはならない」と言い放った。そしてキム・イルソンは、「キム・ヨンジュはわたしの弟であるが、革命一世であるがゆえに、だめだ」と決めつけた。ファン・ジャンヨプの予感は的中し、権力抗争でキム・ヨンジュは甥のキム・ジョンイルに敗れた。

一九七〇年代の前半、キム・ヨンジュは自律神経失調症で体調を崩していた。性格的にもろさのあったキム・ヨンジュは長兄や甥のようにアクの強い人間ではなかったし、権力欲をあからさまにすることもなかった。半面、かれは、自分がキューバのフィデル・カストロを支えた弟のラウル・カストロのような存在と思い込んでいた。心の片隅では、長兄はいずれ自分に権力を移譲すると確信していた。甥の資質や性格が最高指導者にふさわしくないのをいちばんよく知っていたのは、この人物であった。

後継失格を言い渡されたキム・ヨンジュは悶々とし心の病に苦しんだ。キム・ヨンジュはピョンヤンを離れ、ハムギョンブクド（咸鏡北道）のチュウル（朱乙）温泉で療養につとめた。その後、ピョンヤンに戻っても精彩を欠いた。覇気のない実弟にキム・イルソンは冷たかった。一九七四年二月の党全員会議でキム・イルソンは党組織指導部長のキム・ヨンジュに対して、「やる気がないうえ、わたしを助けようともしない」と痛烈に批判した。会議に出席していたファン・ジャンヨプはこう述べている。

「だれもキム・イルソンの批判に意見する者はなかった。キム・ヨンジュは党全員会議で副総理に降格された。わたしの知るキム・ヨンジュは、しっかりしていて誠実な人物であった。ソビエト留学経験もあり、西洋式生活にも一定の理解をもっていた。この点ではキム・イルソンよりもましで、キム・ジョンイルとは比較にならないほどであった。しかし権力闘争では、狡猾で無慈悲なキム・ジョンイルにかなわなかったのである」（『黄長燁回顧録』一九九頁）

いくらなんでもキム・ヨンジュが長兄よりましというのは言いすぎだが、甥より狡猾でなかったのは当たっている。叔父に代わって党組織指導部長になったキム・ジョンイルは、キム・ソンエ一族の力をそぎ、返す刀で落ち目の叔父を情け容赦なく責め立てた。アルコール中毒だとか、梅毒患者だとか、キム・ヨンジュのスキャンダルが一気に広がった。

キム・ヨンジュはあきらめの早い男だった。一九七五年七月、かれはキム・イルソン総合大学に在学中の長女と、ナムサン（南山）中学に通っていた双子の息子を連れてピョンヤンを離れた。みずから選んだ都落ちで、向かったのは最北のチャンガンド（慈江道）のカンゲ（江界）であった。

その後、キム・ヨンジュはヤンガンド（両江道）のナンニム（狼林）の人里離れたところに移った。そこで軟禁生活を余儀なくされていたキム・ヨンジュは一七年後、突然、ピョンヤンで人前に現れた。奇跡のカムバックであった。

ピョンヤン駐在の外交官は、キム一族の確執や北朝鮮政界の内部事情など知る由もなかった。バーテルは本国への秘密報告書に、「キム・イルソンの息子もいる。かれはキム・イルソンの秘書である。同時に、キム・イルソンを警護する部隊の隊長である」と書いた。キム・ジョンイルは父親の警護担当になったことはないが、いつも身近にいてガード役をつとめていたのでそう思われたのだろう。バーテルはキム・イルソンの息子が後継者になるとは想像もしていなかったし、そもそも息子の名前も知らなかった。

バーテルの秘密報告書は、東ドイツを支配するベルリンのドイツ社会主義統一党本部に送られた。報告書を一読した党幹部は、後継候補にキム・イルソンの息子とあったのを見て一様に不快感を抱いた。当時の党朝鮮担当課長、ホルスト・ジーベックはＮＨＫ取材班に顔をしかめて、「わたくしたち社会主義国では、親子の権力継承はあるまじき行為と考えてきました。社会主義における後継者とは、国家にとって、政治的にもっとも能力のある人物が選ばれるべきはずと考えていたからです」と語った。

キム・ジョンイルの後継決定は伏せられ、しばらくは公けにされなかった。そのため北朝鮮の公式メディアはキム・ジョンイルを「党中央」という言い方で報じた。それにいち早く気づいたのはピョンヤンの東ドイツ大使館であった。東ドイツ大使館は朝鮮語に堪能な人材を揃えていた。その一人、文化担当官のヘルガ・ビヒトは一九六〇年、朝鮮語を学ぶためキム・イルソン総合大学に留学した。東ドイツのホーネッカー国家評議会議長が訪朝し、キム・イルソンと会談した際には通訳をつとめた。

そのビヒトが首をかしげた表現が一九七四年二月一四日の労働新聞に登場した。「党中央」ということばであった。ビヒトは「ドキュメント北朝鮮第二集」でつぎのように語った。

「『党中央』とは、不思議な表現でした。わたしたちも当時、党の中心部という意味ではないか、または党中央委員会の省略した呼び方ではないか、と考えました。それが、ひとりの人間を指すとは、夢にも思いませんでした」

なぜ北朝鮮メディアは堂々とキム・ジョンイルと本名を出さずに、「党中央」というアイマイな表現を使ったのか。キム・イルソンの指示と思われる。いくら神経の図太いキム・イルソンでも、社会主義諸国に対して自分の息子を後継者として公表するにはためらいがあったのだろう。

同じ番組でファン・ジャンヨプは「社会主義、共産主義をかかげる指導者が、世襲で権力を息子に譲る。これでは完全に封建制のやり方です。だから公けにすることはできなかったのです。息子への後継は既成事実として着々とすすめています。どうして、そういうことを表にだせましょうか」と語っていた。

一九七四年二月一三日、三二歳の誕生日を迎える三日前、キム・ジョンイルは第五回党大会で「主体偉業の偉大な継承者」に推薦され、党中央委員会政治委員（現在は政治局員）に選ばれた。

ＮＨＫ取材班は、労働党の幹部にだけ配布されていた内部資料を入手した。この年の八月、組織指導部を率いるキム・ジョンイルが全国組織幹部講習会で、「主体革命偉業の完成のために」と題しておこなった講演内容であった。

そこでキム・ジョンイルは、『党中央』の意思は、すなわち首領様の意思である。そして、『党中央』の指導は、首領様の指導を実現するためのものです」と述べていた。しかし、「党中央」の名前は六年と八か月間、明かされることはなかった。

「党中央」がベールを脱いだのは、一九八〇年一〇月一〇日から一四日までひらかれた第六回党大会のときであった。ここで三八歳のキム・ジョンイルは政治局常務委員会委員、党中央委員会組織書記兼組織指導部長、党中央軍事委員会委員に選出された。

第12章 ✸拉致事件と最高指導者の責任

拉致事件の黒幕

一九七〇年代の北朝鮮は、血なまぐさい雰囲気に包まれていた。そのなかで見過ごせないのは、七七年から七八年にかけて多発した拉致事件である。横田めぐみをはじめ日本人被害者の多くがこの時期に北朝鮮へ連れ去られた。キム・イルソン（金日成）時代の汚点といえる忌まわしい事件は、いまなお日本にとって喉に突き刺さったままの棘《とげ》である。

二〇〇二年九月一七日午後、訪朝した小泉純一郎首相に対してキム・ジョンイル（金正日）国防委員長は手元のメモを見ながら、「拉致は妄動主義者、英雄主義者がおこなった」とその事実を認めて謝罪した。それまで頑なに拉致の事実を認めなかった北朝鮮が、なぜ一八〇度転換したのかといえば、背景に経済の行き詰まりがあった。早く拉致問題に決着をつけて国交正常化へ踏み込み、日本から多くの経済援助を得ようという切羽詰った思惑がアリアリだった。

日本の国民感情を理解していなかったキム・ジョンイルはみずからの謝罪で拉致問題に終止

符を打ったつもりだったが、横田めぐみら八人を死亡と発表したことで、日本の世論は一挙に硬化した。極言すれば、死亡ということばに日本列島が凍りついたのであった。このとき、蓮池薫（事件当時二〇歳）と妻の祐木子（旧姓奥土、同二二歳）、地村保志（同二三歳）と妻の富貴恵（旧姓浜本、同二三歳）、これまでノーマークだった曽我ひとみ（同一九歳）の拉致被害者五人が帰国し、小泉訪朝の成果となった。

北朝鮮側は一〇日から二週間の一時帰国のつもりだったが、日本政府はこのまま留まるように説得した。北朝鮮に残してきた家族を思い、五人の胸中は揺れ、夫婦の間で激しいやりとりもあった。日本政府の一部に約束だから北朝鮮へ戻るべきだという意見があったが、結局、全員が残った。蓮池薫の『拉致と決断』には「何度も何度も迷い悩み、考えを翻したうえでの苦渋の決断であり、最後は放心状態で運を天にまかせ、リスキーな賭けに身をゆだねた」（二二頁）とある。

この本では北朝鮮の手の内がいくつか暴露されている。たとえば帰国直前、先方は拉致を隠そうとして蓮池薫が北朝鮮に憧れて亡命したというウソのシナリオを検討した。しかし、これではいくらなんでも唐突すぎるというのでボツになり、漂流したことに筋立てが変えられた。柏崎の海岸でボートに乗っているうちに沖に流され、ようやく北朝鮮の船に助けられたというわけだ。このシナリオに沿って記者会見で話すよう蓮池に練習までさせていた。

二〇〇四年五月、蓮池、地村両家の子どもたち、すこし遅れて曽我ひとみの夫のチャールズ・ジェンキンスと子どもたちの合わせて八人の帰国が実現した。その後、北朝鮮に残された他の拉致被害者の消息は途絶えたまま、歳月はむなしく流れている。拉致被害者と家族の無念さは言語に絶するが、それにしても忌まわしい拉致事件はどうして起きたのか。

拉致事件の黒幕といえば、日本人の多くはキム・ジョンイルを思い浮かべる。実際、直接拉致実行犯に指令を出していたこの人物が拉致事件の総指揮者だったのは否めない。NHKスペシャル「ドキュメント北朝鮮第二集――隠された〝世襲〟」（二〇〇六年四月三日放映）で、「日本人拉致もキム・ジョンイルの指示ですか？」と取材班に問われた元労働党書記のファン・ジャンヨプ（黄長燁）は「いうまでもありません。当時、国内外、すべての活動はかれの指示によっておこなわれていました」と明言した。

しかしながら拉致がおこなわれた時期の最高指導者はキム・イルソンであった。加害者側から見た場合、海外からの拉致にはたいへんな出費を要する。被害者の監視や洗脳教育のコストも生半可ではなく、費用対効果からしてもばかばかしいほど割りの合わないプロジェクトをキム・ジョンイルの一存ですべてがおこなわれたとは思えない。

キム・イルソンは、キム・ジョンイルのように拉致実行犯に対してだれそれを連れてこいと具体的に指示したり、個々の謀議に直接関与することはなかったにしても拉致事件を知り得た立場にいた。それぞれの事犯をどこまで掌握していたかは不明だが、組織をあげて拉致行為がおこなわれていたのをある程度まで承知していたのはたしかだ。

二〇一四年二月一七日、国連の北朝鮮人権調査委員会は日本人を含む外国人の拉致が「最高指導者の承認のもとにおこなわれた」と発表した。オーストラリアの最高裁判事だったマイケル・カービーを委員長とする北朝鮮人権調査委員会は、脱北者ら二四〇人以上から聞き取り調査をおこなった。その結果、軍や工作機関を使った拉致作戦はキム・イルソンやキム・ジョンイルのレベルで承認され、被害者は労働やスパイ、テロ活動にも利用されたと、国際機関として初めて判断した。また、同調査委員会は拉致や強制失踪の外国人被害者は二〇万人以上になる可能性があると指摘した。いずれにしろ、この拉致の闇の奥に踏み入るには、キム・イルソンの行動原理からさぐっていくべきであろう。

拉致まがいだった遊撃隊オルグ

作家のキム・チャンジョン（金賛汀）は、一九九〇年代初頭、中国とロシアに在住する東北抗日連軍の生き残りを探し歩き、かつて遊撃隊員だった一〇人ほどから聞き取り調査をおこなった。そこでキム・チャンジョンは、中国延辺朝鮮族自治州に住む東北抗日連軍の元兵士、ロ・ヨンスン（呂英俊）からキム・イルソンの行動原理を理解するうえでヒントになる証言を得た。

ロ・ヨンスンによれば、遊撃隊の陣容を広げる手段は自発的に参加してくる者を待つだけでなく、目星をつけた貧農の住民らを説得して隊員にすることだった。一見すれば合法的なオルグであるが、取材したキム・チャンジョンは『拉致——国家犯罪の構図』で「その場合のオルグは、説得と強要が紙一重であったようだ」（一四四頁）と指摘する。

食うか食われるかの修羅場は、きれいごとで済まされる世界ではなかった。拉致まがいの行為も当事者には抗日という大義名分のもとに正当化され、罪の意識などなかったにちがいない。戦後は抗日に代わって南朝鮮革命が新たな錦の御旗となった。南北朝鮮の統一はキム・イルソンの三大悲願の一つであり、執念であった。その韓国解放のためならなにごとも許されるという論法だ。

朝鮮戦争でも荒っぽい行為が公然とおこなわれた。和田春樹の『北朝鮮現代史』には「ソウルを占領していた北の当局は、多くの人を連れていった。北を支持した国会議員たちだけでなく、利用価値があると考えられた要人たちも連れていかれた」（五八頁）とある。

キム・デホ（金大虎）の『私が見た北朝鮮核工場の真実』には朝鮮戦争の開戦間もない六月、ソウル大学のイ・スンギ（李升基）教授が「人民軍第五軍団偵察部長をつとめたことのあるイ・ハンムン（李学文）によって拉致され、北朝鮮に連れてこられた」（二四〇頁）とある。科学者のイ・ハンムンは戦前、京都大学の日本化学繊維研究所に勤務していたときから名声が高く、「北朝鮮当局はそうした博士に目をつけて拉致した」とキム・デホはいう。

東アジア圏を中心に映画の研究をつづける門間貴志の『朝鮮民主主義人民共和国映画史――建国から現在までの全記録』にもつぎのような一節があった。

「解放後、分断された朝鮮北部から多数の人材が南側に流れていった。そこでキム・イルソンは人材確保のために拉致を指令した。朝鮮戦争には、南の人材の確保という側面もあったのである。キム・イルソンは朝鮮戦争以前から、韓国人を五〇万人拉致する計画を立てており（一九五〇年七月一七日『北朝鮮軍事委員会第一八号決定』）、開戦後の三か月で人民軍偵察局は約九万人を拉致したとされる。映画界もまた例外ではなかった」（四八頁）

朝鮮半島統一を旗印に対南工作が激化していくなかで手段を選ばない荒々しい気風が、次第に北朝鮮工作機関の隅々に浸透していったのだろう。その余波を日本人は受けた。もっともメディアの大々的な拉致報道から、北朝鮮に拉致されたのは主に日本人と思いちがいしている人がすくなくないが、数のうえでは韓国人が圧倒的に多い。北朝鮮が狙った本命は、あくまでも対南工作に利用したい韓国人だった。

韓国潜入への執念

北朝鮮の対南工作には、多数の南出身者が投入された。一九四〇年代から五〇年代にかけては、韓国人の大量投入を可能にする人員供給が十分にあった。朝鮮戦争をはさんで数えきれないほどの南出身者が北朝鮮にいた。そのほか自発的に北へ向かった人もいれば、捕虜になった人もいた。あるいは戻ることができなくなった人もいたし、拿捕されて帰国できなかった漁船員もいれば、拉致された一般市民もいた。

これら南出身者の多くがスパイなどになって対南工作に直接かかわるか、その関連施設の業務に従事させられた。しかしながら拉致被害者の総数に関する韓国の認識はそう高くない。韓国政府は朝鮮戦争休戦以降に北朝鮮が拉致した韓国人被害者を五一七人とし、韓国の拉致被害者家族でつくる「拉北者家族会」代表のチェ・ソンヨン（崔成龍）も五七一人とみる。チェ・ソンヨンの場合、二〇一二年一月に入手した北朝鮮赤十字会の資料に基づく数字だという。南北の特殊な関係が、日本とちがって拉致の線引きを明確にできない面があるのだろう。

おそらくキム・ジョンイルの発案と思うが、北朝鮮は映画のセットをつくる感覚で対南工作員を養成するための施設をピョンヤン（平壌）の地下につくった。同じ民族とはいえ、北と南ではことばも風習も立ち振る舞いもちがっている。そこでどこから見ても韓国人になり切るための訓練をおこなう必要があると判断したのだ。この施設にはスーパーや酒場がつくられ、韓国人の店員やホステスが配置された。薬局には、以前韓国で薬剤師だった人がいた。訓練生は、疑似スーパーで買い物をさせられたが、そのときは韓国語をしゃべり、ホンモノの韓国通貨を使った。店員らにうっかり朝鮮語なまりで話しかけた訓練生は、厳しく注意された。

韓国人同化訓練施設を知る者はごく限られていたが、一九九三年に韓国へ亡命した北朝鮮の元工作員によって初めて実態が明らかにされた。証言者は、横田めぐみの消息について初めて重要な手がかりをもたらしたアン・ミョンジン（安明進）である。韓国の風習などを教える施設は、ピョンヤン市内のリョンソン（龍城）にあった。その一帯にネオン輝く地下都市をつくり、ソウルの繁華街に潜入してもまごつかないように特訓を重ねていた。

アン・ミョンジンの『北朝鮮　拉致工作員』（金燦訳）には「そこで学生の韓国人化教育に携わっている人々は、わたしが接してきた限りでも八〇人以上はいたと思うが、かれらはほとんどが韓国人化教育のために拉致されてきた韓国の人々だった」（四五頁）とある。

韓国人拉致被害者のなかに男子高校生が五人含まれていた。いずれも海水浴シーズンの八月に北朝鮮へ連れ去られた。一九七七年八月、チョルラナムド（全羅南道）のホンド（紅島）から二人の高校生が消えた。翌年八月、モッポ（木浦）市から高校生二人、チョルラブクド（全羅北道）のソンユド（仙遊島）海水浴場から高校生一人が拉致された。北朝鮮は、韓国人の若者を工作員に養成しようという魂胆だった。実際、ソンユドから消えた高校生は、工作員となっていた。この少年は、のちに横田めぐみと結婚したといわれるキム・ヨンナム（金英男）であった。

このように北朝鮮は、韓国人を無理やり拉致してまで対南工作へ並々ならぬ執念を燃やした。それはキム・イルソンの執念といってよいが、この独裁者はきっかけさえあれば韓国解放のために第二次朝鮮戦争の戦端をいつでもひらく心づもりでいた。

日本は黄金の漁場

韓国人を狙っていた北朝鮮が、一転して日本人を標的にするようになった転機は一九六八年に起きた青瓦台《せいがだい》事件だった。北朝鮮のゲリラに大統領官邸近くまで近寄られた危機管理の大失策に韓国政府は監視の強化に乗り出した。韓国当局のガードは厳しくなり、怪しげな人間は徹底的にマークされた。次第に韓国人になりすまして潜入するのが難しくなっていった。また、七〇年代に入ると、南出身の工作員の高齢化が進み、かれらの多くがつぎつぎと現役を退いていった。

韓国の監視強化と工作員の世代交代が重なった時期に北朝鮮が目を向けたのは、韓国と地理的に近く六〇万人の在日朝鮮人が住む日本であった。韓国人よりも日本人になりすますほうが韓国当局から警戒されないという判断だった。北朝鮮側は、日本の国内法が不備でスパイ天国であることも先刻承知していた。元工作員のキム・トンシュク（金東赫）によれば、一九七六年八月、キム・イルソンは対南工作員たちへつぎのように訓示した。

「帰国同胞たちのなかには、日本だけでなく南朝鮮とも縁故関係を持つ人たちが多くいる。かれらが困難に直面しているとき、家族・親戚関係を利用して（かれらの）在日同胞の身分を獲得すれば、南朝鮮に故郷訪問や永久帰国する形でいくらでも合法的に浸透することができる」（『金日成の秘密教示』一三〇頁）

キム・イルソンは帰国者の多くが南出身であることを知っていた。一九八三年一二月、キム・イルソンは対南工作員たちにつぎのように指示している。

「日本によく行く旅行者や留学生のなかにも、われわれ共和国に憧れの気持ちを持つ進歩的な人士が多く、また日本人のなかにもわれわれをよく見ている人たちが多い。このように日本は迂回浸透工作を拡大することのできる『黄金の漁場』なのだ。餌を撒き、投網すればいつでもいい対象を捕まえることができる。そのようにして一人でも多くわれわれの側に取り込まなければならない」（一三一頁）

黄金の漁場といっても、かんたんに協力者を得られたわけではなかった。北朝鮮は工作員を日本人になりすます訓練を強化したが、そのために必要な日本人の確保さえままならなかった。結局、日本人化教育のコーチ役として、むりやり日本人を連れてくることになった。むろん、日本人を拉致した理由はほかにもあったと思う。特定の技術者が狙われたこともあるだろうし、キムファミリーに特別な任務で仕えるために連れ去られたケースも考えられる。

消極的だった政府の対応

横田めぐみ事件が起きたのは一九七七年一一月だった。韓国の高校生だったキム・ヨンナムの拉致より九か月も早く発生していた事実にあらためて慄然とせざるを得ない。日本の捜査当局は、早くから北朝鮮による拉致事件を察知していた。しかし、動かなかった。政府も黙殺した。メディアに知られることもなく歳月が流れていった。事件が明るみに出ないままいたずらに過ぎ去った長期の空白期間が日本人拉致被害者の救出を妨げてしまった。

『週刊文春』一九九七年五月一日・八日合併号に、「政府が握り潰してきた横田めぐみさん『北朝鮮拉致』の決定的証拠」という特集記事が掲載された。そのなかで警察庁の元最高幹部が取材班に対し、つぎのように語っていた。

「歴代の警察幹部たちは、北朝鮮による拉致事件について決定的な証拠を持っていたにもかかわらず、何十年も封印しつづけてきたのです。密かにその事実を知らされた首相官邸を始めとする日本政府も公表せず、握り潰してきた。これは政府内でもトップシークレットで、じつは、わたしも公表には反対でした。しかし、あまりにも長きにわたって封印し過ぎた。世論が盛り上がっているいまこそこの極秘情報は生かされるべきです」

そして元最高幹部は、「横田めぐみさんを拉致したのは、どの北朝鮮工作船だったかを警察は知っています」と衝撃的な事実を明かした。以下、同誌の記事をかいつまんで紹介しておく。

警視庁のごく目立たないセクションの一つに、通称「ヤマ」という情報機関があった。その存在を知っているのは限られた人たちだった。「ヤマ」の主な任務は日本に到達する様々な諜報電波の傍受であった。めぐみが姿を消す数日前、「ヤマ」は北朝鮮東岸にあるチョンジン（清津）の海上連絡所から一隻の特殊工作母船が発進するのをキャッチした。新潟の三〇キロ沖で工作母船は基地と連絡を取り合っていた。最終的なＧＯサインが出た直後、母船の船首がひらいて、小型特殊工作船が吐き出された。小型特殊工作船は海岸の一キロほど沖合に着くと、母船に対し、決行するという無線報告をおこなった――。

『週刊文春』によれば、北朝鮮の特殊工作母船が新潟の海岸に近づきつつあるとき、新潟県警警備部に警察庁から「ただいまＫＢ（コリアン・ボート）情報が発令された。ＫＢの目標は新潟市周辺と思われる。直ちに沿岸警戒と捜索を開始せよ」という極秘指令が下ったという。

元最高幹部がこうコメントしている。

「拉致事件が続発したにもかかわらず、新聞を始めとするマスコミは、韓国や日本の公安警察の陰謀にちがいないという雰囲気でした。北朝鮮諜報員を逮捕しても、産経新聞が書くくらいで、まったく無視する新聞もあった。官邸や政府も冷たかった。まさか北朝鮮がそんなことをするものか、と怒鳴られたこともありました。総理に近い政府高官にＫＢ情報を伝えたこともありましたが、関心を示さず、握り潰されてしまいました」

閉ざされた情報を突き破ったのが一九八〇年一月七日の産経新聞だった。朝刊一面トップには、「アベック三組ナゾの蒸発」「(昭和) 五三年夏　福井、新潟、鹿児島の海岸で」「富山の誘かい未遂からわかる　警察庁が本格捜査」「外国情報機関が関与?」「同一グループ　外国製の遺留品」「戸籍入手の目的か」という見出しが躍った。産経新聞東京本社社会部、阿部雅美記者のスクープであった。社会面には、一九七八年八月一五日に富山県高岡市の島尾海岸で発生したアベック誘拐未遂事件が関係者の証言をもとにつぎのように生々しく再現された。

「午後六時半頃、四人組が、すれ違いざまに突然、二人を急襲した。無言のうちに二人を倒し、裕二さんを後ろ手に手錠をかけ、足を帯でしばり、口にタオルをつめ、さらに特製のサルグツワをはめたうえで、頭からすっぽり布袋をかぶせた。さとみさんも後ろ手にしばられて、サルグツワをされ、布袋をかぶせられた。四人組は二人をかつぎ上げ、近くの松林に運んで転がした。袋には、カムフラージュをするために松の枝がかぶせられた。

襲撃はきわめて事務的で素早く、四人の任務分担もはっきりしていたという。四人組は二つの袋を前に、じっと何かを待っていたが、不思議なことに、この間、裕二さんもさとみさんも、四人の会話を一度も耳にしていない。終始、無言だった襲撃グループが声を出したのは、さとみさんに対し『静かにしなさい』(「静かにしろ」ではない) といった一言だけ。脅し文句もなく、乱暴も加えていない。むろん、さとみさんの体にも触れなかった。約三〇分間、沈黙が続いた。

しかし、近くでイヌの鳴き声がすると、四人は、二人をそのままにして姿を消した」

しかし事件解明への動きはなく、ときはむなしく過ぎた。スクープから八年後の一九八八年三月二六日にひらかれた参議院予算委員会で共産党の橋本敦参議院議員が拉致情報に関して質問した。これに対して梶山静六国家公安委員長はつぎのように答弁した。

「昭和五三（一九七八）年以来の一連のアベック行方不明事犯は、おそらくは北朝鮮による拉致の疑いが十分濃厚でございます。解明はたいへん困難ですけれども、事態の重大性にかんがみ、こんごとも真相解明のために全力を尽くしていかなければならないと考えております」

初めて日本政府は公式に北朝鮮による拉致を公表したのであった。これほどまでにはっきりと北朝鮮と名指ししながらその後も日本政府の対応は消極的であった。いわんやそれ以前においては、北朝鮮工作機関は日本国内でわがもの顔でふるまった。獲物を狙って構える工作員に対して、標的となった日本人はまったく無防備のまま不意打ちに遭った。家族と引き離され、異郷に連れ去られた被害者の苦痛と無念は筆舌《ひっぜつ》に尽くしがたい。

北朝鮮工作機関の日本の拠点

いったい、何人の日本人が北朝鮮へ拉致されたのか。正確な数は依然として闇のなかにある。この章の冒頭でふれたＮＨＫスペシャル「ドキュメント北朝鮮第二集」は日本政府が認定した拉致被害者を一六人としているが、番組放映から七か月後の二〇〇六年一一月二〇日、行方不明となっていた鳥取県米子市の松本京子（事件当時二九歳）が被害者と認められ一七人となった。

帰国した五人と横田めぐみ、松本京子のほかに久米裕（同五二歳）、田中実（同二八歳）、田口八重子（同二二歳）、曽我ミヨシ（同四六歳）、市川修一（同二三歳）、増元るみ子（同二四歳）、石岡亨（同二二歳）、松木薫（同二六歳）、原敕晁《ただあき》（同四三歳）、有本恵子（同二三歳）が政府認定となった。

ところが警察庁は拉致被害者を一九人としている。なぜ政府認定より二人多いかといえば、二人は朝鮮籍のため政府認定からはずされたのである。政府や警察が認定した以外にも拉致被害者がいると訴えている「特定失踪者問題調査会」は約四七〇人を特定失踪者とし、そのうちの約八〇人を拉致の疑いがきわめて高いとしている。

朝鮮籍の二人は当時六歳と三歳という幼気《いたいけ》な姉弟で、在日朝鮮人の父親は北朝鮮の工作員だった。三二歳だった日本人の母親は朝鮮総連の大物幹部が設立した情報機関の暗部にふれて殺害され、残された子どもたちは北朝鮮へ連れて行かれた。二七年後、この事件を取材したジャーナリスト、石高健次の努力で朝鮮総連実力者やその配下の背後関係、暗躍ぶりがあぶり出された。石高がこの事件に注目した発端は、横田めぐみ事件を取材したときから抱いていた疑問にあった。

横田めぐみは帰宅途中、路上を歩いていて車に引っ張り込まれて拉致された可能性が高いと見た石高健次は、「とすれば、その車を用意した者が必ずいるはずだ」と考えた。なにが起きるかわからないのだから、実行犯は一時的な監禁場所もあらかじめ確保しておく必要がある。石高がいう、「それらの調達は、当然のことながら潜入したばかりの拉致工作員には不可能であり、日本に居住する者がしなければならない。一人では無理であり、組織が必要だろう。つまり日本国内には拉致工作の受け皿（支援組織）があるにちがいないのだ」（『文藝春秋』二〇〇〇年一二月号）。

石高健次の取材の網にひっかかったのが、一九七一年六月に設立されたユニバース・トレイディングという貿易会社であった。東京・品川区西五反田にあったこの会社の登記簿には金属製品、車両、医療器具、綿花、貴金属などの輸出入や不動産仲介などが記載されていた。ユニバース・トレイディングには約三〇人の社員が通常の業務に従事していたが、ほかに一〇人ほどが非公然活動をおこなっていた。じつは、ここは北朝鮮工作機関の日本の拠点であった。

ユニバース・トレイディングの設立者は、朝鮮総連第一副議長として権勢を振るったキム・ピョンシク（金炳植）であった。かれは朝鮮総連の終身議長、ハン・ドクス（韓徳銖）と姻戚関係にあった。キム・ピョンシクはふくろう部隊というゲシュタポまがいのものをつくって総連の実力者にのしあがったが、あまりにも荒っぽいやり方にやがてハン・ドクスの反感を買うようになった。朝鮮総連の財政局副局長だったハン・グァンヒ（韓光熙）は『わが朝鮮総連の罪と罰』でつぎのように述べている。

「（キム・ピョンシクは）この秘密工作部隊を動かし、尾行、盗聴、テロなどの無法行為を縦横に駆使してさまざまな謀略を巡らせた。終《しま》いには、ハン・ドクスの自宅に盗聴器を仕掛けるということまでやったものだから、ついにはハン・ドクスの逆鱗《げきりん》に触れ、失脚する。『七・四声明』を出した七二年の南北赤十字会議の北側代表の一人に選ばれてピョンヤン（平壌）に赴《おもむ》いたまではよかったが、本国で足止めをくらい二度と戻ってこられなくなったのだった。反革命分子として幽閉されてしまったのである。陰にハン・ドクスの意向が強く働いていたことは疑いなかった」（八七～八八頁）

失脚したはずのキム・ピョンシクは二〇年後の一九九三年七月二〇日、ピョンヤンで朝鮮社会民主党党首に選出され、劇的にカムバックした。朝鮮社会民主党というのは労働党の一党独裁をカムフラージュするために存在するお飾り政党にすぎないが、この人事は関係者の注目を浴びた。というのも、朝鮮社会民主党の党首は国家副主席か最高人民会議常任委員会の副委員長を兼務するのがなかば慣例化していたからだ。毛沢東が国民党幹部だった宋慶齢を国家副主席にしたのと同様である。ちなみに宋慶齢が念願だった中国共産党の正式党員になれたのは、死の直前であった。

やはりキム・ピョンシクは一九九三年一二月九日から一一日にかけてひらかれた北朝鮮の最高人民会議第九期第六次会議でキム・ヨンジュ（金英柱）とともに国家副主席に選出された。かれの異例の出世に日本の在日社会は驚き、キム・イルソンの意図に首をかしげた。キム・ピョンシクは日本にいたとき、十分に財産を蓄えていた。在日同胞からの献金とか、富裕な帰国者が預けていった資産などで、それらをうまく資産化して日本のあちこちに分散させていた。かれがその資金を北朝鮮へ還流してキム・イルソンに貢いでいたのはまちがいない。加えて対南工作における功績が評価されたと思われる。

ふたたび朝鮮籍の姉弟拉致事件に戻る。一九七三年、ユニバース・トレイディング役員で工作グループのリーダーが突然姿を消した。高大基《こうだいき》と名乗るこの在日朝鮮人は、拉致された姉弟の父親であった。北海道帯広市出身の妻、渡辺秀子は長女の高敬美《こうきょうみ》と長男の高剛《こうつよし》を連れて夫の勤務先周辺などを探し回った。

渡辺秀子に秘密工作活動の一端を知られた工作グループの女性リーダー、当時五九歳のホン・スヘ（洪寿恵）は警察への通報を恐れ、工作員三人に指示し、この母子を都内のマンションに監禁した。その後、秀子は命を奪われ、数か月後には敬美と剛も北朝鮮へ連れ去られた。この姉弟のその後の消息はわからない。

狙った人物の胸の内まで読む

北朝鮮による拉致の実態を生々しく伝える手記がある。書き手は韓国映画界の有名人カップルだ。映画監督でシンフィルムという映画製作会社をもつシン・サンオク（申相玉）と女優のチェ・ウニ（崔銀姫）は北朝鮮に連れ去られたあと、ひそかにメモを書き留めていた。二人には周到な準備や必ず真相を伝えたいという強い願望と心構えがあったので脱出後に発表された手記はじつに克明である。かれらの共著『闇からの谺《こだま》――北朝鮮の内幕』上下巻に基づいて事件を振り返ってみたい。

手記を読んでまず感じたのはキム・ジョンイルの情報収集力の凄さである。拉致の計画段階でキム・ジョンイルは会ったこともないシン・サンオクの胸の内まで読み取っていた。狙い定めた人物を徹底的に調べていたのだ。チェ・ウニはシン・サンオクと若い女優の愛人との間に二人目の子どもができたのを知って、二三年間になる夫婦生活の解消を求め、拉致される二年前に離婚していた。同じ映画人として二人はその後も協力し合い、友人関係は維持していた。

シン・サンオクが仕事に行き詰まってアメリカ移住を考えていた頃、チェ・ウニも悩みを抱えていた。全力を注いでいたアニャン映画芸術学校が経営難に陥っていたのだ。二人の窮状や夫婦の破綻をつかんでいたキム・ジョンイルは、別れたとはいえシン・サンオクはまだチェ・ウニに未練があると読んだ。「まずチェ・ウニを連れて来い。そうすればシン・サンオクも来るだろう」という二段構えの拉致を命じたと思われる。

一九七七年一〇月五日、香港で映画会社と映画雑誌社を経営しているという中国人がチェ・ウニのアニャン映画芸術学校を見学した。これが拉致事件の始まりであった。その後、チェ・ウニにくだんの中国人と称する人物から姉妹校の提携について具体的な話をしたいとか、自分の映画会社で計画している「紅楼夢」の監督を引きうけてほしいとか、しきりに香港へ誘う手紙が届いた。

この話に胡散臭さを感じたシン・サンオクは、チェ・ウニの香港行きに反対したが、学校の運営問題で苦境に陥っていたチェ・ウニはその忠告に耳を傾ける余裕がなかった。七八年一月一一日、チェ・ウニは香港の国際空港に一人降り立った。空港にはシンフィルムの前香港支社長も出迎えに来ていた。かれはすでに北朝鮮工作機関に買収されていた。

　シンフィルムの香港事務所でチェ・ウニはシン・サンオクの同業者という中国人のRや五〇代初めの韓国人の女と一二、三歳くらいの彼女の娘を紹介された。女は工作機関の協力者であった。いつも娘を連れていたのは、チェ・ウニを安心させるためであった。昼食に日本料理店へ誘った女は、紹介したい人がいるといった。チェ・ウニ、それに女と娘を乗せたタクシーは山道を一時間くらい走って人影のない海辺で停まった。岸辺にモーターボートが待っていた。対岸の別荘へ行くという。しかしボートはどんどん沖に向かって走り出した。

　香港を出て八日目の一月二二日午後三時頃、工作船はピョンヤンの外港、ナムポ（南浦）港近くに到着した。寒い日だった。桟橋を渡ると、太めの男が、「ようこそ、よくいらっしゃいました。チェ先生、わたしがキム・ジョンイルです」（二九頁）と手を差し出した。悪びれもせずに出迎えにあらわれ、絶望に沈んでいる女性に握手を求めた厚顔無恥の態度には唖然とするが、キム・ジョンイルはこれでも自分なりに誠意を見せたつもりなのだ。

　常識の通用しない世界というしかないが、出迎えの情景を撮るためキム・ジョンイルはカメラマンを待機させていた。チェ・ウニがためらいながらも手を差し出した瞬間、シャッターが切られた。女優はカメラに敏感だ。チェ・ウニは惨めな姿を撮られることに屈辱を感じて、写真を撮らないでほしいと訴えた。

　のちにキム・ジョンイルは無神経にも、このとき撮った写真をチェ・ウニに届けていた。後年、脱出に成功したシン・サンオクとチェ・ウニによって写真は世界に公開され、録音とどもにキム・ジョンイルと拉致の関連を示す動かぬ証拠となった。悄然とたたずむチェ・ウニを見て、キム・ジョンイルが側近に、「まずチェ先生が散歩して風にあたられるようにして差し上げなさい」（三〇頁）と指示した。チェ・ウニは両脇を二人の男に抱えられて約一〇分ほど海岸道路を歩いた。潮風にあたれば、気持ちがなごむとでも思ったのだろうか。

途方もない浪費と愚行の結末

この七か月後に拉致された曽我ひとみは、チェ・ウニとは比較にならない荒っぽい方法で連れ出されたが、北朝鮮の海岸に着いたあとの様子はどこか似ていた。チャールズ・ジェンキンスの『告白』（伊藤真訳）にひとみが拉致されたときの状況がつづられている。非武装地帯に勤務していた在韓米軍の陸軍軍曹は一九六五年、ベトナム戦線へ転出されるのを恐れて北へ脱走。その後、ひとみと結婚した。かれの手記をもとに当時の状況を再現してみたい。

佐渡の真野町に住んでいた当時一九歳の曽我ひとみは一九七八年八月一二日夕刻、母親の曽我ミヨシ（当時四六歳）と近くの食料雑貨店で買い物を終え、帰宅途中であった。自宅まで数十メートルというところで、後ろから三人の男に襲われた。以来、母親とは別れたままだ。

手を縛られ口に猿ぐつわの曽我ひとみは、大きな黒い遺体収容用の袋に詰め込まれ、悲鳴を上げることもできなかった。真野湾に注ぐ国府川の河口にかかった橋の下に待機していたエンジン付きの小舟に乗せられた。やがてひとみは工作船に移され、船倉に入れられた。

一三日夕刻、工作船はチョンジン港に着いた。翌日、実行犯グループは朝食後、曽我ひとみを海岸に連れて行き、ここでアサリを探してもよいといった。妻から当時の話を聞いたジェンキンスは普通の人たちの気持ちをまるで理解できない、非人間的な精神構造のかれらをこうなじる。

「連中は彼女と母親を拉致し、離ればなれにしてしまった。ひとみは故郷の家の目の前で拉致され、説明も聞かされなければ、これからどうなるか教えてもらえもしない。しかし連中は、そんな彼女の気持ちなど全く感じ取ることもできず、彼女が連中を憎悪しているかもしれない、恐れているかもしれないということにも気づかない。だからそんなときに、『少し時間があるから、浜辺でアサリでも探してみたら楽しいのではないか』などといっても、ちっともおかしいと思わないのだ」（二一一頁）

アサリ取りをさせられたあと、曽我ひとみは夜行列車でピョンヤンへ連れていかれた。リムジンでキム・ジョンイルと一緒にピョンヤン郊外の豪壮な屋敷へ向かったチェ・ウニとは雲泥の差だった。チェ・ウニが連れていかれた屋敷はキム・ジョンイルの別荘だった。キム・ジョンイルはチェ・ウニをなぐさめるつもりだったのか、金にあかして豪勢な贈りものを送りつづけた。ミンクのコートが一度に三着も届けられたときもあった。チェ・ウニが拉致されてから六か月後の七月一八日夜、シン・サンオクが香港の同じ海岸から似たような手口で連れ去られた。のちにキム・ジョンイルは二人を再会させ、シンフィルムの映画製作を許可した。

一九八五年一月一日、キム・ジョンイルとキム・イルソンはシン・サンオクとチェ・ウニを新年祝賀会に招いた。

主席官邸の接見室には、紺のビロードのチマチョゴリを着たキム・ソンエ（金聖愛）もいた。キム・イルソンは壮健であったが、顔は黒ずんでおり、皮膚も荒れていた。チェ・ウニは小型録音機の入ったハンドバッグを自分とキム・イルソンの間に置かれた椅子の上にのせた。キム・イルソンはまずチェ・ウニの健康について尋ねた。シン・サンオクによれば「かれはウニが胆石の手術を受けたことも知っていた」（二三六頁）という。

キム・イルソンがシン・サンオクとチェ・ウニに会った翌日、会見記事が写真入りで労働新聞に載った。シンフィルムのスタッフは「これからは社会の自分たちを見る目まで違ってくるだろう」と喜んだ。これは正直な感想であった。というのは、シンフィルムの作品は北朝鮮社会では必ずしも好意的に見られていなかったのである。

キム・ジョンナム（金正男）の伯母、ソン・ヘラン（成蕙琅）はある日、キム・ジョンイルと食卓を囲んでいた。そのとき、キム・ジョンイルはシンフィルムから大掛かりな映画製作のプランがあったと話した。すべてが海外撮影と聞いて、「シンフィルムがつくった映画は、金を際限なくつぎ込んでいる」と世間で批判されているのを耳にしていたソン・ヘランは憤慨した。

ソン・ヘランは「あの人たちは逃げようとしているのではないですか？」とキム・ジョンイルにいった。キム・ジョンイルは思いがけないことばにぽかんとしながら「逃げるって、なぜ逃げるんだ？　かれらがどこかへ行って、ここほどよくしてくれるというのか？　金の心配もなしに思うぞんぶん映画をつくっているじゃないか……」といった。

以上の逸話はソン・ヘランの『北朝鮮はるかなり——金正日官邸で暮らした20年』（萩原遼訳、四三七頁）によるが、彼女の勘は当たった。シン・サンオクとチェ・ウニは一九八六年三月一三日、ウィーンでついに脱出に成功した。シン・サンオクとチェ・ウニが香港から連れ去られてから八年を超える歳月が流れていた。二人の拉致と映画制作に莫大な資金を投じたにもかかわらず、シンフィルムがつくった作品は二度と公開されることはなかった。これが途方もない愚行と浪費の結末だった。

第13章 ✷横田めぐみ事件発覚の年に両親が語った悲痛な胸の内

拉致事件の象徴的な存在といえる横田めぐみは、東京オリンピックが開幕する直前の一九六四年一〇月五日、名古屋市で生まれた。日本銀行の行員で名古屋支店に勤務していた横田滋と妻の早紀江にとっては初めての子どもだった。日銀は異動が多い。六六年、東京の日銀本店勤務となり、二年後には双子の男の子が生まれた。本店に六年いて広島支店に移った。広島に四年近くいて七五年七月、新潟支店営業課に転勤となった。一家五人は新潟市水道町にある一戸建ての日銀行舎に住んだ。

一九七七年一一月一五日の夕刻だった。新潟市立寄居中学一年のめぐみはバドミントンの練習を終えて帰宅する途中、自宅をすぐ目の前にしながら忽然と姿を消した。一三歳だった。このとき滋四四歳、早紀江四〇歳で息子二人は小学三年生であった。

滋が日銀を退職する年齢になっても、失踪した長女の消息はまったくわからなかった。ある日突然、初めて具体的な目撃情報が横田家に伝えられたのは、一九年後の一九九七年一月のことだった。居所は予想もしなかった北朝鮮で、しかも国家の組織的な拉致が濃厚という驚くべき情報だった。衝撃のニュースが日本を揺るがしたこの年の八月四日、雑誌編集者だった筆者は東京・大手町の産経新聞社で二時間にわたって両親にインタビューし、事件当日の様子などを聞いた（その詳細は「両親が語る横田めぐみさん事件」と題して『正論』一九九七年一〇月号と一一月号に掲載された。以下はそれをもとに再構成した）。

暗闇の海岸を必死で探し回る

――思い出すのはとてもつらいでしょうが、当時を振り返っていただきたいと思います。横田滋さんはその日、どこで第一報を受けましたか。

滋　その日、銀行の転勤に伴う歓迎会がありました。支店のなかで茶話会をひらいたあと、外で麻雀でもやろうということになりました。今日は帰りが遅くなるからと家に電話を入れたら、「めぐみがまだ帰ってないからすぐ帰ってきてほしい」と家内から知らされました。麻雀仲間はみな近くの行舎に住んでいます。全員がタクシーに乗って家に帰ったんです。家に電話しなければ、まったく知らずに麻雀をやっていたと思います。

――バドミントンの練習がある日は何時ごろ帰宅していたのですか。

早紀江　いくら練習しても六時ごろには帰ってきました。いなくなった日の二日前（一一月一三日）、新潟市内中学校の新人戦があり、初めて選手に選ばれて出場しました。とても強い中学校なものですから、たいてい優勝か二位ぐらいに入っているんです。そんな学校ですので、めぐみも緊張していたんですね。もし負けたらどうしようか、といっておりました。相手が強ければ、こっちがどんなに強くても負けるんだから一生懸命やるしかないと話したんです。

そのときダブルスで出まして、五位になったんですね。わたしたちは「たくさんの学校が出ているんだからよかったね」といってたら、「よくないよ。うちの学校では五位なんてたいしたことないんだ」と非常に気にかけていたんです。

翌日の一四日は、その試合の反省会がありました。今日は反省会でちょっと遅くなるといってましたから、初めは気にしていなかったんです。それでもわたしは心配性なものですからお友だちのお母さんに電話し、「もう帰りましたか」「今日は反省会といってたでしょう」「そうですけど」「そのうち帰ると思いますよ。うちのも帰ったばかりですから」といったやりとりをしました。そのときは間もなく帰ったんですよ。そして、新潟市の強化選手に選ばれたというんです。

――喜んでいたでしょう。

早紀江　二日前の新人戦のとき、東京からバドミントンの有名な先生方も参加して、強化選手を選ぶために見ていらしたというんです。自分は五位だから、強化選手に選ばれるとは夢にも思っていなかったらしいんです。これから頑張って下さいということになって、「わあー、大変だ。えらいことになっちゃった」と。ちょっと重荷のようなところがあったんで、その点だけは心配していたんです。

――思い詰めるタイプでしたか。

早紀江　いいえ。普段は朗らかな子です。思い詰めてどうこうするような子とは思っていません。だけど、そういうことがあったので、一五日の日は帰りが遅いのがとっても気になっていました。七時を過ぎてもまだ帰らない。通学路は暗いところなんです。そのときから、不安を感じ始めました。「お母さん、学校まで見てくるわ」って、息子二人を残して、突っかけをはいて出ていったんですね。

門のカギをかけているときにお隣のおばあちゃまと、ちょうど出会って、「あら、いまからどこへお出かけですか」「めぐみがまだ帰ってこないものですから、学校まで迎えに行きます」「それはそれは」なんて言葉を交わしたあと、学校へ向かったんです。

辺りはすっかり暗くなっていました。不安な思いで足早に走っていったんです。途中で帰ってくるかなと思って、前のほうに目をこらして。三組しかすれちがわなかったんです。ああちがうな、どうしたんだろうと思いながら学校まで行ったんですね。門を入って体育館に行きましたら、電気がついていました。ああよかった。まだいたんだ。大丈夫だったんだ。ホッとして、そのまま家に戻りかけました。でも、やっぱり見てこようと思って、また戻って体育館の入り口を覗いたんですね。そうしたら中学の生徒はいなくて、ママさんバレーのお母さんたちがいらしたんです。

守衛の人が庭に立っていらしたので、「バドミントンの生徒は帰りましたか」と聞きましたら、「もうとっくに帰りましたよ」とおっしゃったのです。びっくりして飛んで出て、ダーッと走って帰ってきたんですね。もしかしたら道をまちがえて帰ったのかな。だからすれちがわなかったのかな。ちょっとそのことを期待して帰ったんですよ。

うちの玄関は下の部分が透明ガラスでした。見ても靴がないんです。やっぱりいないなと思ったんですが、「お姉ちゃん、帰っている？」と子どもたちに尋ねました。玄関の横の部屋で子どもたちがテレビを見ていました。「まだだよ」「めぐみちゃん、どうしたの？」と、二人して玄関に飛んできました。「どうしたんだろうね。学校にもいないんだよ。おかしいね。気味悪いね。だれかに連れて行かれたのかもしれないね」と。

そしてすぐにバドミントン部の何人かのお友だちの家に電話して聞いたんです。「門のところでいつもと同じように笑いながら話して別れました。本屋さんかどこかに寄っているんじゃないですか」「そのうち帰ってきますよ」と、みんなそんなに気にしていないんです。成長痛という膝が痛くなる病気がありますね。ウサギ跳びをしていて痛がっていたので、しばらく家と反対側の古町にある医院に通っていました。そうだ、あそこに寄ったんだなと思って、電話したんですね。ところが「今日はカルテにないし、お見えになっていません」って。

これは何かあったなと思って、こんどは近くに住んでいらっしゃるバドミントンの先生にお電話をしました。「まだ帰ってないんですか。ぼくらもみんな一緒でしたよ。あそこの門でみんな賑やかに笑って話してましたよ。もうちょっと待ってみたらどうですか」「先生、こんなこといままでないし、気持ち悪くてしようがないから、わたし探してみます」「ぼくもすぐ行きますから」といって下さって電話を切りました。

もういやな予感で膝はガタガタです。小学三年の息子二人に懐中電灯を持たせて、再び学校のほうに向かいました。通学路の周辺には廃業したホテルとか、ガレージがあります。そのへんを名前を呼びながら必死で探し回りました。きっと、海かもしれない。両手で子どもたちの手を引っ張って海に向かいました。海の近くに護国神社があります。暗い参道が松林のなかにつづいています。この辺りに連れこまれたかもしれない。早く見つけてあげよう、早く助けてあげなければと、どんどん進みました。子どもたちは怖いからいやだというんですけど、広い参道を奥の方まで行ったんです。本当に怖かったです。人はいないし、呼んでも返事はないし。

海岸へ行きますと、自家用車が何台か止まっていました。ひょっとして車のなかに引きずり込まれているかもしれない。懐中電灯を運転台に照らして、「中学生の女の子を見ませんでしたか」と声をかけました。でも、とても怒られてしまいまして、「申し訳ありません」と謝りました。ほんとはトランクもあけたい気持ちでしたけど、わたしは力もないし、できませんでした。

海岸の切り立ったところに落ちたのかもしれない。辺りを照らしながら、名前を呼んで、三人で探し回ったんですけど、なんにも返事はないのです。そのへんから子どもたちもしくしくと泣き出して、「どうしよう、どうしよう。お父さんが早く帰ってきたらいいね」といって、一旦家に戻りました。家には、部活の先生が自転車で来て、待っていて下さったんです。「まだ帰りませんか」「ずっと探したんですけど。どうなったんでしょう。こんなこと一度もなかったのです」と話している頃、主人から電話がかかってきました。八時頃だったかしら。

滋　そうだね。

早紀江　それで、最初に主人が話したことにつながっていきます。「これから麻雀をすることになった」、「それどころじゃないのよ。お姉ちゃんがまだ帰ってきてないのよ。すぐ帰って下さい」、「えっ、それはおかしいな。いかんな」と。みなさんタクシーで帰ってきまして、それで先生と一緒にまた探したんです。

警察の捜査に不満はない

――警察への通報は何時ですか。

早紀江　わたしは「早く警察に知らせてください。絶対おかしいです」といったんですけど、「本屋さんでも寄っているかもしれない。帰ってきたとき、大騒ぎになっていたらいやがるだろうから、もう少し待ってあげたほうがいい」ということで、結局、通報は遅くなってしまいましたね。

滋　午後九時台の前半に届けたのかなという気がしたんですけど、あとで記録を見ますと九時五〇分頃ですね。その前に学校に何か忘れ物をして、戻ったけど、カギがかかってしまって出られないとか、トイレに入ってカギの具合が悪くなって出られなくなったんじゃないかと、学校内を先生が探して下さったんです。

――立ち寄りなどで遅くなったことはありましたか。

滋　いままで遅くなったことは全然ないんです。前の広島のときもそうですし、新潟へ来てからも、家に帰る途中、友だちの家に寄るとか、買いものに寄るという例がないんです。だから、おかしいと思ったんです。

――寄居中学校から日銀行舎に至る通学路には、寂しいところがあったのですか。

滋　ありました。ここには新潟大学理学部がありましたが、郊外に移転しました。その土地を理学部跡地と呼んでいました。近道をするための細い道がありましたが、ここは見通しの悪い、寂しいところです。片方は廃ホテルで昔、火災にあったそうです。外見は普通のビルみたいですが、なかには人が住んでいない寂しいところです。あの日はそういう建物も探しました。

――めぐみさんの姿が確認された最後の時間は何時ですか。

滋　午後六時四〇分頃です。めぐみは放課後、クラブ活動のバドミントンの練習に参加しており、六時三五分頃、クラブの一年生二人と学校の正門を出ました。最初の一人はすぐ右に曲がり別れました。まっすぐ来るとかなり大きなバス通りの交差点があります。一人がこんどは左に曲がりました。そのまままっすぐ行きますと、海になります。その手前で曲がったところがわたしの家で、交差点から歩いて三、四分ぐらいで着く距離なんです。別れた交差点の角は高い石垣で、めぐみが直進し、その人が左側に曲がったとたんにお互いの姿は見えなくなります。めぐみが海の方に向かって歩いて行ったのを友人が見たのが最後で、そのまま消息を絶ちました。

早紀江　バイバイといって別れたのが最後です。交差点から二筋目を曲がり二つ目の角から二軒目がうちなんです。

——警察の初動捜査はどうでしたか。

滋　新潟中央署だけではなく、新潟東署の応援も得て、すぐにたくさんの警察の人が捜査に当たってくれました。理学部の跡地を見たり、廃ホテルのなか、護国神社のなか、海岸の防風林などを見てくれました。警察犬も二匹来ていました。

——警察犬はどこまで追跡しましたか。

滋　うちのすぐ側の曲がり角までです。（自宅周辺の略図を書きながら）ここで二人目の人と別れたんです。そのとき、わたしが考えたのは、別れたあと、犬が追跡を止めた付近で車に乗せられたにちがいないと思ったんです。不良グループに車に連れ込まれたか、あるいは軽い交通事故が起き、運転していた人が無免許とか酔っ払いで、それを隠すため連れ去ってしまったのではないか。いずれにしても車の可能性が一番大きいと思いました。その夜は暗いものですから、午前零時ぐらいで捜索を一旦打ち切りました。

次の日の朝は五時頃から機動隊も出て、一メートル半ぐらいの間隔で横隊となり、長い棒を持って理学部跡地、松林、海岸などの広い範囲を捜索しました。それから同じ時間帯の通行者からの聞き取りや、付近の聞き込みをやりましたが、目撃者が全然いないんです。

めぐみは、かなり大きな鞄と、真っ赤なスポーツバッグに入れたバドミントン・ラケットを持っていました。ところが、そういったものを含めて遺留品はまったくなかったわけです。一週間後に公開捜査としたときもなかったし、テレビで四回ぐらい人探し番組をやったときも情報はありませんでした。

――まったく、ありませんでしたか。

早紀江　何にもないんです。何の証拠もないんです。目撃者が一人もないんです。みなさん、「神隠しというのはこういうことだ」とおっしゃったけど、なんでこんなにわからないんだろうかということをいいつづけて二〇年きました。

滋　警察も、交通事故とか、不良グループによる連れ去りの可能性がいちばん強いと見ていました。それで捜査一課が中心になって捜査してくれたわけなんですけど、家出という点からの捜査もおこなわれました。

――何か、思い当たる節がありましたか。

滋　それがないんです。強いて考えれば、広島が非常に楽しかったので、ふらりと広島へ行ったのかな、と思いました。新潟へ来てからまだ一年ぐらいで、知り合いは広島のほうが多いんです。それでバドミントンのプレッシャーもあって、広島に行ったんじゃないかと思ったわけです。上越新幹線がまだ開通しておらず、東京経由で行くと、どんなに早くても翌日の午前一一時ぐらいにならないと着きません。すぐに広島の関係者にも連絡し、広島駅で見つけてほしいと頼みました。

――親戚にも。

滋　わたしどものいちばん近い親戚はそのとき高崎で、あとは京都、日立、札幌なんです。京都の家には行ったことがありますけど、あとのうちにはどこも行ったことがないので、親戚のうちに行くといっても、場所がわからない。法事かなんかでちょっと顔を合わせたぐらいですから、親戚へ行くというようなことも考えられない。

いつも電話で話している友だちの家にも立ち寄っていない。親しくして下さった教生（教育実習生）の女の先生がすぐ近くにいたんですけど、もちろん行ってない。新潟大学の学校祭で知り合った学生と一緒にいなくなったんじゃないかということで、該当者がいるかどうか調べてくれましたが、それもいません。交通事故、家出、自殺の線のほか、身の代金目的の誘拐の可能性もあるとして県警から誘拐専従の人も来てくれました。

――警察の初動捜査に不満はありませんでしたか。

滋　それはありません。その後の捜査についても本当によくやってくれました。近くの交番のお巡りさんが、毎日訪ねてくれました。新潟の海には、テトラポットが沈めてあります。海に捨てられた遺体、遺留品などがテトラポットの外側や底の方に引っ掛かっていないだろうかと、翌年（一九九八年）の五月にはダイバーが潜って調べてくれました。巡視船やヘリコプターでも調べてくれました。わたしたちは、警察の捜査については、よくここまでやってくれたと感謝しています。ここをもうちょっと調べてほしいといったのに、「いや、そんなことはないだろう」という形で向こうがしなかったということはありません。警察の捜査について不満点はまったく持っておりません。

産経新聞のスクープに「もしや」と

——その後の拉致疑惑報道で、「ひょっとしたら」と思ったことはありましたか。

滋　それはあります。産経新聞の阿部雅美さんが昭和五五（一九八〇）年一月に書かれたアベック蒸発事件の記事を見たときです（第12章参照）。ご承知のように、阿部さんは初めて「外国の情報機関が関与している疑いが強い」と書いた方です。

——あのスクープで取りあげた事件の被害者は、みなアベックでした。

滋　それに、みなさん二〇歳過ぎであること、海が非常に穏やかな八月頃だということ。これらがちがうんですね。いまでもわたしたちはなぜめぐみを連れていったか、納得がいかないです。こういう子どもを連れていっても何の使い道もないからです。もしアベックの方や未遂事件が拉致だったとしても、うちの子どもは拉致とは関係ないだろうと思いました。

早紀江　わたしは、産経新聞を見たときに、びっくりして、うわあ、こんなことあるんだ。こんな大きな人が連れていかれるんだったら、うちの子どもなんて二、三人よればなんでもないな、これかもしれない、と瞬間的に思いました。

——やはり母親の勘はするどい。毎日、めぐみさんのことを思っていたのですね。

早紀江　主人が銀行に行ったあとは、いつも一人でして、本当に死にたいぐらいの気持ちでした。嘆いて、悲しくて、毎日泣いていました。新聞を読んで、どんなことでも、これじゃないか、あれじゃないかって、考えられる限りのことを考えました。そして、あちこちへ電話してみたり、いろんなことで動き回っていましたので、産経新聞を見て、瞬間的に思ったのです。

――あの記事でもっとも注目したところはどこですか。

早紀江　蓮池さんのことです。柏崎市は同じ（新潟）県ですから。

《産経新聞のスクープ記事には、四つの事件の概要が載っていた。そのうちの一つは、「昭和五三年七月三一日午後六時半頃、新潟県柏崎市の実家に帰省していた中大三年、K君（二二）と同市内に住むガールフレンドの美容師、Uさん（二三）が、同市内の中央海岸近くへデートに出たまま行方不明になる。現場にK君の自転車が放置されていた」という内容だった。事件は非公開だったので蓮池薫と奥土祐木子の名前は伏せられた》

――行方不明になった時刻も大体同じですね。

早紀江　ええ。だから、ひょっとしたらと。暗がりのところで、車かなんかに入れられて。ただ、船とは思いつかなかったんですよ、そのときはまだ。飛行機にしてもなんにしても、どっかに連れて行かれたのかもしれないという思いが強くなって、すぐその新聞を持って産経新聞さんのところに行ったんですよ。

新潟市の東中通にある支局へ伺って、「新聞を拝見したんですけれど、うちの子ども、どんなにしたってなんにもわかりませんので、ひょっとしたらこういうことでないかと思うんですけれど、どう思われますか」と、上の方とお話ししたんです。そしたら、さっきも主人がいいましたように、「やっぱり年齢的にも小さいし、片一方はアベックの方たちだし、ちょっとちがうんじゃないかと思います」って。わかりませんからね、その方だって。それで「そうですか。なんだかそうじゃないかと思えるんですけど」といったのですが、「わからないけれど、ちょっとちがうんじゃないですかね」というようなことだったと思います。

その帰りに警察に寄りました。そして「いま産経さんへ行ってお話ししてきたんですけれど、こういうことでもなければ、こんなにわからないことはないと思うんですよ」といったんです。しかし、「年も小さいし、ちょっとちがうんじゃないですか」と警察の方も同様の意見なので、「そうですか」って、しょんぼりして帰ってきました。

——そのとき警察は、どうして被害者のご家族の疑問にこだわらなかったのか。いま、悔やんでも、もう遅いですけれど。新潟市は、昔もいまも北朝鮮の出先機関、情報基地のような性格をもった都市なんですね。

早紀江　めぐみの失踪事件は、わたしたちが新潟に来て一年三か月目に起きました。新潟のことはまだわからなかった時期でした。新潟に長く住んでいらっしゃる方とか、お友だちのお母さんは初めの段階で「横田さん、これは警察じゃわからないってうちの主人がいってたよ」っておっしゃったこともありました。

でも、わたしたちは警察を信じていましたから、「警察にお任せしています」といいました。そういうふうなことが、ちらっちらっとあったのはあったんです。そのころは意味がよくわからなかったんですが、いまになって思えば北朝鮮のことを暗示していたのかもしれません。

滋　その方もべつに根拠があっていってるわけではないと思いますよ。

――外事課ではなく、あくまでも捜査一課の事件として扱われたんですね。

早紀江　そうです。「遺体が海に捨てられた場合は、青森のほうに打ち寄せられるから、青森の警察まできちんと捜索を頼んでありますから」と刑事さんはいっておられました。

悲しみに追い打ちかけた出来事

――金銭目当ての誘拐の疑いも持っていたわけですね。

滋　ええ。事件発生直後は、警察の方が昼夜をおかず二四時間うちで待機していたんです。逆探知できるよう八時間ずつ三交代で何人かが家のなかにいたほか、家の周りにも覆面パトカーが明かりを消してあちこちに張り込んでいました。だけど身の代金の要求はなかったんです。ただ、翌年（一九七八年）の一月に身の代金の要求があって、逆探知が成功し捕まえたんですが、新聞記事を見たいたずらだったんです。

――えっ、そんなことがあったのですか。

早紀江　そのとき、わたしは一時間ぐらい話しました。

滋　昼間ですから、家内が。

――初めからいたずらとわかりましたか。

早紀江　初めはわからなかったです。本当にそうかと思ったんです。これは大変だと思って、足がガタガタ震えたんですよ。

——警察官は?

滋　そのときはもういなかったんですが、たまたま双子の弟のほうが風邪を引いて家にいたんです。

——最初、どういう電話でした?

早紀江　「お宅のめぐみさんを連れてきた者だ」といったから、もうびっくりしました。「ちょっと、お待ちください」といってから、息子を手招きしました。「だれかいるのか」ってすぐ気配を感じたんですね。「小さな子なんですけど、熱出して寝てるだけです」「ほんとか」「ほんとです」といって。

——お金を要求したんですか、三〇〇〇万円とか。

早紀江　いえいえ、もっと少なかったです。たしか五〇〇万円といいました。わたしは、「そんなたくさん払えません」って。

滋　警察から、いかに引き延ばすか、聞いていたのです。たとえばここに金を持ってこいといったら、地理がわからないからもうちょっと詳しく説明してくれとか。

早紀江　メモに、「犯人から電話。ケイサツに連絡タノム」と書き、「トナリのおばあちゃまに渡して」と書き添えて息子に渡しました。息子は熱があるもんだから、震えて寒いという。なにか着ようとしているので、「そんなことしないで早く行きなさい」って目くばせして。もう必死だったんですよ。

息子は静かに戸を開けて出て行きました。おばあちゃまはたまたまおうちにいて、警察に電話をして下さり、すぐ警察の人が来て下さいました。お隣のおばあちゃまや、たまたま訪ねてきためぐみの親友のお母様がそっと部屋に入ってきて、一緒にいて下さったのは本当に心強いことでした。警察の方が録音装置をセットし、「とにかく延ばしなさい、延ばしなさい。頑張れ、頑張れ」と合図をされるんだけど、怖いのと緊張感とで、声がうわずってくるんです。とにかく一生懸命に対応したんですよ。その間にいい具合に電話をかけている場所を突き詰め、受話器を置こうとした瞬間、現行犯で捕まえられたんです。「よくやったね」といって下さったけど、わたしはぐたっとなって。ほんと力が抜けてしまいました。

——犯人は何者でしたか。

早紀江　高校生でした。二六、七歳ぐらいとわたしは思っていました。それで、「そんな警察に追われるようなことはしないほうがいいですよ」「おおっぴらに生きられるほうがいいでしょう。あなた、本当にあの子が好きなんだったら、いつでもお嫁さんにあげるし、一緒に住んだっていいんだから、仲良く暮らしませんか」なんて一生懸命いったんですよ。そしたらあんまり怖い言い方をしなくなりましてね。それでいろんなことを話しするようになって。一時間ちょっとぐらい。そんなに時間が過ぎたと思わなかったんですけど、必死でしたからね。

——ひどい高校生ですね。悲しみのなかにいるというのに。つらい日々であったと思います。

早紀江　悲惨ですね。

——横田さんは仕事もありますし。

滋　銀行もずいぶん気を使ってくれました。居残り、出張、宿直をしなくていいと。それからは友だちと帰りに飲みに行くこともなかったんです。三か月ぐらい経って全然変化もないし、その日は久しぶりにちょっと行こうかなということで、同僚と近くの飲み屋に寄ってから帰ったら、脅迫電話があったと。

早紀江　その日に限って。

滋　飲み屋に寄ったのは、あの日以来、初めてなんです。

――また、ご主人がお留守のときの出来事、よく耐えました。

早紀江　毎日、死ぬことを考えていました。どうやったらこの辛苦から、悲しみから逃れるだろうって。死んでしまいたいって。それほど辛かったですね。友だちから、「下に二人も小さな子がいる母親なんだから、死ぬなんて考えちゃだめ」といわれたこともありました。ああいう状態って、本当にせつないです。もう、かわいそうですよ。どこへ行っちゃったか、どうしてるんだろうってね。

――新潟支店に転勤になったのが運命の分かれ道でした。

早紀江　ほんとそう思いますよ。

――新潟市の印象はどうでしたか。

滋　わたしたちはそれまで比較的大きいところに住んでいたんです。勤務地は札幌、名古屋、東京、広島ですから。新潟市も大きな都市ですけど、それまで暮らしたところに比べますと、小さく見えるんですね。行舎も木造一戸建てで、庭が砂地で海の家のようでした。

早紀江　鉄筋アパートを選んだ方がよかったのかなと思うぐらい、静かで寂しいところでした。

――転勤、転勤で、お子さんたちも大変だったでしょう。めぐみさんは、友だちがたくさんできる小学六年生になってからの転校です。新潟へ来て寂しかったと思います。

早紀江　寂しかったんです、ほんとに。それはわたし自身もいけなかったんです。「寂しいとこね」なんていつもいってたもんですから。そうしたら新潟のお友だちが、「賑やかな夏にそんなことといってたらだめよ。冬なんてどんなに寂しいかわかんないんだから」と、よくいわれてたんですね。「雪が降ったら寂しいのよ」っていうことを聞いてましてね。

――めぐみさんは、朗らかなお嬢さんだったそうですね。

早紀江　ほんとに朗らかで、賑やかで、楽しい子で、どの方もそのようにいって下さってます。めぐちゃん、めぐちゃんて、人気のある、とにかく面白い子でした。でも、新潟に来たときは、もう思春期にかかってましたので、以前よりはもの静かになって、ちょっとおすましになってるような感じもしていました。

――家族の形としては、まとまっている時期ですよね。一家団らんの機会も多かったと思います。

早紀江　賑やかだったんですよ。お食事のときがいちばん楽しかった。

――それが一九七七年一一月一五日を境にガラリと変わってしまう。

早紀江　みんながしょぼんとなって、しゃべらなくなったんです。

滋　新潟にいるときは道路の関係で、車が一旦うちの玄関の前に止まるんです。その度に、「帰ってきたんじゃないか」と思いました。

早紀江　飛んでいって、窓から覗いてましたね。あ、そうかもしれないって。

滋　事件直後はいつでも出られるようにと、電話の側で寝ていたこともあります。何度も何度も遺留品が漂着していないか海岸を探し回りました。転勤するときは、門に転居先を書いた紙を貼りつけてきました。あの家はその後取り壊され、いまは門しか残っていません。

――新潟を去ったのは？

滋　一九八三年の六月です。銀行は比較的転勤が早いんです。なにもなければもっと早く転勤していたと思います。銀行としては、人事のローテーションを考えれば、一定の期間がきたら動かしたいという気持ちはあったと思います。ただ、警察が捜査中ですし、本人も事件が解決するまで残りたいといっているので、延ばしてくれたわけなんです。

しかし、転勤するんだったら、中学三年生になった息子たちの高校受験のことを考えると、一学期が終わったころが潮時と考え、警察へこの話をしましたら、「心配しないで任せて下さい。ご両親が新潟にいなくても連絡を常にしますから安心して転勤して下さい」といわれましたので、動くことに踏ん切りをつけました。

生存情報に体が震える

――「めぐみさんは北朝鮮にいた」という衝撃的な第一報はいつ入りましたか。

滋　ことし（一九九七年）一月二一日の昼ごろです。参議院議員の橋本敦さん（共産党）の秘書で、兵本達吉さんとおっしゃる方から電話で聞きました。「おたくのお嬢さんが北朝鮮で生きているという情報が入りました」というので本当にびっくりしました。「わたしどもは北朝鮮の拉致事件について調べています。お宅のお嬢さんについてはよく知らないので、どんな状況でいなくなったのか、お話を聞かせて下さい」という電話でした。「電話では詳しいことをお話しできないでしょうから、議員会館に来ていただけませんか」ということで、すぐに出かけました。

――橋本事務所から直接？

滋　いいえ。兵本さんは、少女の父親が当時日本銀行新潟支店に勤務していたことはご存じでしたが、いまどこにいるかわからない。それで、日本銀行本店に聞いたら、旧友会があるので、そこに聞けばわかるといわれたんですね。いまはどこでもそうですけれど、尋ねられても個人の電話番号を直接教えませんでしょう。旧友会からうちに電話があり、こちらから折り返し兵本さんに連絡したわけです。

その電話を聞いたあと、すぐに支度して電車で永田町の参議院議員会館まで行きました。わたしの家から議員会館まで一時間弱ですが、いろんなことを考えました。この一九年間、情報らしい情報は何もなかったわけです。目撃者もいなければ、遺留品も何一つありません。初めて情報らしい情報に接したので、気持ちが落ち着きませんでした。北朝鮮にいるらしいというけれど、ほんとなのかな。もしほんとだったら、どうやって連れて帰れるのかな。この二つの思いが電車に乗っている間、ずっと頭のなかをめぐっていました。

議員会館へ行きましたら、兵本さんが昨年の『現代コリア』一〇月号のコピーとめぐみの失踪を伝えた当時の新潟日報のコピーを見せてくれました。新聞のほうはわたしも持っていますし、その内容は見なくてもわかりますけれど、『現代コリア』の記事は初めてでした。

《『現代コリア』一九九六年一〇月号に朝日放送プロデューサー、石高健次の「わたしが『金正日の拉致指令』を書いた理由」が掲載された。そのなかに亡命工作員の証言が紹介されていた。「日本の海岸からアベックが相次いで拉致される一年か二年前、おそらく七六年のことだったという。一三歳の少女がやはり日本の海岸から北朝鮮へ拉致された。どこの海岸かはその工作員は知らなかった。少女は学校のクラブ活動だったバドミントンの練習を終えて、帰宅の途中だった。海岸からまさに脱出しようとしていた北朝鮮工作員が、この少女に目撃されたために捕まえて連れて帰ったのだという」、あるいは「少女は双子の妹だという」ともあった》

——石高リポートを一読した感想はいかがでしたか。

滋　あっ、めぐみにまちがいない、と思いました。「一三歳の少女」とか、「バドミントンの練習を終えて、帰宅途中だった」とかピッタリです。「少女は双子の妹」というのは、正確ではありませんけど。

──「少女には双子の弟がいる」というならピッタリでした。

滋　しかし、わたしどもに双子がいるのは事実です。それを知っている人は限られていますので、これはめぐみだと直感しました。だけど、そう思ったあとに、う〜ん、でも、やっぱりちがうかなと。当時の新聞記事を読めば、これくらいはしゃべれるし、書けるんですね。もちろん石高さんはこの時点で、めぐみのことをまったくご存じないですけど。

──奥さんはご一緒しなかったのですね。

早紀江　わたしはその日、友だちの家で集会があって留守でした。わたしはクリスチャンですので、その日も一生懸命お祈りをしていました。皆さんもめぐみちゃんが早く見つかるようにと、一緒にお祈りして下さっていたのです。

夕方、帰ってきましたら主人が、「奇妙なことがあった」というんですね。すぐパッといってくれないんです。「なに、なに」「なんだか変な話なんだよ」「めぐみちゃんのこと？」「うーん」といって、はっきりしないんです。「なに、なに、早く、早く教えて」といったら、いまのような話です。「うわーっ、生きていたの！　ほんとなの！　うん、うん、そうだったらいいわね」。主人の話を聞きながら、もう背中がゾクゾクしてきました。胸がドキドキしてきました。体が震えてきました。

でも、時間が経って、だんだん冷静になってくると、ほんとかなあ、という気持ちが半分ぐらい占めるようになりました。本当ならほんとに嬉しいけれど、そのときは、どうすればいいのかしらと、主人と同じようなことをずっと考えていました。それに大変だったろうなと、めぐみの向こうでの境遇を思って胸を痛めました。

――政府が拉致疑惑と認めるまでに事態が展開したのは、横田さんご夫妻に勇気があったからです。ニュースメディアの取材に応じて発言することが、北朝鮮にいるめぐみさんの安全にどう影響するのか。相手がやっかいな国だけに、当初ご両親として悩みに悩んだと思います。

早紀江　おかしくなりそうなくらい、悩みました。決断するまでに二日間ぐらいしか余裕がなかったんです。主人は、この機会に出さなかったらもう一生わからないかもしれないという意見でした。その通りですけれど、これでバーンとやられるかもしれない。めぐみがかわいそうだから、ちょっと待って。どうしよう、どうしようと、本当に悩んだんです。

――その一方で、めぐみさんの安否の確認ができないことへの苛立ちがあったと思います。さいわいその後すぐに、石高リポートを補完する証言が出てきますね。

滋　ええ。ことし（一九九七年）一月、日本電波ニュース社の高世仁さんが、偽ドル事件の取材で韓国へ行きました。北朝鮮の元工作員から話を聞いているときに、たまたま拉致事件にふれたのです。そのとき高世さん自身は新聞情報の範囲ぐらいしか知らなかったし、元工作員もそこで話をつくる余裕は全然ないはずだというんですね。石高さんが聞いた工作員と高世さんが聞いた工作員が同じ人であれば意味がないけれど、ちがう人でした。

元工作員が、「政治軍事大学（北のスパイ養成学校）の式典の準備会議のときに、ある教官から、新潟から少女を連れてきた」と話しているのをビデオで写してきたということで、わたしたちもそれを見せてもらいました。

その証言では「新潟」と地名が特定されています。それでかなり確率が高くなったなと思いました。そのあとテレビ朝日「ザ・スクープ」でこの元工作員を取材することになりました。そのとき、わたしたちも一緒に行って元工作員と話をすることができたわけです。ただ、韓国へ行く直前の三月一三日、産経新聞朝刊にわたしたちが会う予定の元工作員との詳しい会見記事が出ました。そんなわけで、わたしたちが元工作員と直接面談したときも、ほとんど同じような質問に同じような答えで、初めて聞く話というのはそうありませんでした。

《産経新聞一九九七年三月一三日の朝刊は、亡命工作員、アン・ミョンジン（安明進）との一問一答をつぎのように報じた。

――日本人女性を目撃したそうだが。

「八八年一〇月一〇日、労働党創立記念行事がピョンヤン近郊の政治軍事大学でおこなわれた。当時、わたしは政治軍事大学の二五期生で二年生だったが、その際にひらかれた会議で日本人らしい女性を見かけた。会議に参加していた一一期以前の『チョン（丁）』という名前の教官が、彼女を見て『おれが新潟から連れてきた』といい、彼女が拉致された日本人であることがわかった」

――いつ拉致したのか。

「正確には覚えていないが、チョン教官は七〇年代初めから中ごろにかけてで、かかわった工作員は三人だと話した。このうち二人が日本の海辺で、海の方に向かって歩いていたところ、彼女がやってきた。自分たちの活動が発覚するとまずいので、拉致したという。写真のような服装（制服）ではなかったと聞いた。船に乗せたら彼女は泣きっぱなしで、そのとき、初めて子どもだとわかったという」

——彼女のその後は？

「彼女は北朝鮮に連れてこられてからも泣きっぱなしで、食事もしなかった。北朝鮮では『なぜ子どもを連れてきたのか』と叱られた。そこで『朝鮮語を勉強したらどうだ。勉強するなら日本に帰してやるし、仕事もある』と持ちかけた。しかし、朝鮮語を話せるようになっても、帰れないので病気になり、大学近くの九一五病院に二回も入院したと聞いた」》

——新聞に出ていない話をお聞かせ下さい。

滋　産経新聞に書いていない点をあげますと、チョンという教官が、その後も何回か日本に上陸して活動していたということです。そのときかれは、自分が連れてきた少女の手配ポスターを記念に持ち帰って、いまも保存していると話したそうです。わたしたちもポスターを持っていきましたので、「これがポスターです」と見せました。しかし元工作員のアン・ミョンジン氏は、「教官から話を聞いただけで、わたしは直接ポスターを見ていない」ということで、確認はできませんでした。いくつか写真も見てもらいました。いちばん最後に撮影した写真、それはいなくなる一か月前ごろ、札幌へ帰るわたしの父を新潟空港で見送ったときのものです。そのときの写真が「よく似ている」といっていました。

アン氏に、「（めぐみたちは）日本の情報はまったく知らないのでしょうか」と尋ねましたところ、「将来工作員になる人に日本の習慣とか日本語を教えているのですから、当然、知っていると思います。現在の日本の情勢を知らなければ、教えることができません。やはり新聞とかテレビを見ていると思います」という返事でした。

——なるほど。

滋　「ある程度チェックして都合の悪いものは見せないかもしれないけど、行き届かないので、きっと親が探しているニュースは聞いていると思う」という言葉を聞いたときは、もしそうだったらいいなあと思いました。

——アン・ミョンジン氏から聞いた話をもう少し思い出していただけませんか。

滋　講堂の図を書いて説明してくれました。（講堂の図を書きながら）ステージに偉い人たちが座っています。前列には学生たちがいます。政治軍事大学の四年生ぐらいになると訓練などに出かけて、数が少なくなっているようです。中程の列のここにメーンの先生たちがいて、この一角に日本人らしい六、七人のグループがいます。向こうの人からみれば、外国人教師ということになるでしょう。

たまたま準備会議の開始が遅れたので、チョン教官が他の教官と雑談をしていたときに、「あそこにいる女性は自分が日本から連れてきたというので、振り返ってみたら、丸顔の女の人がいた。年は二四から二七の間ぐらいだろうと。もしこれがわたしの娘とすれば、当時は二四歳になるんですね。

休憩の時間になり、たばこを吸いに外へ出ていったときに学生の一人が、「日本のどこから連れてきたのですか」と聞いたら、「新潟だ」といったというんですね。

警察庁の元最高幹部のコメント

――日本の当局は相当知っていると思います。

早紀江　なんでいえないのかと思うんですよ。

――なぜか日本政府は情報を長く封印してきています。

滋　この春、『週刊文春』（一九九七年五月一日・八日合併号）に、「警察は北朝鮮工作船の無線を傍受していた」という記事が出ました。めぐみを拉致したのは、どの北朝鮮工作船だったかまで警察は知っていたという警察庁の元最高幹部のコメントが出ています（第12章参照）。

――警察庁の元最高幹部のコメントは、ウソとは思えません。警察は事件の当初から北朝鮮の犯行だと疑っていたのはたしかでしょう。

滋　もし事実とちがえば、警察庁は『週刊文春』に対して抗議をしたと思いますけれど、それはなかったんですね。

――『週刊文春』によれば、北朝鮮の特殊工作母船が新潟の海岸に近づきつつあるとき、新潟県警警備部に警察庁から「ただいまＫＢ（コリアン・ボート）情報が発令された。ＫＢの目標は新潟市周辺と思われる。直ちに沿岸警戒と捜索を開始せよ」という極秘指令が下ったといいます。

早紀江　どうして政府は公表しないのか、わたしには理解できません。

――いちばんの理由は「ヤマ」（第12章参照）の存在を公にしたくないこと。もう一つは世論の動向でしょう。

滋　無線を傍受していたとはいっても、最初の段階ではおそらくわからなかったと思います。たまたまこの時期に北朝鮮の船がいたからといって、それと失踪事件を結びつけるのは、実際問題としてちょっと無理な話ですね。もっとあとになって柏崎とかほかに事件が起きたとき、同じように船がいたのであれば、遡《さかのぼ》ってここはどうだろうかと調べてみれば、もしかしたらその可能性は出たかもしれませんけど。

――どうしてめぐみさんは拉致されたのか、これがいちばん気になっています。石高リポートは、「海岸からまさに脱出しようとしていた北朝鮮工作員が、この少女に目撃されたために連れて帰った」となっています。

滋　わたしも最初に読んだときから、このくだりは気になりました。

――夏ならともかく、一一月中旬の暗くなりかけた時刻に、めぐみさんが自宅を通り越して海岸へ行ったということ自体、すんなりとは信じられないんです。

滋　夜の六時半すぎに、たまたまその日は多少暖かかったんですけど、ほとんどなにも見えない時刻に海のほうへ真っ直ぐ行くというのは、ちょっとわたしたちも考えられなかったんですよ。たとえばあの頃は土曜日も学校がありましたから、土曜日の帰りにちょっと海岸で夕日が沈むのを見るということはあるかもしれませんけど。

——あの日は平日ですし、めぐみさんはバドミントンの練習で疲れていたはずです。家へ帰る途中、海を見に行ったことはありましたか。

滋　それは聞いたことがありません。仮定の話として、めぐみが海岸へ行き、北朝鮮の工作員が脱出しようとしたところへ出くわしたとしても、めぐみにはかれらが北朝鮮の工作員だとわかるはずはないんですね。

——境遇はさておき、「生きていた」というのは明るいニュースです。希望を抱いて頑張って下さい。

早紀江　ありがとうございます。めぐみが帰ってくるまで頑張りますので、ご協力をお願いします。

滋　わたしたちはめぐみだけでなく、拉致された方々が全員帰国できるよう頑張りたいと思っています。よろしくお願いします。

早紀江　北朝鮮の行事をテレビで見るときは、一般人のほうを一生懸命見るんですよ。もしかしてめぐみがいないかと思って。丸顔のあの人が似ているとかいいながら。

滋　似てもいないのに、家内はそういうふうにいうんですよ。

横田夫妻とのインタビューを終えてから一〇日後の一九九七年八月一四日午後、筆者は新潟市水道町を訪れた。新潟駅前から乗ったタクシーの運転手さんは事件を知っていて、目的地に直行した。現場を歩いてまず感じたのは、寄居中学校から横田家の住まいだった旧日銀行舎までは本当に至近距離にあったことだ。また、大きな鞄とバドミントン・ラケットの入ったスポーツバッグが発見されていないのもずっと気になっていた。これまでの拉致事件では遺留品があるのに、なぜ一つもないのか。実行犯たちは連れ去るとき、かさばる荷物は邪魔なはずなのに二つとも持ち帰った可能性が高い（実際にそうだったのが、のちに判明）。果たして偶発的に拉致されたのだろうか、という疑念は現地でますます強まった。

北朝鮮の工作員はバドミントンの強い少女が必要だったのではないか、という推測が護国神社の周辺を歩いていても頭から離れなかった。その後、日本バドミントン協会から資料を送ってもらった。それを見ると、当時、日本のバドミントンは結構強い。世界選手権のアジア地区決勝では韓国をストレートで破っている。決勝対決ということは、韓国もかなり強かったのだろう。北朝鮮はバドミントンの強化を図ろうとしていたのか。

あるいはキム一族の子どもたちのなかにバドミントン好きがいて、そのお相手が必要だったのか。調べたら当時、キム・イルソンには八歳になる孫娘がいた。孫娘のバドミントン相手兼日本語教師兼おもり役として日本の少女を求めたのか。キムファミリーの子どもたちは学校へ行かなかったので、何人かの遊び相手が必要だった。それとも、バドミントンなどまったく関係なく、やはり工作員は何か不都合な場面を目撃されたのか。

護国神社をあとにし海岸へ出た。筆者は新潟県生まれで日本海は数えきれないほど見てきたが、このときほど荒波の向こうの北朝鮮を意識したことはなかった。そこに横田めぐみをはじめ拉致被害者が望郷の念を抱きながら暮らしている。どういう気持ちで日本海を渡ったのだろうか。想像を絶する恐怖心にかられたにちがいない。残された家族の胸中もまた言語に絶する。そのとき脳裏に浮かんだのは「安寿恋しや、ほうやれほ。厨子王恋しや、ほうやれほ」の哀歌だった。

それから歳月は流れ、二〇一四年三月一〇日から一四日まで横田夫妻はモンゴル・ウランバートルを訪れ、二六歳になった孫のキム・ウンギョンと初めて対面した。彼女はキム・イルソン総合大学のコンピューター学科を卒業し、学科の先輩と職場結婚していた。孫の存在を知らされてから一二年、長女が拉致されてから三六年と一〇か月が経ち、滋は八一歳、早紀江は七八歳になっていた。若夫婦には生後一〇か月の女の子がいた。夫妻はひ孫をふくむ一家三人と水入らずで三日間一緒に過ごした。

第14章 北朝鮮の工作員になった元朝鮮総連活動家の告白

朝鮮総連（以下総連）の活動家だったという在日朝鮮人に都内で会ったのは二〇〇四年の晩秋だった。「自分の過去を話したい」といって接触してきた七〇代前半の男性に雑誌編集者だった筆者はつとめて平静を装って応対したが、内心では強い警戒心を抱いた。これは一種の職業的な条件反射のようなもので、向こうから飛び込んでくる情報提供者に対しては例外なく疑ってかかるのが習い性となっていた。

面識のない人物を警戒するのはメディアの世界にかぎらずごく当たり前のことであるが、そういう素ぶりを隠して尋ねたのは、「どうして自分の過去を話す気になったのですか」ということだった。こういうケースの来訪者に対する決まり文句のような質問に男性はこう答えた。

「やはり拉致問題です。総連も旧社会党も、拉致なんてありえないとずっと突っぱねてきたわけです。わたし自身は二〇〇一年一二月、北朝鮮の工作船が海上保安庁の巡視船に撃沈されたとき、もしかしたら、とふいに疑念が生じて、それが日を追ってだんだんと確信に変わっていきました。二〇〇二年九月、小泉（純一郎）さんが初めて訪朝し、キム・ジョンイル（金正日）が拉致を白状しました。わたしの思った通りの結果になって落ち込みました。わたしはいま七三歳ですが、このまま黙って世を去れば、自分が見聞したさまざまなことが闇に葬られてしまいます。それでいいのか、とずいぶん考えたうえでの決断です」

過去を話すことで北朝鮮、あるいは昔の組織や仲間との間で摩擦や諍《いさか》いが生じるかもしれない。その点はどうなのか。

「それは覚悟のうえです。事実、わたしの家内の身内はいま北朝鮮に住んでいます。ですから家内は、わたしがこうしてマスコミに話すことに反対しました。けれども、なんとか現状を打破したいという気持ちに変わりはありませんでした。そして、わたしのあとにつづいてあらたに証言する人が出てきてほしい、ということも考えて、踏み切りました。在日コリアは新しい道を歩んでほしいと思います。未来のためにわたしの過去を話します」

在日コリアということばが耳に残った。これまで何人かの在日朝鮮人と話す機会があったが、かれらが自分たちを在日コリアといったことは一度もなかった。「北朝鮮の現状はひどいですね」というと、男性はつぎのように語った。

「北朝鮮では餓死者がふえています。物乞いがすごいのです。在日コリア、わたしは在日朝鮮人ということばよりこっちのほうが好きですが、在日コリアが北朝鮮を訪問する際、いろんな土産を持っていきます。で、親戚に手渡す前に向こうの官憲に品物をねだられて困っているんです。親戚に手袋とか軍手が喜ばれるので持っていくと、官憲が自分の分だけでなく、部下の分もほしいと。向こうでは軍手も貴重品なんですね。ご存じのように脱北者がどんどん出ています。国民が自分の国を捨てるというのはたいへんなことです。こういう悲惨な現状に、もう我慢がならないのです」

頃合いを見て筆者は、「写真を撮ってもいいですか」と聞いた。「それは勘弁して下さい」と相手は言下に断った。編集者としては公表する場合を考えて、証言者の写真が是非ともほしいところだ。ただ、先方には撮影に応じられない事情、たとえば身内が北朝鮮にいるといったことがあるので無理じいはできない。「この場のやりとりを録音してもいいですか」というと、これはOKだという。録音も拒否されると当然相手への信用度は薄れる。結論からいえば、この点がクリアされたうえ、当人の話や所持品（たとえば乱数表）などから信頼性に確信が持てたので証言を誌面化した（『正論』二〇〇五年二月号に「元朝鮮総連活動家のざんげ録」と題して掲載）。

チョルリマ運動に憧れる

自分の過去を話したいという男性、これからはT・Kとするが、一九三一年に韓国のチョルラブクド（全羅北道）で生まれた。帰国事業の項で同じ傾向を指摘したが、韓国の出身者が総連という北朝鮮系の組織に入るのはごく当たり前のことだった。

「北の組織といっても、メンバーは南の人のほうが多いんですよ。チョルラド（全羅道）やキョンサンド（慶尚道）の出身者が多かったと思います。南の当時のイ・スンマン（李承晩）大統領は米帝国主義の傀儡だといわれていたんです。それでキム・イルソン（金日成）の大衆動員のスローガンであったチョルリマ（千里馬）運動に憧れたんですね。千里を一瞬にして走るなんておとぎ話のようなものですが、本当の祖国は南よりも北ではないかと感じたわけです。キム・イルソンの英雄伝を好んで読みました。あの頃はキム・イルソンの活動や思想に感動しました」

Ｔ・Ｋは四歳のときに母親、五歳で父親を亡くしたため韓国を離れ、日本にいた実姉のもとに身を寄せた。東京の深川で子ども時代を過ごし、旧制山形中へ入った。左翼運動に目覚めたのは旧制中学に在学していたときで、「中学生というのは多感なときですね。戦争が終わった途端、昨日まで米英撃滅と叫んでいたのがアメリカ文化を礼賛している。そんなときに学校の先生から、『お前には自分の祖国があるんだぞ』といわれ、歴史に興味を持ち始めました。民族というものに芽生えたんですね。学校を代えようと思いました」。転校したのは、東京・北区にある東京朝鮮中学だった。

終戦直後の一九四五年一〇月一五日、東京の日比谷公会堂で在日本朝鮮人連盟（「朝連」）が結成された。朝連を指導したのは日本共産党（日共）で、朝連は日共の別働隊といってよかった。四九年九月、朝連は暴力団体と認定され、解散に追い込まれた。一九五〇年六月二五日、朝鮮戦争が勃発した直後に朝連の残党を中心に在日本朝鮮統一民主戦線（民戦）が結成された。マルクスをかじっていたＴ・Ｋは朝連系、つぎに民戦系の青年グループに参加し、次第に武闘派の活動家として頭角を現わしていった。

民戦の若者たちは民愛青（民主愛国青年同盟）という組織をつくった。その民愛青のなかに祖国防衛隊が結成された（かれらは祖国防衛隊を略して祖防隊といった）。祖国防衛隊の結成を背後で操っていたのは日共で、後方攪乱《かくらん》によって北朝鮮の戦況を有利にしようという意図があった。

「朝鮮戦争が起こると、やっぱり若い人たちですよね。祖国をオレたちで守ろうと。あのときは祖国ということばに飢えていました。われわれの祖国に日本から武器弾薬を持っていく。そんなことを許せるか。場所はどこだ。立川基地だ。それじゃ立川へ攻め込もうと、そりゃ血気にはやっていました。祖防隊は朝鮮戦争直後にできたもっとも危険な実行部隊で、もうテロ集団といっていいでしょう。交番に火炎瓶を投げつけたり、立川基地に行って武器や弾薬を朝鮮半島へ運ぶのを阻止しようと、妨害行動をとったりしていました」

祖国防衛隊のなかにはいくつかの分隊があった。T・Kは朝鮮戦争が起きた六月二五日にちなんだ名前の六二五部隊というのに属していたが、これはとりわけ過激だった。

「わたしは六二五部隊の副隊長でした。勇敢なる青年ということで持ち上げられていたんですね。それで、だんだんと組織内部で力をつけていきました。専従みたいなものです。昼間はほとんど何もしない。夜、集会があるとごそごそと集まるんです」

血なまぐさい時代だった。新聞種にこそならなかったが、テロ計画が日常茶飯事のように企てられ、ときには犠牲者も出た。大半は事実が明るみに出ることもなく闇のなかに消えていった。朝鮮戦争の特需で日本は景気を回復したが、その陰で日本もまた戦時下のようなきわどい状況下にあったということだ。その具体例の一つをあげれば、かれらは新宿駅で貨物列車を爆破しようとした。

「当時、新宿駅南口の近くに組織の事務所がありました。あさの六時半、そこに集合して七時には決行しようと、用意万端ととのえていました。あの日はほんとに死ぬ覚悟でした。ところが、武器弾薬を持ってくるはずだった隊長が来ないんですよ。ああ、裏切られたと思いました。隊長はあとで殺されましたね。

けれども、罪悪感はまったくありませんでした。われわれは祖国のため、わが民族のために闘っているのだ、という高揚した気分にひたっていました。交番とか基地ばかりでなく、民団系の要人や企業に対する嫌がらせもしていました。いま考えれば、あれはまちがいなくテロでした」

過激な行動に走る民戦に対して批判の声が高まった。民戦批判は、言い換えれば日共批判であった。キム・イルソンは日共から民戦を引き離すことを画策し、ハン・ドクス（韓徳銖）をピョンヤン（平壌）へ呼び寄せた。

「民戦組織に対してハン・ドクスがペク・スボン（白秀峰）というペンネームを使って論陣を張っていくんです。論点の要旨はわれわれ在日朝鮮人は北朝鮮のキム・イルソンの指導を受けよう、ということです。その頃、キム・イルソンが、『わが国は地上の楽園であり、国民は屋根のついた家に住み、白いご飯と牛肉入りのスープを食べている』といっていると。それに比べて、在日コリアは悲惨な生活状態でした。働き口はほとんどなく、やっと収入を得てもドブロクやヒロポンで憂さを晴らすというその日暮らしでした。だからハン・ドクスの主張に共感する人たちは多かったのです」

一九五五年、日共から朝鮮人党員が大挙離脱し、これを契機に在日本朝鮮人総連合会（総連）が誕生し、五月二五日に浅草公会堂で結成大会がひらかれた。このとき二三歳のT・Kは、初代の総連議長に就任したハン・ドクスのボディーガードとして隣りに座った。「何があっても議長を死守せよ」といわれていたT・Kは五月というのに緊張感で汗びっしょりだった。ハン・ドクスは敵が多く、いつ襲撃されるかわからなかったからだ。

ハン・ドクスは二〇〇一年に九二歳で病死するまで総連の終身議長として君臨した。毀誉褒貶《きよほうへん》相半ばする人物の指導下で総連は飛躍的に勢力を拡大した。総連は傘下に商工連合会、女性同盟、朝鮮新報社といった団体や事業体などを多数擁していた。T・Kの活躍の場は、総連の実戦部隊の中核ともいうべき青年同盟（朝鮮青年同盟）であった。

代々木の共産党本部に怒鳴り込む

民戦の解散で祖国防衛隊は消滅したが、メンバーの多くは青年同盟に入った。かれらは祖国防衛隊の武闘精神を受け継ぎ、その影響で青年同盟には荒っぽい気風がみなぎっていた。総連は北朝鮮に批判的なメディアなどに対して敵意を丸出しにし、すこしでも攻撃材料があれば執拗な抗議行動を繰り返した。その中心となったのは青年同盟で、まだ友好関係にあった日共にも遠慮がなかった。

「若いころの不破哲三さんをよく知っていますよ。青年会館の落成式には宮本顕治さんも来て、一緒にたる酒を割りました。(日共とは)いい関係にあったけれど、わたしは一度、代々木の共産党本部に怒鳴り込んだことがあります。『赤旗』の記事に『朝鮮人民共和国』というのがあったのです。これはけしからんと。校正をすれば、すぐわかることですから。わたしは議長のハン・ドクスに注進したんですよ。友党であるわが祖国の名前をまちがえるとは断じて許せないと。そうしたら、ハン・ドクスが『お前、抗議して来い』というので代々木に乗り込みました」

朝鮮民主主義人民共和国から肝心の民主主義が抜けていたのだから日共も弁解の余地がなかったのだろう、幹部の上田耕一郎がT・Kに面会し謝罪した。また、百科事典のなかに「豊臣秀吉、朝鮮征伐」ということばをみつけたT・Kがやはりハン・ドクスの指示で、「征伐とはなんだ。冗談じゃない。あれは侵略ではないか」と出版社へ押しかけたこともあった。このときは百科事典の編集にかかわったのか、私大の総長がT・Kに会って釈明した。

総連は各メディアの北朝鮮という表記にも噛みついた。「北朝鮮なんて国はない」という総連の強硬な抗議に抗しきれず、新聞は「北朝鮮(朝鮮民主主義人民共和国)」とわざわざカッコして正式名称を表記し、放送はその都度いちいち「北朝鮮、朝鮮民主主義人民共和国」と繰り返した。気骨ある一部の新聞や放送はやがて北朝鮮一本に戻ったが、大半のメディアは律儀にも長期に渡って二本立ての呼称をつづけた。

行動力のあったT・Kは青年同盟の宣伝部長に抜擢され、つぎに人事を担当する組織部長を命じられた。上部組織である総連の人事部長はすでにふれたキム・ピョンシク（金炳植）だった。ふくろう部隊のメンバーは青年同盟から選ばれた。有能なメンバーを引っこ抜かれたT・Kは不満だった。

T・Kは組織部長兼務で副委員長になったが、一九七〇年に総連を離れた。青年同盟委員長を目前にしながら、なぜ組織を去ったのか。「キム・ピョンシクと意見が合わなかったのです。キム・ピョンシクは議長のハン・ドクスの威光を借りてやりたい放題のことをしていた。かれのおかげで総連の内部がガタガタになるんです」とT・Kはいったが、その後、ハン・ドクスと意見が合わなくなったキム・ピョンシクは、ドンによって体よく北朝鮮へ送り出された。そのキム・ピョンシクをキム・イルソンは北朝鮮の副主席に抜擢し、在日社会を驚かせた。もっとも副主席といっても名誉職のようなものだった。

「党が呼んでいる」に感激し密出国

「じつは、わたしもひそかに北朝鮮へ行ったことがあるんです」といくぶん声を落としてT・Kはいった。ひそかに、ということは要するに密出国である。不法行為の経緯をかれは淡々と語った。一九七二年、総連から離脱して一年半ぐらい経った頃だが、祖国防衛隊にいた頃の先輩から、「お前、いま何をしてるんだ」と、突然の電話があった。再会すると、「お前、どうして総連をやめたのか」といわれた。「キム・ピョンシクと意見が合わなかったのです」というと、「ああ、お前もか」と納得したふうだった先輩は、「お前さんの勇気を買って来てもらった。非常に大切な話だ」と切り出し、「党がお前を呼んでいる」とおごそかにいった。もう自分は朝鮮労働党とも総連とも無関係な人間と思っていたT・Kは、祖国の党が自分を必要としているというひとことに血が燃えたぎるほど興奮し、感激した。

「祖国へ行って、どういうことをやるんですか」と聞いたが、「それはあとで教える」とかわされた。しかし、頼りにされたことに感動したT・Kは先輩の話に乗った。密出国の決行は一九七二年の真夏、終戦記念日の直後で、北朝鮮へ向かったのは島根県寄りにある山口県阿武郡須佐町の海岸からだった。その手順には、スパイ映画のような芝居がかったところがあった。

山陰本線の須佐駅で降りて、打ち合わせ通り駅の公衆トイレに入った。するとトイレの外から「田中さんですか」という声があった。「はい、田中です」といったら、「ご苦労さまでした」という返事があった。これは事前に聞いていたお互いの身分確認の合図であった。そのとき自分に田中という名前がつけられたのは、この年の七月に田中角栄が総理大臣になったからだろうとT・Kは推察した。

出迎えた人物の顔に見覚えがあった。名前はわからなかったが、かつて祖国防衛隊のメンバーだったのだ。これは気になる点だったので、「祖国防衛隊の流れを汲む過激派の一部が、拉致事件になんらかの形でかかわっている可能性がありそうですね」と尋ねると、「わたしもそう思います。北の工作員に協力していた可能性は十分あります」とT・Kはうなずいた。

須佐の辺り一帯はもう薄暗くなっていた。祖国防衛隊の元隊員が海岸ぶちまで案内し、「くしゃみや咳をするといけないから」と浅田飴をくれた。そして、「この方向へ行きなさい」といった。その先に岩場があった。何時何分、向こうのほうから岩を石で三回、トン・トン・トンとたたく。で、「田中さんですか」というから、「そうです」といってトン・トン・トンと、こちらも石で三回たたきなさいと、元隊員は合図の仕方を教えて帰っていった。

海岸の教えられた場所で待っていると、教わったようにトン・トン・トンと岩をたたく音がして、「田中さんですか」という声がした。「そうです」といってT・Kもトン・トン・トンと合図を送った。合図を二回繰り返すと、間もなくごそごそと真っ黒な潜水服を着た二人の男があがって来た。握手を交わしたあと、待機していたゴムボートに乗ったT・Kに、「先生、ご苦労さまでした」とかれらは挨拶した。

拉致被害者もまた海岸から連れさらわれるとき、まずゴムボートに乗せられた。T・Kは希望に燃えてまだ見ぬ祖国へ船出するのだから、拉致被害者とは天と地ほどの差がある。化けものような男どもに無理やり麻袋に入れられて、一体、暗い海上でどんな気持ちにかられていたのであろう。拉致被害者の恐怖感は想像を絶する。そんなことを口にすると、「ほんとにそう思います。罪深いことをしました。拉致事件がはっきりしたとき、わたしも自分のことを思い出し、きっとああいうふうにして連れて行かれたにちがいないと想像しました」とT・Kは声を落とした。

沖合にモーターボート（小型特殊工作船）が待機していた。T・Kはモーターボートに乗り換え、ゴムボートは海岸へ引き換えした。モーターボートはさらに遠く離れた沖合にいる特殊工作母船を目指して突っ走った。母船に近づくとモーターボートは起重機で甲板にあげられ、T・Kはキム・イルソンの肖像画が飾ってある畳二畳の部屋へ案内された。

二日と半日かけて着いたのは北朝鮮のチョンジン（清津）港だった。日本人拉致の前線基地があったところだ。チョンジン港まで二日と半日もかかったのは、漁船を装った工作船は夜しか動かないからだ。

「昼間はイカ釣り船のような格好をして、日本の旗をかかげているんです。母船は夜になると走り出しますが、速いですよ。いや、その速度にはビックリしました。それが一晩中走るんです。で、チョンジンの港に入ったら、ものすごい雨なんですよ。一晩泊まって、つぎの日はピョンヤン（平壌）まで汽車で行きました。特等車です。大事に扱われたわけです」

ピョンヤン駅には窓ガラスにスモークがかかったベンツが待っていた。テソンサン（大城山）の朝鮮中央動物園の近くを通って宿泊先の招待所まで四〇分ほどかかった。キム・イルソンの実家があるマンギョンデ（万景台）からそう遠くないところだった。招待所の前には歩哨《ほしょう》が立っていて、T・Kらが入っていくと敬礼した。労働党幹部が出迎え、「ご苦労さまでした。あなたのことはよく知っています。なんでも遠慮なくいって下さい。ここにはひと月くらいいることになると思います」と丁重に挨拶した。

幹部が去ると、案内人が「首領様に差し上げるものを準備してきましたか」といった。T・Kは用意してきたパイロット万年筆を出した。しかし案内人はパイロット万年筆に不服だったようで「ペリカンの万年筆はありませんか」と尋ね、「アリナミンもいいんですけれど」といった。キム・イルソンが高級万年筆のペリカンやアリナミンの贈りものを期待しているはずはなく、要するに自分がほしかったのである。食糧事情の悪い北朝鮮で、栄養のバランスをとるビタミン剤は貴重品だった。

招待所は平屋で玄関を入ると、右手が食堂で左手に学習室、その奥が寝室だった。屋内に映写室、屋外に射撃練習場もあった。招待所の客人はT・Kだけで、世話をするおばさんが一人いて、食事の世話などをしてくれた。ほかに男の付き添いが二人いた。「待遇はよくて、朝飯、昼飯、夜の飯、どれもごちそうでしたし、酒も飲み放題でした。付き添いがけっこう飲むんですよ」。

結局、T・Kは招待所に四〇日ほど滞在したが、どういう日課だったのか。「あさ起きて体操をし、周辺を散歩します。どこへ行くときも付き添いがついてきました。食事を済ませたあとは、いろんな先生が来て話をしていきました」。

講師の多くは、「あなたはたいへんな愛国主義者です。あの困難な時代によく頑張りました。祖国防衛隊に入って命を投げ出してまでわが共和国のために尽くそうとした気概に対して、おおいに尊敬しています」といった具合にT・Kのこれまでの活動歴をあげてやたらとほめた。脅しとほめことばは洗脳教育の常套手段だった。

拉致指令を手渡されて

T・Kには招待所生活が始まる当初から、自分は工作員に仕立てられるかもしれないという予感と覚悟があったのだろうか。「最初はわかりませんでした」とかれはいった。あくまでも北朝鮮シンパの勇敢な在日の活動家を育成するために自分は招かれ、選良にふさわしい研修を受けると思っていたというのだ。ノーテンキといわれればそれまでだが、ここはそう感じさせなかった北朝鮮側の巧妙さに注目すべきだろう。

「しかし、だんだん、どうもおかしいなと思い始めたのです。たとえば二〇世紀の革命という講義があります。革命は軍を掌握しなければならないといった話から韓国の内情、地下ケーブルの破壊の仕方へとエスカレートしていきました。ひょっとしたら自分を工作員にして南朝鮮へ送り込むつもりかな、と思いました。そのうちにモールス信号まで教えてくれる。ここまでくれば、もうはっきりわかります」

そこでT・Kは自分のほうから、「南朝鮮に行けってことですか」と単刀直入に問い質した。「まだ、そこまではいってない。ただ、そのために準備してほしい」という返事だった。これで工作員養成という目的がはっきりしたが、なぜ在日朝鮮人に目星をつけたのか。端的にいえば、自国の工作員を韓国へ送り込むのは具合が悪かったからだ。というのは一九七二年七月四日、和解ムードのなかで南北双方はそれぞれの工作員潜入をやめることで合意し、共同声明を発表していた。その手前、在日ならバレても言い逃れができると考えたのだろう。いずれにしても北朝鮮が南北合意の約束を守っていなかったのがT・Kの証言からわかる。

招待所に来てから一〇日ほど経った頃、「南朝鮮のF先生をよく知っているそうですね」といきなりいわれた。北朝鮮はついに本性を表わしたのである。Fというのは韓国の土木学界で名前の知られた人物だった。「わたしらは朝鮮中学校の同級生でした。仲がよかったのです。かれは日本の大学で学んで韓国の有名私立大学の教授になりました。橋梁などの設計では日本でも大きなプロジェクトに参加しています」。びっくりしてT・Kは身震いしたにちがいない。具体的な指示、たとえば「南朝鮮のFをかどわかして共和国へ連れてこい」といった言い方だったのか。

「いえ。そのようなはっきりした言い方はしません。だけれども、ニュアンスとして向こうがそう望んでいるのはすぐわかりました。橋の技術者が欲しかったのでしょう。あまりにも破壊されたじゃないですか、向こうは。設計資料もほとんどないはずです。その点、Fさんはかれの右に出るものがいないくらい資料などをもっている。チョン・ドファン（全斗煥）大統領に直々に呼ばれて話をするほどの権威でした」

では、日本国内での拉致活動を含めてなんらかの対日工作の指示はあったのか。これはもっとも知りたい点だったが、「日本人の拉致などについては何もいわれていません」とT・Kはさらりといった。北朝鮮がT・Kに期待したのは、とりあえずは橋の技術者だった。

日本へ戻るとき、現金で三〇万円ほどを渡された。「これを活動資金にして下さいと。通信機器などもこれで買え、ということですね。超短波のラジオはかならず必要ですね。洋服もくれました」。また、「あなたが日本に帰ったら、ラジオで暗号を送ります。モランボン（牡丹峰）があなたの暗号名です」ともいわれた。北朝鮮は短波放送で意味不明の数字を流して海外の工作員に指示を出していた。T・Kの場合でいえば、放送のなかでモランボンとくれば自分あてなのでラジオから発信される数字を書き写し、乱数表で解読するという仕組みだ。

日本への帰路の接線ポイントは下関だった。かれらはこまごまとした注意を与えた。日本に上陸したら、酔っぱらいのふりをしろとか、警察官に尋問されたときの答え方まで伝授した。「ウイスキーのトリスを一本くれました。酒の匂いをさせていけ、というわけです。また、朝鮮労働党との連絡を密にしてほしいというわけです。と同時に、なにか危険なときがあったとしても、一切ばれないように始末してほしいと。乱数表などは最初から地下に埋めときなさいと」

当然、帰国後もずっと見張られていたにちがいない。「おそらく、そうでしょう」とT・Kもうなずき、「わたしに指令を出した人間の上に、さらにまた命令を出す人物がいるんですよ。姿を見せないこっちのほうが司令塔であり、ほんとのくせ者ですよ」といった。

案の定、某日、陰の司令塔から拉致指令が下った。まずT・Kはマンギョンボン（万景峰）号で新潟港に着いた人物と都下の井の頭公園で会うよう指示された。落ち合うとその人物は、「祖国のほうでお前さんに頼みたいことがここに書いてある」といって暗号で書かれた指令書を手渡した。

やはり韓国のFに関することだった。その先をT・Kは言いよどんだので、「要するに、早

T・Kが見せてくれた乱数表。これで数字の羅列を解読する

くFさんを北朝鮮へ連れてこい、ということですね。向こうは、大金をかけて工作員にしたのだから決して忘れていません」と話をつなげると、「咄嗟《とっさ》に、これはやるべきじゃないと思いました。しかし、とにかく韓国へ行ってFさんに接触してみようという気にはなったのです」といった。

韓国生まれといってもT・Kには韓国にツテがまったくなかった。まして総連の元活動家だった人物が訪韓すること自体、そうかんたんではなかった。そこで民団系の知人に相談したところ、祖国訪問団というのがあるからそれに申し込んだらよいとアドバイスされた。

一九七九年四月、T・Kは団体にまぎれて訪韓し、Fが在籍する大学に電話し、再会した。これを契機に付き合いが復活し、Fは来日した際、T・Kの自宅に立ち寄るまでになった。そこで話は止まったので、「結末はどうなったのですか」と尋ねると、「北朝鮮の望み通りにはならなかった、ということです」といった。

最後に、「Fさんに拉致指令があったことを打ち明けましたか」と聞いた。「いえ。だれにも話したことはありません。わたしも旧友の人生を狂わせることもなく、ほんとによかったと思っています。これは人間のやることじゃないと思ったんです。相手は家庭を持っています。子どももいます。父親がいなくなったら、子どもはどんなにさみしがるでしょう。わたしは小さいときに両親を亡くしましたので、親のいない子どもの気持ちはよくわかっています」としんみりとした口調でいった。T・Kが拉致指令に従わなかったのは事実であろう。だからこそ、こうして過去を告白できたのだ。

第15章 帰国者九万人とよど号犯九人の扱われ方

　拉致事件とはまったく逆のケースがある。九万人を超える在日朝鮮人とその家族が集団で北朝鮮へ渡ったいわゆる帰国事業と、東大の医学生など赤軍派の九人が日航機をハイジャックして北朝鮮へ強行着陸したよど号乗っ取り事件だ。まったく異質な二つの出来事に関連性はないが、キム・イルソン（金日成）にすれば、向こうのほうから飛び込んできたという点で共通していた。どちらも当初、対処の仕方についてキム・イルソンは当惑した。

　キム・イルソンにとって帰国事業はまさにタナボタであった。キム・イルソンはこれによってもたらされた人材と労働力、技術力と企画力、人脈と金脈などを存分に活用し、自分の体制を堅固にしていった。その陰で数々の悲劇があった。満足感を得られたのはごく一部に過ぎず、大半の帰国者は失望し、やがて絶望した。

　一方、よど号グループには破格の待遇が与えられ、かれらは桁外れの生活を享受した。かれらは北朝鮮に対してそれに見合う貢献をしていたのであろうか。冷遇と厚遇、それぞれの扱われ方は、あまりにも対照的であった。帰国者とよど号犯に接点はないが、一点だけ共通項がある。それぞれの人生はキム・イルソンのさじ加減一つに左右されていたことだ。

一通の手紙から始まった帰国事業

一九五八年八月一一日、日朝両国に大きな影響を与えることになった小さな集会が川崎市でひらかれた。そのときは、だれひとりとして集会の広がりと将来の展開を予感することはなかった。集まったのは、川崎市やその近辺で暮らす在日朝鮮人で、かれらの多くは北朝鮮へ渡るのを夢見ていた。この集会で出席者の間から、自分たちの夢を実現するためにキム・イルソンへ直接手紙を出そうという提案があった。参加者の多くがうなずき、さっそく世話人が要請文をしたためてピョンヤン（平壌）の主席官邸へ送った。この一通の手紙から帰国事業は始まった。

川崎市から生じた波紋は全国に広がり、その後あちこちで北朝鮮への帰国を推進する運動が繰り広げられた。キム・イルソンは日本発の情報を入念に分析し、どう対処すべきかを慎重に検討していたが、将来の展開が読めず迷った。どういう人物がどれだけやってくるのか、皆目見当がつかないのだ。九月八日、キム・イルソンはピョンヤンでひらかれた建国一〇周年記念の式典で、在日同胞を歓迎すると明言した。ルビコン川を渡ったユリウス・カエサルほどの覚悟で決断したのだ。

帰国事業は、帰還事業ともいわれるが、日本から見れば出国事業ともいえる。この分野の研究で知られるオーストラリア国立大学教授、テッサ・モーリス・スズキの『北朝鮮へのエクソダス――「帰国事業」の影をたどる』（田代泰子訳）という書名のエクソダスは退去とか、出国といった意味だ。北朝鮮へ渡った人々の胸中もさまざまだった。帰国という表現がぴったりの人もいれば、出国のような気分の人もいた。ちなみに北朝鮮側から見れば、かれらは帰国同胞ということになる。

帰国事業の事業には、慈善事業のような社会に大いに貢献するという意味合いが込められていた。たしかに初めの頃は、人の心を奮い立たせるビジョンがこのプロジェクトにはあった。バスに乗り遅れては一生の不覚といった雰囲気が高まる一方で、雑多な組織も入り乱れてうごめいていた。まったく肌合いのちがう組織が同じ思惑で一致していたり、あからさまに金儲けをたくらむ向きもあった。また、帰国者が日本に残していく財産を狙う者もいた。

帰国者が残していった財産は、一体、どのくらいあったのか。莫大な額になるが、だれがどう処分していったのか、それを知る者も記録もない。たしかなのは、帰国事業によって朝鮮総連（総連）の基盤がより強固になったことである。筆者は以前、帰国者が日本に残した不動産を管理する会社に勤務していた在日朝鮮人からこんな話を聞いたことがある。

「帰国者の場合、不動産の管理を自分でやるのと、そうじゃないのがあるんです。帰国者の不動産管理をやっているときに、あるカラクリに気づいたんです。というのは、帰国者が残していった不動産などが総連幹部の個人名義になっているんですね。名義を移し替えているわけですよ。これはまずいですよ」

帰国者に対して総連幹部が財産を寄付させた例もある。「財産を寄付すれば、向こうでいい待遇を得られる」といわれて、幹部の口車に乗ってしまった人もすくなくない。寄付をした帰国者のなかで納得のいく待遇を受けた人は、おそらくごく少数であろう。

意外にも大半は南の出身者

一九五九年一二月から八四年七月までに九万三三四〇人が北朝鮮へ渡った。六〇万人といわれた当時の在日のおよそ一六％にあたった。そのなかに約六七〇〇人の日本人がいた。大半は配偶者で、のちに日本人妻の哀話が伝わってくるようになった。少数ではあったが、日本人の夫もいた。意外にも南の出身者が多数を占めていた。帰国者の大半は韓国生まれ、あるいはその二世、三世で、北朝鮮出身はごくわずかであった。

どうして高度経済成長を目前にした日本を捨てて貧しい北朝鮮へ飛び込んでいったのか。「豊かな日本、貧しい北朝鮮」がステレオタイプになっているなかで育った人たちにはそういう疑問もあるはずだ。南北の経済格差がひらきすぎてしまった現在、日本から韓国へ行くというのならまだしも、日本から北朝鮮へというのは若い世代にわかりづらいであろう。韓国統計庁の発表によれば、二〇一〇年の名目国民総所得で韓国の一兆一四六億ドルに対して北朝鮮は二六〇億ドルにすぎなかった。南北の経済格差はじつに三九倍だ。しかし帰国事業が盛んだった一九六〇年代から七〇年代にかけての北朝鮮は、韓国より豊かだった。

また、日本社会の空気が帰国事業に拍車をかけた。一九六〇年代や七〇年代の日本の北朝鮮にかんする評価は、現在とはずいぶんちがっていた。至るところで桃源郷のような北朝鮮が喧伝され、「北朝鮮は地上の楽園」といったキャッチフレーズが飛び交った。政治家や識者、メディアの多くは北朝鮮に好意的で、韓国に冷淡であった。たとえば月刊誌『世界』に一九七二年から約一五年間連載された韓国人学者がT・K生という名でつづった「韓国からの通信」のパク・チョンヒ（朴正熙）政権批判は執拗で、嫌韓に満ち溢れていた。

筆者はかつて総連傘下の組織の元幹部に、「帰国事業の狙いは何だったのか」と聞いたことがある。その人物は、「いろいろあったと思いますが、厄介払いという面もあったと思います。当時の在日朝鮮人のなかには定職を持たない人間が大勢いました。密造酒やヒロポンを売る人間、借金で首が回らない人間など、われわれ朝鮮人の名を汚すようなのがごろごろいたわけです。そういう人間を返そうと」といった。予想外の返答だったので、いまもよく覚えている。いずれにして、さまざまな思惑が交差していたのはたしかであった。

双方に強烈な違和感

一九五九年一二月一四日、第一次帰国船は街宣車が怒声をあげるなかを、九七五人を乗せて新潟港を出港した。騒然とした雰囲気は、帰国事業の複雑さのあらわれであり、将来の悲劇を予見するようでもあった。帰国船が到着したチョンジン（清津）港には、日本からの乗客を迎える歓迎委員の一人、オ・キワン（呉基完）が待ち受けていた。オ・キワンは在日帰国同胞歓迎委員会の委員長だったキム・イル（金一）副首相の補佐官だった。

オ・キワンはのちに脱北し、韓国ＫＢＳテレビの解説委員になった。テレビ局を退職後、評論家となっていたオ・キワンを朝日放送報道局の石高健次プロデューサーが取材した。石高の『金正日の拉致指令』によれば、日本からの帰国者を迎えたオ・キワンは立派な服を着て、両手に一杯荷物をもった帰国者たちの姿に驚いた（一三四頁）。

チョンジン港には、約二〇〇〇人の北朝鮮の民衆が出迎えに来ていた。かれらもまた帰国者たちの小奇麗な身なりに衝撃を受け、遠来の客人に抱いていた憐《あわれ》みの情をどう始末していいか、うろたえた。北朝鮮社会では、資本主義の日本は貧しい国と見られていた。したがって多くの民衆は地獄のような国から逃げてきた可哀想な人々を温かく迎えようと、同情心にあふれて港に来ていた。憧れの北朝鮮へ到着した帰国者のほうも、同じようなショックに襲われていた。出迎えてくれた人々の服装などから、この国の実情がひと目でわかったのである。

二〇一四年三月二四日の朝日新聞朝刊に載った京都府出身の七一歳になる脱北女性の証言が生々しい。それによれば、一九六〇年、女性を乗せた帰国船がチョンジン港に着いたとき、みすぼらしい港で、「下りるな！　その船で日本に帰れ！」とだれかが叫んでいた。先に行っていた同級生たちだったという。

初対面でそれぞれが抱いた強烈な違和感は、その後の帰国船の到着ごとに蒸し返され、消えることはなかった。それでもキム・イルソンみずからチョンジン港へ出向いて帰国者たちを迎えたときは双方ともに感動し、にこやかな笑顔を振りまく主席に目を輝かせた。迎える側と迎えられる側がともに胸を弾ませ、気分が高揚したのは、このときだけだった。

オ・キワンによれば、帰国者の就職先は北朝鮮当局によって一方的に決められた。大半は地方へ送られ、農場や鉱山、炭鉱などに配属された。かれらの多くは悲惨な生活に苦しめられた。運よくピョンヤンに住めたのは全体の五％にも満たなかった。絶望し日本へ帰してくれと懇願する帰国者もいた。しかし、だれ一人許されなかった。

階級社会である北朝鮮には、忠誠心の高い特権グループ（核心階層）、中間層ともいうべき一般グループ（動揺階層）、危険分子グループ（敵対階層）があって、それぞれに分けられることはすでに述べた。帰国者の多くは中間の動揺階層に振り分けられた。動揺階層から核心階層へ上がるのは至難の技であり、いったん敵対階層に転落すれば原状復帰は難しく子どもや孫も自動的にその階層に組み込まれた。

資産があり、総連で一定の地位をもった人の一族は核心階層としてピョンヤンに住み、ピョンヤンの大学で学び、社会的待遇もよかった。動揺階層や敵対階層の帰国者は気心の知れた人に一杯食わされてしまった自分たちの無念を打ち明けた。かれらの攻撃の矛先は、日本にいる総連幹部に向けられた。北朝鮮当局は、動揺階層や敵対階層の帰国者を長年にわたって監視した。

「去るも地獄、残るも地獄」というが、日本に残った家族も災難に遭った。帰国事業の悲惨は、少数の例外はべつとして帰国した九万人の大半が北朝鮮の人質のような境遇におかれたことであった。挙句の果てに帰国者は日本からカネやモノを吸い上げるマシーンのような立場におかれた。そのために日本に残った肉親、親族は帰国者からの無心に泣くことになった。無心はときには組織的におこなわれ、すさまじいまでに徹底していた。

日本からは、帰国者の生命や生活を守るためにカネやモノが大量に送られた。それは際限もなくつづき、のちのちまで日本に残った家族を苦しめた。在日三世のシン・スゴ（辛淑玉）の『鬼哭啾啾――「楽園」に帰還した私の家族』に帰国者から届く無心の手紙へのやるせない思いがつづられている。鬼哭啾啾《きこくしゅうしゅう》とは、大辞泉によれば、「亡霊の泣き声がしくしくと聞こえるさま」という。シン・スゴの祖父と叔父は第一二九次船で北朝鮮へ渡った。

日本に残った祖母は太っ腹で面倒見がよく人に好かれた。若い頃のシン・スゴは祖母のかたわらで字の読めないハルモニ（おばあさん）たちのためにたくさんのたよりを代読した。北朝鮮にいる夫や子どもからの手紙で、彼女たちは一喜一憂しながら聞いていた。どの手紙も最初の頁は北朝鮮を賛美し、幸せに暮らしているとつづられていた。手紙の二枚目からは、「あれを送ってほしい」「これを送ってほしい」という無心だった。

何を送ってほしいのか。彼女たちは何度も手紙を読んでもらった。字の書けない彼女たちは耳をそばだて必死になって頭に刻んでいた。そして、貧しい生活のなかから工面して依頼された品物を几帳面に送りつづけた。それが家族の命を守ることに直結していたので、だれもが真剣だった。シン・スゴの祖母にも無心の手紙が来ていた。息子の代理人からで、結婚したという知らせだった。その後、息子と結婚した女性からさまざまな無心をする手紙が定期的に届いた。

あるときの手紙は、「ネッカチーフ三〇〇枚、セイコーの時計六〇個、ストッキング一〇〇足、サッカリン××キロ、トラクター二台、自転車一〇台に修理道具などと、その要求は桁はずれなもの」（四四頁）だった。ほんとうに叔父からの手紙かどうかわからなかったが、祖母は手紙が来ると喜んだ。そして、私財を売り払っても要求された品物を送りつづけた。

一体、帰国事業とは何だったのだろう。多くの人々が幻想に惑わされ、悲惨な運命に巻き込まれていった。そして結果として日本から北朝鮮へ大量のヒト、モノ、カネが移動した。矢継ぎ早に届く無心の手紙に応じて北朝鮮へ送られた品物を金銭に換算すれば、天文学的な数字になるはずだ。

結局、帰国事業は人材や資金の流入でキム・イルソン体制を強固にしたうえ一族の繁栄に貢献し、その周辺に群がった権力おこぼれ層の権益をふやしたプロジェクトにしか過ぎなかった。そのうえ長期に渡って無心ルートを構築し、日本の在日社会から吸い取った。お家芸のような北朝鮮の人質作戦で、帰国者と日本に残った家族ほどに利用された例はほかにない。

北朝鮮に無知だったよど号犯

一九七〇年三月三一日、羽田発福岡行き日本航空ボーイング七二七、通称よど号が離陸直後に、田宮高麿（当時二七歳）をリーダーとする赤軍派九人にハイジャックされた。石田真二機長のほか乗員、乗客一二九人が乗っていた。かれらは北朝鮮へ行くよう要求した。いったん福岡空港に降りたよど号から子どもや老人二三人が解放された。

ふたたび飛び立ったよど号は、北朝鮮ではなくソウル郊外のキンポ（金浦）空港へ向かった。キンポ空港は韓国の配慮でピョンヤン空港を装っていたが、赤軍派に見破られた。山村新治郎運輸政務次官が身代わりとなり、ようやく乗客らは自由を取り戻した。そのなかに聖路加国際病院の日野原重明内科医長がいて、のちにつぎのように述懐している。

「飛行機が富士山の真上を飛んでいたとき、日本刀をもった一団からハイジャックの宣言を聞き、たいへんなことになったと胸騒ぎがした。ハイジャック三日目に機内放送があり、山村新治郎代議士が乗客の身代わりになって赤軍とともに北朝鮮へ出発することが伝えられた」（産経新聞二〇一〇年三月三〇日朝刊）

緊迫した機内で乗客のひとりが、「ハイジャックとはどういう意味か」と質問した。田宮高麿はこの質問に答えられなかったので、日野原重明は、「ハイジャックする人が説明できないのはおかしい」といったところ、よど号犯たちも笑い出して、機内も明るくなったという。日野原医師は、機内の異様な光景を生きるも死ぬも皆が同じ運命にあるという意識から生じたストックホルム症候群と診立てた。奇妙な一体感が生じたなかで赤軍派メンバーが「インターナショナル」を歌うと、乗客の一人が「北帰行」を歌った。一部の乗客は手拍子をとって一緒に歌った。

四月三日午後六時五分、よど号はキンポ空港を離陸し、ピョンヤン空港へ向かった。日が沈んで暗くなったので、石田機長は肉眼で見つけたピョンヤン郊外のミリム（美林）飛行場跡地に着陸した。特攻隊教官だった石田機長の離れ業であった。よど号メンバーにとって、北朝鮮はなにがなんでも目指すべき憧れの地というわけではなかった。二〇一〇年三月、ジャーナリストの富坂聰が北朝鮮で暮らすメンバー四人にインタビューをおこなった際、事件当時二三歳だった若林盛亮はこう述べている。

「北朝鮮は経由地のはずだった。だから現地でマンギョンデ（万景台）に案内されたとき、われわれは『ここはどこですか？』って尋ねたほど何も知らなかった。知っていたのは国旗とキム・イルソン主席の顔だけだった。だから感想を聞かれても何も応えられず、相手は『命がけで北朝鮮に来たのに何だ？』って顔だった」（『文藝春秋』二〇一〇年一〇月号）

かれらのいい加減さは、航空機の乗り方も知らなかったことにも表われている。本来の決行日は三月二七日だった。その日、メンバーのなかには遅刻した者がいた。また長距離列車に乗り込む感覚で羽田空港へ駆けつけ、搭乗できなかった者もいた。搭乗手続きに時間を取ることを知らなかったのだ。この日はメンバーが揃わず延期となったが、そもそもかれらに確たる信念があったとも思えない。

小さな宮廷の招待所

キム・イルソンはよど号犯を大切に扱った。その扱い方は度を越していた。威勢がいいだけの革命家気取りのかれらのどこが気に入ったのだろうか。気取り屋のキム・イルソンはことのほかインテリに弱かった。日本の知識人青年にいいところを見せようとしたのか。大事に育てていずれは北朝鮮の広報マンとして国際社会へ送り出すつもりだったのか。受け入れ当初の主席の胸の内は測りがたい。

一九七二年五月六日、キム・イルソンは初めてよど号メンバーと会った。二年と一か月が経っていた。かれらを官邸へ呼ばず、この日、主席はわざわざピョンヤン市内にあるかれらの宿舎へ出向いた。どういう施設に住まわせているか、自分の目で確認したかったのだろう。九人のメンバーは支給されたグレーのスーツを着て、一列に並んでキム・イルソンを迎えた。

かれらを何度も取材したジャーナリストの高沢皓司の『宿命――「よど号」亡命者たちの秘密工作』によれば、「九人は一様に身を固くした。緊張で足が震えはじめるものもいた」（一一四頁）とコチコチになったかれらの緊張ぶりを描写している。

田宮高麿がメンバーを代表して、震え気味の声を張り上げて主席に感謝のことばを述べた。高沢皓司の記述を借りれば、上機嫌ですこし笑みを浮かべて聞いていたキム・イルソンは、挨拶を終えた田宮に近づき、かれの肩に手を置いた。そしてメンバー全員を見渡したあと、「君たちは金の卵だ」といった。

それから何年後か、拉致されていた蓮池薫は、日本の雑誌によど号メンバーの生活を取材した記事が載っていたのを目にした。ピョンヤン郊外の招待所で暮らしているかれらは、専用の高級車をあてがわれ、自由に外出ができるなど恵まれた生活をしているのに驚いた。蓮池が羨んだかれらの招待所は、高沢皓司によって詳しく紹介されている。それによれば、広大な敷地を持つ招待所は、地元住民から村と呼ばれていた。専用の外貨商店や集会場、サウナ、自家発電の設備もあった。数台のベンツのそれぞれには運転手がついていた。
「食堂には数人の料理人のほかに若い接待員の女性たちがいた。彼女たちはテーブルに料理を取り分け、『主人』たちの豪華な食事が始まると後ろに退いて静かにつぎの命令を待った。酒やビールが足りないと見るや彼女たちは素早く新しい酒を運んできたし、かわりの碗をよそった」(二七四頁)
専従者が数十人を数える招待所を高沢皓司は小さな宮廷と書いた。その一方で歳月が流れるにしたがって金の卵も輝きを失っていく。やがてよど号の妻が、ヨーロッパでの日本人拉致事件に関与していたことがわかった。北朝鮮の闇の深さがあらためて浮き彫りにされ、日本社会に大きな衝撃を与えた。よど号グループと拉致事件とのつながりが明るみに出たのは、事件当時一六歳であったメンバー最年少の柴田泰弘の逮捕がきっかけとなった。かれは事件から一八年後、在日朝鮮人の協力を得て別人になりすまして帰国していた。これまでSとイニシアルで報道されていた少年も三四歳になっていた。
柴田泰弘が旅券法違反容疑で兵庫県警に捕まったのは、奇しくもキム・イルソンがよど号メンバーと初めて会った日からちょうど一六年後の一九八八年五月六日だった。かれが所持していた旅券の名義人は兵庫県尼崎市に本籍のある在日朝鮮人で、この人物の兄夫婦はかつてユニバース・トレイディングで働いていた。すでにふれたようにユニバース・トレイディングは北朝鮮工作機関の日本の拠点だった。

一九九二年四月、キム・イルソンは訪朝した朝日新聞記者団に「かれらには妻も子もいる」と初めて明かした。それをきっかけに彼女たちの存在がメンバーからも公表されるようになった。子どもたちがあわせて二〇人いることもわかった。妻のなかにユニバース・トレイディングが入居していたビルで働いていた女性がいた。マドリードで拉致被害者の石岡亨と松木薫に接触したのも二人の妻であった。かれらはキム・イルソンの「革命事業を代を継いで最後まで継承する」という教えに従い、そのために活用できそうな日本人を海外で物色していた。

そのなかに柴田泰弘の妻、八尾恵がいた。彼女は一九七七年に北朝鮮へ渡り、かれと結婚した。八四年にひそかに日本へ戻って横須賀市でスナックを経営していた彼女は、欧州で有本恵子の拉致事件に関与したと証言して注目された。逮捕された柴田のその後であるが、強盗致傷や国外移送略取罪などで起訴され、懲役五年の判決を受けた。出所後は、よど号メンバーから離れていった。すでに恵と離婚していた柴田は二〇一一年六月、大阪市のアパートで病死していたのを発見された。五八歳の孤独死であった。

第16章 ✸日本のキングメーカーを振り回す

日朝の思惑が一致

意表をついて相手を自分のペースに引き込む。これは遊撃隊時代からキム・イルソン（金日成）が得意とした戦法であった。一九九〇年九月、金丸訪朝団を迎えたキム・イルソンはしばしば相手の度肝を抜いて一行を翻弄した。当時の日本政界の大立者だった七六歳の金丸信を相手に二歳年上のキム・イルソンが演じた一世一代のパフォーマンスを振り返ってみよう。

金丸訪朝団というのは便宜的な名称で、実際には金丸信・元副総理を団長とする自民党訪朝団（議員や秘書あわせて二九人）、田辺誠・副委員長を団長とする社会党訪朝団（同じく一五人）、外務省アジア局の川島裕審議官ら政府関係者（九人）の混成団であった。それに報道陣（三六人）を加えると、一行の総勢は八九人になった。

金丸訪朝団は、日朝双方の思惑が一致して実現した。一九九〇年のキム・イルソンは外交面で追い詰められていた。この年の六月、ソビエトのゴルバチョフ大統領と韓国のノ・テウ（盧泰愚）大統領がサンフランシスコのフェアモント・ホテルで会談し、両首脳は九月に国交を樹立することで合意した。それ以上にキム・イルソンは中国と韓国の接近に苛立っていた。中韓の国交正常化という時代の流れに直面したキム・イルソンは、日朝国交正常化への手がかりを真剣に模索していた。

当時の竹下内閣にも懸案があった。一九八三年一一月、日朝間を往復していた第一八富士山丸が拿捕され、紅粉《べにこ》勇船長と栗浦好雄機関長がスパイ容疑などで逮捕された。船内に朝鮮人民軍兵士が一人潜んでいた。密航兵士が仮釈放されたあと、紅粉と栗浦は裁判にかけられ、それぞれ強化労働一五年の刑を宣告され、服役していた。スパイ容疑などまったくの濡れ衣だった。留守家族の心痛は年を経るごとに高まり、竹下登首相や自民党の安倍晋太郎幹事長は打開策に苦慮していた。安倍は中曽根内閣の外相時代からこの問題に取り組み、みずから訪朝することも検討していた。

日本と北朝鮮双方の首脳の思惑が一致して、ようやく安倍晋太郎の訪朝が実現する見通しが立った。しかし安倍は病に倒れ、その代役として竹下登が白羽の矢を立てたのが自派の大御所であった金丸信だった。一九一四年九月、山梨県生まれの金丸は竹下より一〇歳近く年上であったが、一九五八年の第二八回総選挙で初当選を果たした同期生で佐藤栄作門下ということもあって息が合った。しかし金丸は北朝鮮にほとんど関心がなかった。同じ国対族で仲のよかった田辺誠が説得して金丸も重い腰をあげた。

筆者は竹下登、金丸信の両政治家に会う機会があったが、気配りとアバウトとまことに対照的であった。政界における実力も一時期は甲乙つけがたいところがあった。しかし北朝鮮における知名度は圧倒的に竹下のほうが上であった。「自民党の大物政治家である金丸先生がこんど訪朝することになった」と知らされた北朝鮮側は、日本のキングメーカーについてよく知らなかった。訪朝した日本人ジャーナリストが、「金丸とはどんな人物か?」と尋ねられたとき、「中国の鄧小平のような存在」といったら、やっとナットクしたという話もある。

一九九〇年九月二四日、金丸訪朝団を乗せた日航特別機は午後零時五五分、羽田を飛び立ち、わずか二時間でピョンヤン（平壌）空港に到着した。朝鮮労働党の国際担当書記、キム・ヨンスン（金容淳）が出迎えた。かれは朝鮮労働党の団長格だった。自民党訪朝団と社会党訪朝団、それに外務省の川島裕らはペックァウォン（百花園）迎賓館、報道陣はコリョ（高麗）ホテルが宿舎であった。到着した夜、キム・ヨンスン主催の歓迎宴が有名レストラン、オンニュグァン（玉流館）の大ホールでひらかれた。キム・ヨンスンは、「二つの朝鮮を国際的に合法化し、朝鮮の分裂を固定化しようという動きがあるが、これは決して許されない」と韓国との正常化に踏み切ったソビエトを暗に非難した。

九月二五日午前一〇時、マンスデ（万寿台）議事堂で自民党、社会党、朝鮮労働党の最初の三党団長会談がひらかれた。北朝鮮側の最大の関心事は予想通り償いの中身であった。北朝鮮側は、日本の誠意を示す意味で何らかの償いをまず実行してほしいと主張した。午後、一行はピョンヤン市内を案内された。地下鉄の見学、定番のマンギョンデ（万景台）にあるキム・イルソンの実家の見学などであった。夕方は、これまた外国の要人たちの歓迎ではお決まりのマスゲーム見学だった。

演ずる側は命がけだったマスゲーム

予備交渉から関わってきた石井一（当時自民党所属の衆議院議員）の『近づいてきた遠い国――金丸訪朝団の証言』によれば、キム・イルソンスタジアムにバックグラウンドミュージックが響きわたり、二万の人波が次々に人文字をつくっていった。ほんの一瞬、ヨコ二〇〇メートル、タテ四〇メートルに渡って、「金丸信先生と田辺誠先生の引率する日本使節を熱烈に歓迎する！」という日本語の文字が浮かび上がった。

最前列でこのゲームを見学していた金丸信はすっかりマスゲームに感動した様子で昼間の疲れを忘れたかのように身を乗り出し、しきりに拍手していた。よっぽど感激したのだろう、同行した議員たちに、「これが教育だ。この若いエネルギーはたいしたものだ。民族の団結に力を感じる」とほめちぎった。

石井一がいう、「個人よりも国家が優先するという疑いのない価値観は、一面恐ろしい気もしますが、同時に個人の勝手が横行する日本の現状と比べて、朝鮮民族の国家への忠誠を痛感し、やはり紛れもない感動をわたしたちに与えてくれたのでした」（二〇八頁）。

マスゲームは、ヒトラーのナチス・ドイツがそうであったように全体主義国家のお家芸である。いまや北朝鮮観光の目玉となったマスゲームはキム・イルソンによって発案され、年々規模が拡大された。キム・ジョンイル（金正日）によって一段と巨大化され、ショー化された。指導員を海外に派遣したりして、観光客誘致とあわせていまはずいぶん外貨獲得に貢献している。キム・ジョンウン（金正恩）体制になっても、力の入れように変わりはない。

北朝鮮を訪問する各国要人は、ピョンヤンの大規模なマスゲーム・芸術公演「アリラン祭典」へ招待されることが多い。金丸訪朝団はさして気にしていなかったが、招待に応じるかどうかは、国によってはやっかいな問題であった。

二〇〇七年一〇月、韓国のノ・ムヒョン（盧武鉉）大統領が訪朝する際、アリラン公演を観覧すべきかで世論が割れた。韓国世論の一部は、キム父子の独裁体制を称えるアリラン公演へ大統領が出席することに反対した。しかし、親北のノ・ムヒョンは北朝鮮の意向に従った。当日、ノ・ムヒョンはキム・イルソンの大きな肖像がスタジアムに入場してきたとき、立ち上がって拍手し、国内で批判を浴びた。

二〇〇九年八月、クリントン元米大統領が訪朝した。北朝鮮はわざわざ「アリラン祭典」を特別開催し招待状を出したが、クリントンはことわった。マスゲームがあるたびに幼児からプロの芸術団員まで多いときは一〇万人近くが動員された。かれらは体操隊と背景隊にわかれ、演出に従って飛んだり跳ねたり、板を上げたり下げたり、忙しく動き回った。

マスゲームは観客席から見ている分には面白いが、演ずる側は命がけであった。とくに背景隊はたいへんだった。訓練中はトイレも我慢して特訓を受けた。キム・イルソンやキム・ジョンイルの顔を担当するものは名誉であったが、失敗は許されず、練習につぐ練習でヘトヘトになった。すこしでも動作をまちがえてしまうと、顔が崩れるので一糸乱れぬ演技が求められた。生徒のなかには、耐えきれずにその場で漏らすものもいた。大韓航空機事件のキム・ヒョンヒ（金賢姫）も、「甚だしいのは膀胱炎にかかる子どももいた」と語っている。こういった哀話などすこしも知らなかった金丸信はマスゲームに感動し、すっかり北朝鮮に魅せられてしまった。

問答無用のスケジュール変更

午後七時を少し回り、マスゲームが佳境に入ったときであった。スケジュール担当の労働党国際部指導員が石井一を呼び出し、「ご要望のキム・イルソン主席との会談が明朝セットできました」と伝えた。会談場所を聞いて世話役の石井は驚いた。指定されたのは、ピョンヤンの中心部から約一六〇キロ離れたミョヒャンサン（妙香山）の別荘だった。

わざわざ日本政界の実力者がやってくるというのに、キム・イルソンはピョンヤンを離れていた。キム・イルソンが得意とする先制パンチであった。金丸訪朝団は「あすの朝」という会談時間に振り回された。翌朝の会談に間に合わせるため、この日の夜に列車で現地へ向かうという。旅先でのスケジュールの突然の変更は疲れる。午後八時にマスゲームが終わると、一行はすぐ宿舎へ戻って夕食をとり、あわただしく荷物をまとめ八時四五分には駅に向かった。

こういう荒っぽいおもてなしは、ふつうの国ではあまり聞いたことがない。たとえてみれば、無位無官とはいえ中国の最高実力者である鄧小平が初来日し東京に着いた日の夜、歌舞伎を観ていたら首相官邸から連絡が入って、「総理はいま箱根にいますが、あす九時に大涌谷で会いたいそうです」といったようなものだ。

「中国やソビエトでは重要人物との会見が直前に知らされることはしばしばありますが、北朝鮮！お前もか、という感じです。みんなの迷惑顔を考えるとあまり気分の良いものではありません」と石井一。「わたしの立場をわかってくれよ」と怒鳴りたいところをぐっと我慢して、「それでどこに行くの？　もう少し中身を教えてくれないとみんなに説明もできない」と、北朝鮮の担当者に尋ねた。

「そこでようやく知らされたのが、汽車で三時間離れたミョヒャンサンに行くということでした。まったく問答無用！　という感じです」（二〇九頁）と石井一は不快感を隠さない。

その夜、金丸信や田辺誠らを乗せたベンツの車列は、人影のないプラットホームにそのまま乗り上げた。ピョンヤン郊外のリョンソン（龍城）駅であった。金丸訪朝団と報道陣だけを乗せた特別列車は午後一一時五〇分、ミョヒャンサンに着いた。

一九九〇年九月二六日午前九時半、金丸信と田辺誠の両団長がキム・イルソンとの会談にのぞむために先に宿舎を出た。それから一時間ほどして全員が会見場に向かった。会談を終えたキム・イルソンは七八歳の高齢にもかかわらず、「がっちりした身体に大きなダミ声、顔の艶もよく、健康そのものに見えた」と石井一はいう。

大食堂でひらかれた午餐会で金丸信は気分が高揚していた。礼儀知らずのスケジュール変更などすっかり忘れてしまったようだ。トップ会談でキム・イルソンから紅粉勇船長らの釈放を示唆された金丸は、「わたしは本当に泣けるような気持ちで報告します」と感極まった面持ちであいさつした。

キム・イルソンも上機嫌だった。そばに座った自民党代表団副団長の山村新治郎に、「あなたは昔、人質としてわが国にお出でになりましたね。今回はわれわれの客人です。大いに飲んで下さい。乾杯しましょう」と酒を勧めた。ほかの客人にも宇都宮徳馬、久野忠治、田村元といった政治家の近況をなつかしげに尋ねたり、自分の健康の源はこの人参酒とキムチだといいながら一つ一つのテーブルを乾杯しながら回った。

午餐会は午後一時過ぎにおひらきとなった。一行は午後三時の列車でピョンヤンへ戻ることになっていた。出発時刻までそれぞれがくつろいでいたときに、キム・ヨンスンが金丸信の部屋を訪れた。キム・ヨンスンはキム・イルソンのメッセージを携えていた。それは、「金丸先生と二人だけで話をしたいので、もう一晩別荘に残ってほしい」という日本側が予想もしていない申し出だった。

一本釣りの奇襲戦法

相手に考える余裕を与えないために、ぎりぎりの段階で伝えるのがキム・イルソン流の戦法であった。出発間際の突然の誘いに金丸信はうろたえた。これでは社会党訪朝団を率いる田辺誠のメンツは丸つぶれである。キム・イルソンにとって田辺は長年の盟友だが、それを平然と除け者にしてしまう冷たさは、修羅場をくぐってきたキム・イルソンの真骨頂といえよう。

石井一によれば、金丸信は、「田辺はどこだ。田辺はどこだ」と、まるで旅順港外で広瀬武夫中佐が杉野兵曹長を呼んだようにあわてたが、別荘を出て散歩でもしていたのか、あいにく田辺誠は見つからなかった。

あとで石井一が田辺誠に事情を説明することにして、金丸信はキム・イルソンの急な申し入れ、といっても実際には十分に練り上げられたプランに応じるしかなかった。金丸のほかに秘書の生原正久、金丸の次男でやはり秘書の金丸信吾、それに護衛官二人が別荘に残った。田辺はピョンヤンへ戻る汽車のなかで石井から金丸が別荘に留まった経緯を知らされた際、一応納得したが、車中ではずっと不機嫌だった。

一行から切り離された時点で、金丸信はキム・イルソンの術中にはまってしまった。外務省の随員はおろか、肝心の通訳を別荘に残していなかった。どういう事情があったにせよ、日本から同行した通訳を帰してしまったのはウカツだった。北朝鮮側の意向だったのか、そのへんのイキサツに石井一の手記はふれていない。通訳を同行しなかった点を批判されて石井は、「二人の巨頭は何かを取り決める役目をおびて会談をしたのではありません」という。外交案件の処理を果たす立場でもない二人が、「実務者の前例に縛られた発想、周囲への気遣いばかりを考える頭では一〇年経っても重い扉はひらかない」と指摘したうえで、石井は「政治家同士が腹を割った話し合いのなかから強い信頼でお互いに結ばれることこそ、金丸訪朝の本当の目的ではなかったのでしょうか。どちらの通訳を使うかどうかという議論は、外務当局の交渉事のときにする議論でしかありません」（一三三頁）と反論する。

石井一の弁解には重要な点が抜けている。金丸信は、政権与党を代表して訪朝した責任者であった。自前の通訳を欠くと、相手の通訳が自分の発言をどのていど正確に伝えているか確認のしようもない。金丸はキム・イルソンのペースに巻き込まれたのである。

策士、策に溺れる

別荘に残った金丸信はその後、どういう行動をとったのか。のちに金丸自身が語ったことを石井一が手記に書き留めている。それによれば、九月二六日午後四時頃、キム・イルソンが金丸の宿舎を訪れた。主席が客人の部屋を訪ねるのは異例のことで、金丸をまた感激させた。これが第一回の会談。さらに夕食をはさんで第二回会談。翌朝に三回目の会談。そして昼食を一緒に食べながらの四回目の会談と、合わせて五時間近くに及んだ。

「何か相手の術中にはまってしまったかのような批判がありますが、先生によると話の中身はお互いが外交交渉をするために議論を交わしたわけではない」と前置きをして石井一は、「老成した政治家が立場を超えて、お互いの歩んできた道をなつかしみ、現在の苦労話に花を咲かせ、世界がどう動いていくのかなど、自由で親密な雰囲気のなかで語り明かすといったもので、特別に二人のなかで約束事をすることなどはなかった」（一三二頁）と述べている。金丸信は韓国に出かけたとき、戦前の日本軍隊の仕業を蝋《ろう》人形で表現している独立記念館に案内されたときの体験を話し、「これからの新しい日朝関係を築くためにも、ああいった痛ましい姿はどうか北朝鮮では見せないでほしい」ともいったという。

キム・イルソンは西側の情報に不足していた。そこでアジアやアメリカの動向、韓国の実情や南北朝鮮問題など多岐にわたって話し会った。そして最後に第一八富士山丸の船長と機関長の釈放を重ねて要請し、キム・イルソンから、「いま、当局が釈放の方向で検討していますのでよい結果が出るでしょう。法律は人間がつくるものですから」という誠意ある返事をもらったと、石井一は書いている。

二人で談論風発、ワイ談もした。国交正常化を前提に賠償金、謝罪、戦後四五年間の償いといった具体的な問題で互いに腹の探り合いがあった。キム・イルソンは賠償金の前渡しにこだわった。石井一によれば、三党コミュニケの草案づくりの段階で労働党側の原文には、「日本政府が国交関係を樹立すると同時に、かつて朝鮮民主主義人民共和国の人々に被らせた被害に対して十分に償うが、国交樹立のための政府間の協商にある段階で、まず善意の表われとして賠償の一部を先に支払うことを認める」（一五二頁）とあった。賠償額や一時金の額については何も触れてはいないものの、善意のしるしとして国交正常化の交渉開始前の前渡しを求める原文に石井らは仰天した。

九月二七日午前、ピョンヤンの人民文化宮殿会議室で自民党と労働党の実務者たちが丁々発止と議論していたのと同じ時刻に、ミョヒャンサンの別荘ではキム・イルソンと金丸信がサシで話し込んでいた。午後四時から社会党と労働党の個別会談がひらかれた。午後五時半頃から第二回目の三党団長会談がマンスデ議事堂でひらかれ、ヘリコプターでピョンヤンに戻った金丸信も会談に加わった。しかし、進展はなく実務者間の協議も暗礁に乗り上げていた。

北朝鮮側はそれぞれの懸案事項について、「金丸先生と主席とのトップ会談や三党団長会談で同意の意思表示があったではないか」と責め立ててきた。自民党側は突っぱねた。石井一がいう、「われわれはまったくそんなふうには理解していない。もしそんなことが文章のなかに書き込まれたとしたら、かえって政府間交渉促進の阻害要因になってしまう。われわれは、一日も早い償いの実行をしたいと考えているだけに、日本流の常識に逆行し今後の交渉がやりにくくなってしまいますよ、と激しい議論の応酬がありました」(一五三頁)。

結局、自民党と労働党の実務者協議では合意に達せず、三党の団長会議に委ねられることになった。「戦後四五年の償い」を認めた金丸信は帰国後、土下座外交の無節操政治家と批判された。金丸訪朝から一二年後、霧生《きりゅう》正浩という政治ジャーナリストの金丸訪朝団内幕レポートが月刊誌に載った。同行記者団のだれかがペンネームで書いたのだろうが、〈金丸「売国訪朝団」の教訓〉という過激なタイトルの割に、「金丸訪朝が実際に国益を損ねたかどうか判断するのは難しい」と、結論はおだやかであった(『文藝春秋』二〇〇二年一一月号)。

言い換えれば、それはキム・イルソンのパフォーマンスが不発に終わったことでもあった。北朝鮮側は日朝正常化への足がかりも、賠償の前渡し金も手にすることはできなかった。アブハチ取らずで、結局、「策士、策に溺れる」のことわざ通りになってしまった。結果論でいえばむしろ実利を得たのは金丸信のほうだった。日本側は紅粉勇船長と栗浦好雄機関長の釈放を実現したのだから、ちゃんと所期の目的は達したといえる。むろん金丸的手法は論外である。なお、第一八富士山丸事件については、後日談がある。

事件から三〇年後の二〇一三年一一月二三日、夜七時のNHKニュースは栗浦好雄が初めて事件について語ったことを報じた。これまで口を閉ざしてきたのは、北朝鮮に対する恐怖からだった。当時、尋問した担当者は家族構成まで知っていたうえ、「交通事故ということもあるからな」と脅していたのだ。北朝鮮は脱走兵が出たという事実を隠蔽《いんぺい》するため、脱北ではなく拉致されたとした。そこで栗浦らに密航兵士を拉致したことを認めるよう強要していた。二人は留守家族の安全のために、ウソの供述に同意せざるを得ず、それが強化労働一五年の刑につながっていた。

現在、北朝鮮は、外交の閉塞感では金丸訪朝団を迎えた当時よりもっと厳しい状況下にある。キム・ジョンウン政権はその突破口として日朝国交正常化に期待し、先代や先々代の日朝交渉、なかでも金丸訪朝団との交渉経緯を丹念に検証していると思われる。いずれにしても北朝鮮が日朝国交正常化に国家の命運をかけるのなら、キム・ジョンウンは祖父が策を弄しすぎた点を教訓とし誠実な態度で交渉に臨むべきであろう。

第17章 ✹大国を翻弄した執念の核開発

朝鮮戦争さなかの一九五〇年一一月三〇日、アメリカのトルーマン大統領はホワイトハウスで記者会見をひらき、「軍事情勢に対処するため、われわれがつねに持っているすべての措置をとる」と語った。そのとき、一人の記者が質問し、トルーマンとの間でつぎのようなやりとりがあった。

――大統領、すべての措置をとるというのは、原爆も含むのですか。

「それは、われわれが持つすべての武器を含みます」

――大統領は「われわれが持つすべての武器」といいました。原爆を積極的に使用することを考えているのですか。

「つねに原爆を積極的に使用することは考えられているが、わたしは原爆を使用したくない。原爆は恐ろしい武器です。何も関係のない、罪のない男女や子どもに向かって原爆を使用すべきではありません」

微妙な問題なのでトルーマンは自分のことばが誤解されないよう報道官に記者会見後、べつに説明文を発表させた。記者会見の質疑応答はハリー・トルーマンの『トルーマン回顧録2』（堀江芳孝訳）を参考にしたが、トルーマンの発言は本人の危惧が当たってしまい、「アメリカは核兵器の使用も辞さない」というワンフレーズとなって瞬く間に世界を駆けめぐった（二九七頁）。

ワシントン発の報道にアメリカと戦火を交えるキム・イルソン（金日成）は戦慄し、それはまもなく核兵器所有への熱望とつながった。そして熱望はやがて決意となって、「自前の核兵器を持たなければならない」と口にするようになった。核兵器はわずか数発でも絶大な威力を持つ。小国と核兵器の相性のよさに気づいたキム・イルソンは、一九五〇年代の早い段階から野望を胸に秘めてソビエトの核開発情報の収集を怠らなかった。

核とミサイルは体制を支える二本柱

一九五六年、ソビエトと東側諸国は共同で原子核研究所をモスクワから北へ一二五キロほどのドブナに設立した。その年の七月、キム・イルソンはさっそくドブナを訪れた。しかし研究所を牛耳るのはソビエトであり、かろうじて東ドイツや中国が大切にされるくらいで北朝鮮の存在感などあまりなかった。ところが中ソ対決で風向きが変わった。五九年六月にソビエトは中国への核開発支援を凍結し、九月七日にはソビエトと北朝鮮の間で原子力の平和利用に関する議定書が締結された。

あくまでも核の平和利用という条件でソビエトは北朝鮮の少数の研究者を受け入れた。ソビエト側は北朝鮮研究者を核兵器につながるいかなる研究テーマからも遠ざけたが、キム・イルソンの意図を十分に理解していたかれらは原子力の平和利用を研究するフリをしながら虎視眈々と核に狙いを定めていた。一方、朝鮮戦争のさなかに朝鮮人民軍が連れてきたソウル大学のイ・スンギ（李升基）教授が強引な説得に屈して、ついに核開発に携わることになった。研究陣も徐々に整ってきた。

一九六二年初頭、北朝鮮北部の町、ニョンビョン（寧辺）を拠点に原子炉建設に向けて具体的な計画が動き始めた。ニョンビョンに核研究センターが設立され、ソビエトで学んだ研究者が集められた。実験用原子炉の建設には、設計段階からソビエトから招かれた専門家が加わった。この核研究センターは当初から存在そのものが極秘とされ、関係者はこの一帯を家具工場と呼んだ。

周到だったキム・イルソンは核開発を二つの方向からすすめた。プルトニウム型と高濃縮ウラン型である。先行したのはプルトニウム型で、爆発させるのは難しかったが、つくるのは比較的容易だった。長崎に落とされた原爆はプルトニウム型であった。後発の高濃縮ウラン型はつくるのは難しかったが、爆発させるのは比較的かんたんだった。広島に投下されたのはこの型であった。

高濃縮ウラン型の作業は地下工場ですすめられた。比較的狭い空間でも十分だった。穴を掘って地下にもぐるのは北朝鮮のお家芸であり、隠ぺいしやすかった。また、高濃縮ウラン型はミサイル搭載のための小型化に適していた。それはアメリカ本土まで届く核弾頭を搭載した大陸間弾道ミサイル（ＩＣＢＭ）の実現が究極の願望であったキム・イルソンの意向に沿うものであった。

キム・イルソンは朝鮮戦争の緒戦で空軍力の弱さをいやというほど味わった。それがミサイル開発への資本投下につながった。空軍力の充実はそうかんたんではない。ミサイルによって空軍力をカバーしようという発想だ。ソビエトから導入したスカッドミサイルを改良し、やがてノドンミサイルを開発したうえ、外国へ輸出するまでに成長した。「核とミサイルは体制を支える二本柱」というキム・イルソンの信念は一貫し、そこに北朝鮮のとぼしい資源のかなりの部分が集中的に投下された。

一九六四年一〇月一六日、中国は初の核実験をおこなった。五〇年代の後半から六〇年代の初めにかけて内政では毛沢東を一歩リードしたキム・イルソンも核開発では中国に歯が立たなかった。発想の早さと願望の強さは毛沢東にひけをとらなかったが、やはり国力では中国に太刀打ちできなかった。キム・イルソンは代表団を北京へ派遣し、「われわれは兄弟だ」とお世辞を交えて毛沢東に技術提供を臆面もなく申し入れた。毛沢東はにべもなく拒否した。

クレムリンや中南海に袖にされたのが結果として北朝鮮独自の核開発を進めることにつながり、秘密保持に役立つことになった。東側陣営の要人や核担当者がニョンビョンへ招かれることはほとんどなかったし、また西側社会で北朝鮮の核開発が話題になることもなかった。北朝鮮の国力からして核開発などは遠い先の話と思われていた。「いまに見ておれ」というのがキム・イルソンの心境だった。

一九六七年、北朝鮮は軽水炉型の実験用原子炉を完成した。先は遠いが、一歩前進だった。ミサイル研究にも資金が投じられた。キム・イルソンにとって核兵器と長距離ミサイルはワンセットであった。並行して進められていたミサイル開発は早い段階からキム・イルソンの指示でアメリカを念頭に、いかに遠くまで飛ばせるかに力点がおかれた。六八年一一月、キム・イルソンは科学院ハムフン（咸興）分院の開発チームを前につぎのように双方の早期保有を力説した。

「アメリカ本土にこれまで一個の砲弾も落ちたことがない。このようなアメリカが砲弾の洗礼を受けることになるとどうなるだろうか？　そのときには状況が異なってくると思う。アメリカ国内では反戦運動が起こるだろうし、そのうえ第三世界諸国の反米共同運動が加勢することになれば、結局、アメリカのやつらが南朝鮮から手を離さざるを得なくなる。だからトンムら（同志諸君）は一日も早く、核兵器と長距離ミサイルを自力生産できるように積極的に開発すべきである」（『金日成の秘密教示』八七〜八八頁）

その一方でキム・イルソンは二枚舌をたくみに使い分けて、核の平和利用を強調し国際社会へ従順の姿勢を見せるのも忘れなかった。一九七四年九月一六日、北朝鮮は国際原子力機関（ＩＡＥＡ）に加盟した。

小国が頼れるのは核だけ

アメリカが平和利用と称する北朝鮮の核開発に初めて疑問をいだいたのは、一九八二年四月であった。偵察衛星の性能が向上したおかげで、ニョンビョンに不審な施設があるのに気づいた。八四年六月には原子炉をみつけた。八五年、北朝鮮は核不拡散条約（ＮＰＴ）に加盟した。国際社会はほっと胸をなでおろし、いつの間にか北朝鮮の核問題はかすんでいった。しかし北朝鮮の核開発は一日として停滞していなかった。

一九八三年六月、キム・ジョンイルが訪中した。後継者に決まってから初めての中国訪問で最高実力者の鄧小平と会見し、深圳《しんせん》経済特区を視察した。中国は最大限の歓迎をしたにもかかわらず、北朝鮮の元外交官、コ・ヨンファン（高英煥）によれば、帰国後、キム・ヨンナム（金永南）副首相に「中国のヤツらは修正主義どころか、いまや資本主義まで実践している。中国の改革・開放は修正資本主義の見本だ。チビクソのような鄧小平が中国を滅ぼしている」と、人格攻撃までした（産経新聞二〇〇九年六月二五日朝刊）。

キム・ジョンイルは韓国へ傾く鄧小平に怒りを覚え、暴言をはいたのだが、中国の歴代首脳のなかで鄧小平ほどキム・イルソンを丁重に遇した者はいなかった。それだけにキム・イルソンは鄧小平を信頼していた。訪中のたびに中韓の国交平常化の動きに対する北朝鮮の懸念を訴えてきた。鄧小平も決してキム・イルソンを失望させるような言い方はしなかった。しかし改革・開放に舵を切った鄧小平は次第に北朝鮮から離れていった。裏切られた思いがキム・イルソンを核開発へとさらに駆り立てた。

一九八五年秋、キム・イルソンは中国の胡耀邦総書記に対して核開発やミサイルにかんする技術協力を要請した。韓国への牽制であった。キム・イルソンは、相手が応じるはずもないことを平気で口にした。中国は断った。中国にとって韓国のほうが大切だった。八六年九月、二七か国が参加してソウル・アジア競技大会がひらかれた。中国は三八八人の選手と一二六人の役員を送り込み、中国に対する北朝鮮のフラストレーションをますます高めた。

一九八七年二月、アメリカの偵察衛星がニョンビョンで屋根のない放射能遮蔽《しゃへい》壁をとらえた。遮蔽壁はプルトニウムを抽出する再処理施設に特有のもので、ニョンビョンの核施設はこれで疑う余地がなかった。ホワイトハウスやペンタゴンは緊張したが、在職八年目のレーガン大統領は去り行く人であり、結局、危険な国の危険物件に対する対策は先送りされた。北朝鮮は何食わぬ顔で遮蔽壁のある施設に屋根をかけた。

冷戦が終結すると、北朝鮮を支えてきたソビエトは、韓国との国交樹立に動いた。一九九〇年九月、それを伝えるためにソビエトのシェワルナゼ外相がピョンヤンを訪れた。会見したキム・ヨンナムは、「われわれはそのうちに核兵器を完成させるつもりだ。ソビエトが韓国と国交を樹立するならば、こちらは核兵器を製造する権利を捨てることはない」と恫喝した。前回の訪朝のときより狭い宿舎をあてがわれたうえ、キム・イルソンにも会えなかったシェワルナゼは予定を早めてそそくさと帰国した。

北朝鮮の核保有が、中国を念頭に置いていたのはいうまでもない。何度も中国人から屈辱を受けてきたキム・イルソンにとって、まさしくそれこそが核戦略の眼目であった。北朝鮮の核開発が明るみに出た時点で中国はキム・イルソンの本心を読み取った。中国は表面的には動揺を見せなかったが、北朝鮮の核つぶしに水面下で必死に取り組んできた。北朝鮮の核に対する中国の危機感はアメリカや日本と大差なかった。いや、それ以上といってよい。なにしろ中国の領土のすぐ近くに核施設があり、地下核実験が堂々とおこなわれているのだ。

国際社会は北朝鮮に核放棄を認めさせられるのは中国だけと期待したが、実際のところ中国にはなすすべがなかった。じつは、北朝鮮の非核化に向けて中国共産党政権がいちばん頼りにしていたのは、チャン・ソンテク（張成沢）だった。チャン・ソンテク処刑は中国に計り知れないダメージを与えていたのだ。

キム・ジョンウン（金正恩）政権は二〇一三年二月一二日、三回目になる地下核実験をおこなった。「中国から経済援助を引き出そうとしていたチャン・ソンテクは、この核実験に反対した」と、NHKの「クローズアップ現代」（二〇一四年一月九日放映）でチャン・ソンテクの部下だった脱北者が証言した。そのとき、北朝鮮の指導部内は中国の意向に従うべきではないという考えが強く、チャン・ソンテクの意見は退けられたという。キム・イルソンやキム・ジョンイルが生きていたらおそらくキム・ジョンウンの判断を支持したと思う。

韓国の民衆は北朝鮮の核に意外なほど冷静だった。一部には、「どうせ北朝鮮が崩壊すれば、核は韓国のもの」といった期待感を平然と口にする人もいた。むしろ青瓦台は北朝鮮の核開発がエスカレートすることで日本の核武装を誘発するのを恐れた。この点は中南海もホワイトハウスも同様であった。

一九九一年一〇月、キム・イルソンは中国を訪問した。中国でキム・イルソンは熱烈な歓迎を受け、鄧小平が付きっきりで歓待した。しかし鄧小平は経済援助について渋く、北朝鮮側の期待を裏切った。そのうえ江沢民総書記は、「北朝鮮は同盟国ではない」と訪中していた公明党の石田幸四郎委員長に明言し、まだ中国に滞在中のキム・イルソンを不快にさせた。キム・イルソンはこの三九回目の訪中を最後に二度と中国の土を踏むことはなく、その視線はアメリカに向けられていた。

核査察の攻防

一九九二年一月、キム・イルソンは新年の辞でアメリカが米韓軍事演習「チーム・スピリット」を中止したのを受けて、「朝鮮半島の非核化はわれわれの一貫した立場であり、われわれには核兵器を開発する意思も能力もない」と述べた。建前にすぎなかったが、主席発言を手土産にキム・ヨンスン（金容淳）書記は訪米し、一月二二日にニューヨークでアーノルド・カンター国務次官と初の米朝高官レベル会談をおこなった。この会談の結果、北朝鮮はＩＡＥＡの核査察の受け入れに合意した。

五月一日、ハンス・ブリクスＩＡＥＡ事務局長らが訪朝し、二五日から査察官による本格的な調査が開始された。査察は一一月一四日まで四回にわたっておこなわれた。しかし、原子炉から燃料棒はすでに取り出されていた。アメリカは核廃棄物貯蔵所に疑惑の目を向けた。これまでプルトニウムをどれだけ抽出したのか、それを調べるには核廃棄物貯蔵所の徹底的な検証が必要だった。アメリカは貯蔵所の強制査察をIAEAに要請した。

北朝鮮はうろたえた。当時、ファン・ジャンヨプ（黄長燁）は核技術を所轄する軍需工業担当書記があわてふためく様子を見ていた。ファン・ジャンヨプはNHK取材班に、「（その書記が）強制査察を受けなければならなくなりそうだと、心配していました。プルトニウムを抽出した痕跡をなんとか消そうと、核廃棄物貯蔵所に土を盛って、植物を植えたのですが、すべて枯れてしまったのです。さらに人工衛星に写らないように運動場くらいの大きな倉庫を建てて隠しました。そして、ここは軍事施設だから、核査察の対象にはならないと言い張ったのです」と語った（NHK「ドキュメント北朝鮮第三集」）。

七月一五日、中国の銭其琛《せんきしん》外相が訪朝し、キム・イルソンに韓国と国交を樹立すると伝えた。銭其琛はくどいほど何度も「中朝関係に変化はない」と繰り返した。キム・イルソンは了解したが、銭基琛を歓迎する宴会はひらかれなかった。八月二四日、中韓は正式に国交を回復した。

一九九三年二月九日、IAEAは北朝鮮に対していくつかの核関連施設への特別査察を求めた。北朝鮮側が報告を怠っていたところだったが、北朝鮮はIAEAの申し入れに応じようとしなかった。キム・イルソンは「たしかにわれわれには軍事機密はある。しかし、アメリカはじめどこの国だって軍事機密は公開していない」と突っぱねた。核査察の攻防が丁々発止とつづいた。キム・イルソンは大国相手の折衝を重視したので担当者は知恵を絞ったが、屁理屈が通用するはずもなく三月、アメリカは一年間中止していたチーム・スピリットを再開すると発表した。このときは米空軍の切り札、ステルス戦略爆撃機を初めて朝鮮半島へ飛来させて北朝鮮に圧力をかけた。

最高司令官になっていたキム・ジョンイルは三月九日から準戦時状態に移ると宣言した。ドン・オーバードーファーによれば、「軍人の休暇はすべて中止となり、兵士は頭を丸刈りされて鉄製ヘルメットをかぶらされ、軍隊にはライフルの弾薬が配られた。ピョンヤンでは、装甲車が保安本部近くに何列も並べられ、武装警官が軍隊の通過をチェックした。地方では空襲から身を守るため、市民が家の近くに塹壕を掘るために動員された」(『二つのコリア』三二八頁)。

米韓の合同軍事演習にキム・イルソンが神経を苛立たせたのは、軍事的な圧力もさることながら、その都度、農民や労働者を動員して訓練をおこなったり、塹壕掘りなどをするため、農作業や工場生産に支障が生じたからであった。準戦時状態に移ると宣言させたが、キム・イルソンに米韓へ戦いを挑むつもりはなく、このときもすこしばかりの軍事行動は見せかけにすぎなかった。三月一二日、北朝鮮はすかさずＮＰＴ（核不拡散条約）からの脱退を宣言した。

北朝鮮は、核保有まであと一歩のところまできていた。「核だけが北朝鮮の存続を保障する」というキム・イルソンの執念は、年を経るごとに強まった。ＮＰＴ脱退という大胆な賭けに出た北朝鮮の狙いは、アメリカを交渉の場へ引きずり出すことだった。

一枚上手だった北朝鮮

一九九三年三月、北朝鮮の食糧難はピークに達しており、反米への憎悪を煽ることで飢えに苦しむ民衆の不満をかわそうとした。焦ったキム・ジョンイルがますます戦意を煽って、キム・イルソンがブレーキをかけていたことを示唆するエピソードを蓮池薫やキム・デホが伝えている。

NPTから脱退する際、朝鮮人民軍の参謀会議がピョンヤンの二・八文化会館でひらかれた。席上、キム・イルソンがキム・ジョンイルに「もしアメリカと戦争になって負けたらどうするか」と質《ただ》した。会場は水を打ったように静まり返った。念のためにいえばこのときの最高司令官は父親ではなく息子であるが、総書記は立ち上がって「首領様、地球を爆破してしまいます。朝鮮のない地球は必要ありません」と言い放った（『拉致と決断』一八四頁）。

このやりとりには、向う見ずなキム・ジョンイルの強気の姿勢にキム・イルソンが不安に駆られている様子がうかがえる。もっとも、実質的な最高指揮官は相変わらず主席であり、総書記も父親の同意なくしては戦争を始めることはできなかった。

三月二四日、キム・ジョンイルは準戦時状態を解除した。二九日、北朝鮮外交部はアメリカと話し合う用意があると表明した。準戦時状態の解除も、米朝二国間協議も父親の意向であろう。当時のキム・イルソンは、決して隠居同然のおじいさんではなかった。アメリカを同じ土俵に上がらせるための入念なシナリオづくりも主席主導であった。

キム・イルソンの目論見通り、アメリカは同じ土俵にのぼってきた。四月二二日、米朝二国間協議に応じると表明した。六月、初めての米朝高官協議が始まった。米国務省のロバート・ガルーチ米朝核交渉担当大使のカウンターパートナーは、カン・ソクジュ（姜錫柱）第一外務次官だった。ガルーチは北朝鮮外交のタフネゴシエーターに対してNPT脱退宣言の取り下げと、強制査察の受け入れを求めた。これに対してカン・ソクジュは、アメリカが北朝鮮を攻撃しない保障を求めた。自国の現体制の安定をアメリカに約束させるのが本国から命じられた最重要事項であった。

交渉が進まないまま、北朝鮮がNPTから脱退する期限が迫ってきた。カン・ソクジュは本国の指示通り、アメリカを焦らせに焦らせて、時間切れの間近でやんわりとボールを投げた。北朝鮮を攻撃しないこと、軽水炉をつくってくれること、内政に干渉しないこと、などなど。これらは相手側に受け取りやすいボールだった。

アメリカは北朝鮮の提案に乗った。アメリカはすでに北朝鮮の核兵器開発を確信していたが、北朝鮮がNPTから脱退すれば、さらに開発を加速させるにちがいないという判断だった。一九九四年二月、米朝は一括妥結に達した。北朝鮮はIAEAの査察に同意し、アメリカはチーム・スピリットを中止することになった。北朝鮮のほうが一枚上手であった。NPT脱退は避けられたが、北朝鮮はなんだかんだとリクツをつけて強制査察を引き延ばした。

外科的空爆作戦も選択肢に

六月一〇日、中国からキム・イルソンを不快にさせるメッセージが外交ルートを通じて届けられた。中国は国連安保理で北朝鮮に対する制裁決議には反対するが、国際世論から拒否権の行使は見送るかもしれないというのだ。同じ日、IAEA理事会は北朝鮮に対する技術協力や年間五〇万ドルの援助を停止することを決定した。中国は票決に棄権した。ただちに北朝鮮はIAEAからの離脱を声明し、ニョンビョンに駐在する二人の査察官の国外追放を表明した。

またしても一触即発の事態となった。このとき、アメリカには三つの選択肢があった。一つ目は交渉によって北朝鮮の核開発を凍結させること。二つ目は軍事行動に踏み切り、核施設を爆撃すること。三つ目は何もしないで経過観察をつづけることだが、これはまったく考慮されることはなかった。

クリントン政権は米朝合意で解決するために水面下で必死の努力をつづけたが、それが不首尾に終わった際にも備えていた。二つ目の軍事行動で、これは外科的空爆（サージカル・ストライク）作戦と呼ばれた。当時の米国防長官、ウィリアム・ペリーは日本経済新聞の「私の履歴書」（二〇一〇年一二月一日～三一日朝刊）のなかでニョンビョンの核施設を「物理的に除去する手段」を検討していたことを明かしている。

外科的空爆作戦でピンポイント爆撃の対象として検討されたのは、核燃料の再処理施設や使用済み燃料棒の保存プール、五メガワットの実験炉などだった。ほかに艦船を派遣し、巡航ミサイルで主要な核施設を撃破する手順も決められた。だれもが心のなかでは、これらが実行されないことを願っていた。一部の核施設は地下に設けられているはずだし、何か所かに分散した施設をすべて叩くのは容易なことではなかった。

それにホワイトハウスはこの時点で重大な事実を見落としていた。地下にある高濃縮ウラン型の研究施設である。北朝鮮は遠心分離法の研究をつづけていた。のちにパキスタンのカーン博士の協力を得ることになるが、ウラン関連施設を除去しないことには、とても完璧な外科的空爆作戦とはいえなかった。

そのことに気づかないままクリントンは決断を迫られていた。こういう場合、もっとも強い影響を与えるのはやはり国防長官の助言であろう。このとき重い役割を担ったペリーにとって、一八五三年、江戸幕府に開国を迫ったアメリカ海軍のペリー提督は五世代前の伯父であった。イチかバチかの瀬戸際に立ったペリーは、浦賀に黒船四隻を率いて現れた祖先のような心境であったにちがいない。ペリーはこう振り返っている。

「われわれは当時、決して北朝鮮への『戦争計画』を練っていたわけではない。ただ、いくつかの『緊急対応策』を検討していただけだ。もちろん、北朝鮮があのまま核燃料棒の再処理に突入し、プルトニウムの抽出に移行する事態になっていたら、われわれはニョンビョンへの空爆に踏み切っていたかもしれない」（「私の履歴書」一二月二〇日）

淡々とした記述だが、覚悟は決めていたのだろう。一九九四年六月一六日午前一〇時三〇分からホワイトハウスで緊急会議がひらかれた。ペルーはこれを「戦争会議（ウォー・キャビネット）」と呼んでいる。

クリントン大統領を囲んでゴア副大統領、クリストファー国務長官、ペリー国防長官、シャリカシビリ統合参謀本部議長、レーク大統領補佐官（国家安全保障問題担当）といった主要メンバーのほか、カン・ソクジュと渡り合ったガルーチやダニエル・ポネマン（国家安全保障会議＝ＮＳＣ＝核兵器不拡散担当）ら実務者が顔をそろえた。

キャビネット・ルームには、ケネディ政権が直面したキューバ危機のときに似た緊迫感が漂っていた。かつて防衛産業の電子戦の研究者だったペリーにはキューバ危機の際、ＣＩＡの要請で一室に缶詰になって早朝から午前二時まで米空軍のＵ２偵察機が撮影した写真の分析に携わった体験があった。

『外交フォーラム』一九九九年九月号でガルーチとポネマンが、〈米朝合意秘話――戦争回避が決定された瞬間《とき》〉というテーマで対談しているが、そこでポネマンも、「あの会議には『キューバ危機』に似た核戦争の瀬戸際の危機感が漂っていたと感じられました」と語っていた。

韓国のキム・ヨンサム（金泳三）大統領はアメリカ側の強硬な姿勢に青ざめた。ニョンビョンへの空爆が強行された瞬間、報復のために北朝鮮のミサイルは発射され、ソウルが火の海になるのは目に見えていたからだ。キム・ヨンサムは軍事行動に踏み切らないようクリントンを必死で説得した。

のるかそるかの瀬戸際外交をリードし、演出していたのはキム・イルソンにほかならない。キム・イルソンは自分とホワイトハウスの仲介者になるべき人物として早い段階から元大統領のカーターに目をつけていた。こういう際の嗅覚のするどさはキム・イルソンの天性といってよかった。工作に長《た》けた北朝鮮はあらゆる機会をとらえてカーターへ接近を試み、ついに訪朝させるのに成功していた。主席にとってカーターは米朝をつなぐ頼りがいのあるホットラインであった。

一本の電話に救われる

米朝危機が刻一刻と迫っていた一九九四年六月一六日午前、ガルーチはクリストファー国務長官と二人でペンタゴン（国防総省）を訪れた。ペンタゴンにはペリー国防長官、シャリカシビリ統合参謀本部議長、スローコム国防次官が待っていた。ペリーとシャリカシビリが、この日にホワイトハウスでひらかれるウォー・キャビネットの際、クリントン大統領へどう進言するかについて説明した。

決定権はあくまでも大統領にあるが、実際には現場の意向が決め手となることが多い。したがってこういう会議がきわめて重要な意味を持っていた。国防総省は強硬姿勢を進言するといった。大統領がいくつかの選択肢のなかからこの場で決まった進言を選ぶ確率はきわめて高かった。ガルーチは「外交フォーラム」でつぎのように回想している。

「大統領の選択によって、北朝鮮が敵意の開始と解釈する可能性もありました。北朝鮮側は、もしアメリカが国連に戻り、北朝鮮に対する制裁を発動すれば、国連を中立機関とみなさないと警告していました。一方で制裁を求め、他方で軍事的プレゼンスを高めれば、北朝鮮はこれを軍事的敵対行為だと解釈するかもしれず、たいへんな緊張が高まっていました」

ホワイトハウスのウォー・キャビネットが始まった。午前に国務、国防両省の会議で決まった方針に沿ってペリー国防長官が、「北朝鮮による使用済み核燃料棒の再処理をやめさせるため、五万人規模の在韓米軍への追加派兵を進言するところだった」、まさにその直前、一本の電話がかかってきた。

呼び出されたガルーチが隣の部屋で受話器を取ると、カーターが興奮した声で、「キム・イルソンが核開発の凍結と査察官の残留に同意した」といった。戦争は回避され、ウォー・キャビネットのだれもが安堵の表情になった。ホントかウソかわからない核の凍結より、さしあたっては査察官をニョンビョンに残留させることが重要であった。これで監視体制は維持できた。

局面打開に重要な役割を果たしたカーターはキム・イルソンの招きで六月一五日、北朝鮮に入っていた。一六日、満面の笑みを浮かべて迎えた主席にとって待ちに待った大物アメリカ人であった。会談で主席はいかにも鷹揚な最高指導者らしく振る舞った。カーターが査察官の残留を求めたとき、キム・イルソンはちょっと首をかしげた。そしてかたわらのカン・ソクジュ第一外務次官に、知っているのにもかかわらず、「どういうことだね」と朝鮮語で尋ねた。カン・ソクジュが直立不動で説明すると、しばし思案気な表情を見せたあと、「どうしたらよいか?」と意見を求め、「残留させたほうがよろしいと存じます」というカン・ソクジュの進言にうなずいて、カーターに査察官残留を認めると伝えた。興奮を抑えながらカーターは、アメリカが軽水炉を提供するようホワイトハウスに働きかけると約束した。

ホワイトハウスはカーターの進言を受け入れ、米朝協議再開の条件として使用済み燃料棒を再処理しないことなどをあげた。キム・イルソンは同意し、ＮＰＴにとどまる意向も表明した。カーターをヨットに招待した主席は上機嫌だった。妻のキム・ソンエ（金聖愛）が同乗するヨットでキム・イルソンは、韓国のキム・ヨンサムと会談したいと述べ、カーターに伝言を頼んだ。その結果、南北首脳会談が七月二五日、ピョンヤンで開催されることになった。ところが、その直前、キム・イルソンが急死し、世界に衝撃が走った。その死はスターリンに匹敵するほど各方面に影響を及ぼしたのであった。

✷第18章〈エピローグ〉創業者と二代目の知られざる葛藤

後継者の息子を冷たく突き放した父親

一九九二年六月のことであった。訪朝していた米戦略国際研究センターのウィリアム・テイラー副所長は何人かと一緒にキム・イルソン（金日成）と会食した。対米交渉のパイプ役として米政界に幅広い人脈をもつテイラーに期待していたのか、キム・イルソンは九一年からこの世を去るまでの四年間にテイラーをピョンヤン（平壌）に四回も招待し、延べにして七時間ほど意見を交換した。

このときの会食では、お互いの趣味の話になった。キム・イルソンはことのほか機嫌がよく、微笑みを浮かべながら「わたしはイノシシ猟と釣りが好きです」といった。そこでテイラーはごく自然な口調で、「ご子息が政権を引き継ぎつつあるから、主席もそうした趣味に前より時間を割けるでしょうね」とことばをはさんだ（『THIS IS 読売』一九九四年一〇月号）。

キム・ジョンイル（金正日）は、ふた月前におこなわれた朝鮮人民軍創設六〇周年記念パレードを最高司令官として閲兵していた。創業者である父親から長男の二代目へのバトンタッチはだれの目にも明らかで、テイラーが話しかけた内容はとりたてて問題になるようには思えなかった。しかし、キム・イルソンは意外にもキッと表情をこわばらせた。

テイラーはいう、「その途端、キム・イルソン主席の顔から微笑が消えた。スープをすっていたスプーンを卓上におくと、右横に座っていたわたしの目をじっと見つめていた。二秒間ぐらいだったろうか。でも、わたしには本当に長い時間に感じられた。これほど真剣なキム・イルソン氏を見たことはなかった」。キム・イルソンは「テイラー博士、はっきり申し上げたい。わたしはいまもわが政府に非常に深くかかわっているのです」と、重々しい声で言い放った。そこには自分の後継者に対するわだかまりが露骨に表われていた。

そのあとキム・イルソンは「息子とは定期的に会ったりはしない。ただし、ほとんど毎日のように電話で話している」とつづけたが、テイラーが質問しないかぎり自分のほうからキム・ジョンイルについて語ることはなかった。そのときはほかの客人もキム・ジョンイルのことを話題にしたが、主席も同席した北朝鮮高官も途端に口が重くなり、すぐに話題を変えた。

それから二年後の一九九四年四月、テイラーは外国の要人らと一緒にキム・イルソンと会食した。それは主席が臨終を迎える三か月前のことだが、テイラーの友人が「偉大な指導者、キム・イルソン主席。ご子息についてのうわさが世界中にあふれており、それに対してご子息を擁護するのがしだいに困難になっています」と、きわどい話題を持ち出した。キム・イルソンは顔色を変えることもなく、「わたしが息子のことを擁護してやる必要はない。かれは自分の二本の足で立つことができるのですから」とぶっきらぼうに答えた。

テイラーはキム・イルソンの、いやしくも最高司令官であるキム・ジョンイルを冷たく突き放した言い方に驚いた。「もっとべつのいろいろな答えができたはずだ」とテイラーは振り返る。たとえば、「噂がどうこうなんて、あなたたちのほうがわかっていないのだ。息子のことは何でも理解しているよ」とか、「息子とわたしの関係は密接だ、息子はすべてをコントロールできている」といってもよいのに、キム・イルソンはもうアイツの話などしたくもないといった表情で口を閉ざしてしまった。

テイラーの友人が挙げたというキム・ジョンイルに関するうわさとは、側近や「喜び組」を集めて夜な夜なパーティーをひらいているとか、各地の別荘での豪勢な生活、あるいは派手な女性関係などであろう。ただ、こういった行状もさることながら、キム・イルソンの不機嫌のいちばんの理由は息子に任せていた経済状況の予想以上の悪化だったにちがいない。

内政全般にわたって芳しくない状況にあることは、むろんキム・イルソンもある程度わかっていた。しかし、深刻な現状をありのままに伝える情報はほとんど届いていなかった。北朝鮮社会の基本システムである配給制に問題が生じていたのに、主席は何も知らされていなかった。キム・イルソンに対する重要事項の報告は、すべてキム・ジョンイルを経由していた。報告事項はそこで選別され、都合の悪い内容は取り除かれた。そもそもキム・ジョンイルへの報告もそれぞれの担当幹部によって操作されていたので、なおさら主席へ届く報告や個々の数字は実態から離れていた。

落馬事件の余波

一九九二年の一時期、キム・ジョンイルは政治の表舞台から突然姿を消した。ラヂオプレス編集『重要基本資料集「北朝鮮の現況２００４」』に〈キム・ジョンイル氏の全動静（１９８0年～２００３年12月）〉という克明な記録が掲載されているが、それによると九二年六月一四日から九月二七日までの一〇六日間が空白となっている。

いったい、キム・ジョンイルに何があったのか。執務室に出てこなくなったキム・ジョンイルに関して軍や党の幹部には、「最高司令官は病気で治療中」と伝えられた。しかし、幹部の間では「病気ではなく、落馬事故で重傷を負っている」とささやかれていた。藤本健二の著書（『金正日の料理人』と『金正日の私生活』）にキム・ジョンイルの落馬の様子が出てくる。藤本はそのとき同行していたのだ。

事故はピョンアンブクド（平安北道）の中国国境の川沿いにあるチャンソン（昌城）招待所に滞在していたときに起きた。コ・ヨンヒ（高英姫）や次男のキム・ジョンチョル（金正哲）らも一緒に乗馬を楽しんでいたが、先を走っていたキム・ジョンイルの落馬の瞬間はだれも目撃していなかった。

「いつものように、キム・ジョンイルの後ろを走っていくと、右に曲がるカーブのところにキム・ジョンイルの馬だけが停まっている。なんとキム・ジョンイルが落馬していたのだった。そのカーブは、ちょうどアスファルトの修理中で、コールタールの上に砂利が敷かれていた。

そのため、馬の前足が滑ったらしかった。キム・ジョンイルは、頭と肩を強打し意識不明になっており、ピクリとも動かない。医者がすぐに駆けつけたが、まずはセンターに運ぼうと、救助板の上にキム・ジョンイルを載せ、なんとか部屋まで運んだ」（『金正日の料理人』八八頁）

キム・ジョンイルは事故の翌日、絶対安静のまま専用列車でピョンヤンへ戻った。左鎖骨骨折、頭部強打の重傷でフランスから医師団が呼び寄せられた。不運だったのは現地の管理責任者だった。藤本健二は「キム・ジョンイルの落馬をまねく原因をつくったチャンソン招待所の責任者に、その後、どのような運命が待ち受けていたのか、それは読者諸氏の想像に任せるが、想像通りというか、想像以上の結果となったのはいうまでもない」（『金正日の私生活』一五九頁）と処刑を思わせる書き方をしている。

キム・ジョンイルは自邸内の専用治療室で療養していた。事故から一〇日後、キム・ジョンイルは退屈さに耐えられなくなったのか、「宴会をやる」とサングラスをかけ、右腕を包帯で吊った状態で宴会場へあらわれた。サングラスをはずしたかれの右目のまわりは真っ黒になっていた。後日、藤本健二が治療室を訪ねると、キム・ジョンイルはリクライニング式のソファに座っていた。そこで政務を見ていたようで、かたわらの机にはＦＡＸが山積みになっていて、キム・ジョンイルは妻のコ・ヨンヒや秘書とともにＦＡＸに目を通していたという。

こんな状態では、とても一国を統治できない。ファン・ジャンヨプ（黄長燁）も落馬事故の後遺症で「キム・ジョンイルは長らく仕事につけなかった」といい、つぎのようにキム・イルソンの現場復帰を示唆している。

「したがって重要な仕事はキム・イルソンの決裁を受けねばならなかった。キム・ジョンイルがけがして間もない頃、長らく絶交状態にあったキム・ギョンヒ（金敬姫）が泣きながらわたしの妻に電話してきた。用件は、兄のせいでとてもつらいというのだった。推測するにおそらく、キム・ジョンイルが落馬の後遺症で死んでしまえば頼る者がなくなってしまうと考えたようだ。ともあれ、キム・ジョンイルはきわめて長期間姿を見せなかったほどひどい傷を負ったわけだ」（『黄長燁回顧録』三〇二頁）

キム・イルソンは大企業の会長が社長に復帰したようにふたたび政務の陣頭に立ち、現地視察へ出掛けた。自分の予想をはるかに超える惨状に慄然としたにちがいない。楽隠居の心境は吹っ飛び、老骨にムチ打って悪化した経済の立て直しに取り組んだ。

一九九三年七月二七日、朝鮮戦争の四〇回目の休戦記念日、北朝鮮流にいえば祖国解放戦争勝利記念日にキム・イルソンの実弟、キム・ヨンジュ（金英柱）が一八年ぶりに公式の場に姿をあらわした。一二月、キム・ヨンジュは最高人民会議第九期六次会議で副主席に就任し、北朝鮮政界に舞い戻った。

キム・ヨンジュの復権をどう解釈したらよいのか。ファン・ジャンヨプは、「キム・イルソンは自分の弟の処理で評判を落とすと、もはやキム・ジョンイルの競争相手にはなるまいと計算してキム・ヨンジュをピョンヤンに呼び戻し、形式上の副主席につけた。しかし実際のキム・ヨンジュは軟禁状態と変わりない生活で、業務からは徹底的に排除された」（『黄長燁回顧録』一九九〜二〇〇頁）と分析している。たとえ実権のない副主席であったとしても、なんらかの意図があったはずだ。キム・ジョンイルへの牽制があったと思われるし、行き詰った経済問題で知恵を借りたかったのかもしれない。この兄弟の関係というのは、いま一つわからないところがある。

キム・イルソン兄弟の愛憎からみあった複雑な関係は、『金日成回顧録』では極端な形で表われている。回顧録は一巻から七巻まで冒頭に二四頁から四一頁のグラビアを割き、多くの写真や新聞記事、地図などを収録している。本文を読まなくとも、グラビアをめくればキム・イルソンとその一族や関係者たち、当時の状況や国際情勢などがいくらかはわかるようになっている。本文を読まない、あるいは読めない人々への配慮であろうし、写真や史料を多く見せて真実性を高めようとした狙いもあろう。

このなかに若くして死んだ次弟のキム・チョルチュ（金哲柱）の写真は掲載されているが、末弟のキム・ヨンジュの写真は一枚も出てこない。国家副主席までつとめた末弟の写真がないはずはない。キム・イルソンが末弟と仲のわるかったキム・ジョンイルに遠慮したのか。それともキム・ジョンイルの指示ではずしたのか。これもまた北朝鮮政治史のナゾの一つである。

死の直前まで食糧確保に悩む

韓国人ジャーナリスト、ソン・グァンジュ（孫光柱）の『金正日レポート』にキム・イルソンの秘書室長、チョン・ハチョルが書き留めたというキム・イルソンの死の直前の会議記録が収録されている。チョン・ハチョル日誌がホンモノとすれば、キム・ジョンイルの検閲を受けているのはまちがいない。農業政策の失敗などは、キム・イルソン親子の責任ではなく、党幹部や官僚にあるとそれとなく示唆するために公開されたことも考えられる。そういう前提を踏まえたうえで秘書室長の日誌をなぞっていきたい。

チョン・ハチョル日誌によると、キム・イルソンは一九九四年七月五日からミョヒャンサン（妙香山）の別荘にいた。ミョヒャンサンに党幹部や経済官僚が集められ、三日間にわたって食糧問題などに関する実務者会議がひらかれていた。五二歳になっていたキム・ジョンイルの姿は、ミョヒャンサン会議の初日から見られなかった。本来ならキム・ジョンイルが主宰すべき会議であった。不在の理由はわからない。

七月六日、ミョヒャンサン会議に姿を見せたキム・イルソンは、だれの目にも疲れていたように見えた。顔色はどす黒く、声もかすれていた。それでもキム・イルソンは気力を振り絞って幹部たちの責任と役割について訓示した。会議の間、キム・イルソンはしきりに左の胸をさすり、「どうして胸が苦しいのか」とつぶやいた。

そのうちキム・イルソンは副官に「タバコを持って来い」と命じた。胸が痛むときの喫煙はよくないくらい知らないはずがないが、タバコでもふかさないことには鬱々とした気分が収まらないほど苛立っていたのだ。一服したあと、「わたしはこのごろ、あまり吸わなくなったタバコを喫《す》っています」とキム・イルソンはいった。思わず諸事多難を嘆いた最高指導者のため息に会議室は水を打ったように静まり返った。

キム・イルソンの心臓疾患は北朝鮮の最高機密であったが、米韓の情報機関はその事実をすでにつかんでいた。むろん側近が知らないはずはない。主席の健康管理はそばにしたがう秘書室長の役目だが、キム・イルソンが胸の違和感を漏らしたとき、すぐに主治医を呼ぶとか、休養をすすめるとか、なにか行動を起こしたとは日誌から感じられない。おそらくとても声をかけられるような雰囲気ではなかったのであろう。つぎは翌七日の日誌の一節である。

「夜一〇時ごろ、首領様はハムギョンド（咸鏡道）党責任書記同志をお呼びになった。『人民に配給は十分に与えられているのか』と首領様が尋ねられた。『未供給もありましたが、いまは正常に与えるため自主対策を立てています。ご心配されなくても大丈夫です』と責任書記同志が報告した」（『金正日レポート』二〇一頁）

担当書記に太鼓判をおされても納得しなかったキム・イルソンは静かな口調で、「あなた方は心配するなというが、人民に配給が行き届いていないのに、どうして心配しないでいられるのか。人民を飢えさせてはいけない。今年（一九九四年）の農作業はいかなることがあってもよくさせ、人民が飢えることのないように食糧を保障しなければならない。ラジン（羅津）三角地帯開発事業を早く促進し、ハムギョンド住民たちの食糧問題を解決してくれ」と指示した。

このあとキム・イルソンは心臓発作で倒れた。チョン・ハチョル日誌は、「雨風が強まった夜中の二時、敬愛するキム・イルソン同志の偉大な心臓が、過労の負担に耐え切れず鼓動を止めた。胸を打って首領様を呼んだが、返事をされなかった」と、短い記述でその最期を書き留めている。

「首領様が倒れた」との急報を受けて心臓病の専門医らがヘリでミョヒャンサンへ向かった。この夜はすさまじい雨と強風で、ヘリは飛べる状況ではなかった。強引に飛び立ったが、途中で断念しヘリは空港に戻った。この時刻、韓国の情報機関は北朝鮮で無線量が一挙にふえ、ピョンヤンからヘリ二機が飛び立つのをキャッチしていた。医師団は車に乗り換えて現地へ向かったが、焦っていたのと未舗装の道路でスピードを出し過ぎて死傷者を出す衝突事故を起こしてしまった。やっと医師団が別荘に到着したときは、キム・イルソンの容体は手の施しようもない状態にあった。

一九九四年七月八日午前二時、キム・イルソンは八二歳の生涯を終えた。健在であれば、一七日後に韓国のキム・ヨンサム（金泳三）大統領が訪れていたはずだった。場合によっては劇的な展開となって、キム・ヨンサムにノーベル平和賞が与えられたかもしれなかった。人間の運命は紙一重のところがすくなくないが、歴史もまたハプニングの積み重ねのようなところがある。

キム・イルソンは精神的過労のため執務室で倒れたと発表された。執務室ということは、臨終の間際まで仕事中だったことを意味していた。実際、高等中学校（北朝鮮の場合は中学二年、高校四年）の生徒が最終学年に学ぶ『北朝鮮の歴史教科書』（李東一編訳）には「偉大な首領キム・イルソン大元帥様におかれては、生の最期の瞬間まで革命事業をされていて、執務室で亡くなられた」（二七五頁）と記されている。もっとも執務室で倒れたというのは、最初の発表にはなかった。

いきなり主席の死亡が伝えられたわけではなく七月九日午前、北朝鮮の政府機関や学校、各職場などに「正午のテレビニュースで重大発表がある」と一斉に通知された。この情報はすぐに世界中を駆け巡り、当時週刊誌の編集部にいた筆者もなにごとが起きたのかと緊張したのを覚えている。米朝危機がカーターの訪朝で一転して収まったので、北朝鮮では悪いニュースではなく、よいニュースを期待した人々のほうが多かった。

北朝鮮の民衆のなかで重大発表がキム・イルソンの急死と予感した人はほとんどいなかった。キム・ジョンイルとちがってキム・イルソンの健康不安に関する情報はあまり流れなかったので、民衆は主席がこの世を去るとは想像すらしていなかった。そのうえ民衆のなかには、キム・イルソンが秦の始皇帝のように自分の健康管理のために人材とカネを惜しまなかったのを知っていた人たちもすくなくなかったので尚更だった。

一九七六年、キム・イルソンの寿命を一二〇歳まで伸ばすのを目的に長寿研究所（正式名称は東医研究所）がつくられた。自然療法や生薬の研究から基礎医学、臨床医学に至る大規模なもので二〇〇人の医療陣を含め四〇〇〇人を擁していた。それだけに九日正午、テレビニュースに黒の喪服を着たアナウンサーが登場し、悲痛な表情で主席が一九九四年七月八日午前二時に急病で逝去したと低い声で政府声明を伝えとき、最高指導者を不死身のように思っていた民衆はいきなり雷に打たれたように声を失った。

民衆が号泣した背景

特別放送がキム・イルソンの死を伝えたとき、北朝鮮全域は嗚咽《おえつ》と号泣に包まれた。人類がこれほどまでに広範囲にわたって一斉に泣き叫んだ例はかつてなかったし、おそらくこれを上回る光景が地球上で見られることはもうあるまい。『北朝鮮の歴史教科書』は、「わが人民は天が崩れるかのような悲報に接し、血の涙を降らせ、大声で泣いて慟哭《どうこく》し、身悶えした」（一七五頁）と記した。血の涙は大袈裟にしても、これに近いシーンが各地で展開されたのはたしかだ。ピョンヤンの中心部、マンスデ（万寿台）の丘にあるキム・イルソンの銅像の前で泣き叫ぶ人々の様子は、世界中のメディアで報じられた。

なかには身の安全のために悲しいフリをした人たちもいたはずだし、韓国の心理学者が指摘したように集団ヒステリー的なところもあったと思う。ただ、どれもこれもウソ泣きだとか、ヒステリー現象だといって一方的に切り捨ててしまっては、北朝鮮民衆の心情を見誤ることになる。心臓発作で病院に担ぎ込まれた人々が続出したという情報もまったくのデマとは思われない。

もっとも号泣の場面には、それぞれの思惑と事情が秘められていたケースもあった。北朝鮮政界の中枢にいたファン・ジャンヨプがそうだった。キム・イルソンが死んだとき、かれは海外出張中であった。重大ニュースをキューバのハバナ空港で知り、その日のうちに帰国の途についたが、連絡の便がすくなくピョンヤンに到着したのは五日後の七月一三日だった。混乱の外にいたこともあって、かれは冷静に自分の家族の様子を伝えている。

「妻は自分の父親が死んだ以上に悲しんでいた。子どもたちは、医師の失敗によって健康なキム・イルソンを死なせてしまったと、医者を殺してやるとわめいていた。わたしは生まれつき嬉しいときに涙は出ても、悲しいときに涙が出るのはまれだった。悲しくて泣くのは一種の感傷主義だと思っていたからだ。しかし全人民がみな泣いているのに、わたし一人だけ眼が乾いているのは危険だった。だからムリにでも涙を流さざるをえなかった」(『黄長燁回想録』三〇三頁)

キム・イルソンの葬儀に参列したファン・ジャンヨプは、帰宅後、思いもかけないことに自分の子どもたちから激しい批判を浴びた。葬儀の模様をテレビで見ていた子どもたちは、「泣き方がすくなかった」と父親をなじった。かれが愛してやまなかったはずの妻のパク・スンオク(朴承玉)や一人息子のファン・キョンモ(黄敬模)と三人の娘を残して亡命する決意を固めたのは、ひょっとしたらこのときだったのかもしれない。

韓国では一時、ファン・ジャンヨプの脱北はキム・ジョンイルの意を受けていたのではないか、といううわさが流れた。恵まれた生活を享受している特権階級の人間が家族を犠牲にしてまで危険な道を選ぶであろうかと、偽装亡命説が流れたが、これは当たらない。のちにファン・ジャンヨプ一家を襲う悲劇についてふれておきたい。

ファン・ジャンヨプの九歳年下の妻、パク・スンオクはキム・イルソンの母方の遠縁にあたり、モスクワ第一医科大学で学んだインテリであった。キムファミリーの家庭教師グループのチーフのような存在だった。一男三女の母親で恵まれた生活をおくっていたが、一九九七年に高官の夫が脱北して運命が一変した。遠縁も含め一族はたった一人を除いてことごとく政治犯収容所へと送られた。このとき、パク・スンオクは六六歳であったが、政治犯収容所へ向かうトラックから飛び降りて自害した。

唯一政治犯収容所入りを免れたのは、意外にも一人息子のファン・キョンモだった。おそらくキム・ジョンイルの指示であろう。過去に似たような事例があった。前述したようにキム・イルソンは叔父のことを警察に密告した男への復讐に燃え、一家皆殺しを図ったが、密告者の一族のなかでモスクワで学んだ物理学者だけは許した。キム・ジョンイルもこの故事に習ったのか、それともファン・ジャンヨプの一人息子にも収容所へ送るには惜しいほどの特別な才能があったのか。

二〇一四年三月一九日の朝日新聞朝刊にそのナゾを解く記事が出た。それによれば、ピョンヤンに残った息子はソウルに逃れた父親に電話で「戻ってくれないと迫害される」と訴えた。父親は動揺し、必死にこらえていたと記事は伝える。父親を北朝鮮へ連れ戻すために一人息子だけは収容所入りを免がれていたのだ。ファン・ジャンヨプは二〇一〇年一〇月に病死したが、韓国政府関係者は「役目が終われば、息子もぶじでは済まない」と同紙にコメントしていた。すでに抹殺された可能性が高い。

キム・ジョンイルが死んだときも、多くの民衆が泣いた。ただ、テレビニュースをよく見ると、後ろのほうの人たちは比較的落ち着いていた。キム・イルソンの場合、ほとんどの民衆は明らかに本気で悲しんでいた。息子とのちがいは歴然としていた。支配者である主席に憎しみを抱いていた人もいたし、日々の暮らしに追われてまったく関心のない人もいたが、多くの民衆は父なるキム・イルソンに帰依するがごとく崇拝していた。

見方を変えれば、民衆のおびただしい涙は、キム・イルソンの神格化が北朝鮮全土に完璧なくらい浸透していたのを示していた。キム・イルソン教の教祖に対する崇敬の念は衰えず、その後も毎年七月八日の正午には、各地でサイレンが鳴り響き、その瞬間、民衆はその場で頭を垂れて故人を偲んだ。

父親の神格化を推し進めたキム・ジョンイルにとっては、予想を超える現象であった。キム・イルソンに向けられた民衆の熱狂は、キム・ジョンイルにとってしだいに重荷となり、やがて恐れとなった。民衆のキム・イルソンへのあふれるような熱い思いは、裏返せば自分への不満ではないかという疑心暗鬼が生じ、かれを苦しめた。

信ぴょう性高いキム・ジョンイル自殺未遂説

死亡直後、「主席は息子に射殺された」といううわさが流れた。「キム・イルソンはキム・ジョンイルと口論しているときに倒れた」と報じた韓国メディアもあった。キム・ジョンイルの指示による銃撃説や毒殺説も飛び交った。いずれもうわさの域を出なかったなかで、見過ごせないのは藤本健二の証言だ。

「これはコ・ヨンヒがそっと教えてくれたことですが、九四年にキム・イルソンが死去した直後に、キム・ジョンイルは極度に落ち込み、執務室にピストルを持ち込んで自殺を図ろうとしたそうです。コ・ヨンヒは、自分が必死に止めて思いとどまらせたと語っていました」（『現代』二〇〇四年九月号）

コ・ヨンヒはすでに述べたようにキム・ジョンイルがもっとも愛した女性で、藤本健二は彼女に信頼されていた。二代目の自殺未遂という衝撃的な藤本証言はなぜか北朝鮮専門家の間ではあまり注目されなかったが、信頼に足る情報源から判断して信ぴょう性は高い。大阪生まれのコ・ヨンヒは、決して人前で日本語を話すことはなかった。慎重な性格のコ・ヨンヒは勇気のある女性でもあった。かつて護衛がキム・ジョンイルの暗殺を企んだときに、彼女の機転で難を逃れたことがあった。

藤本健二の『北の後継者 キム・ジョンウン』に、「主席の死後、しばらく将軍には会わなかったが、七月半ば過ぎに姿を見かけると、魂が抜けたような顔をし、憔悴しきっていた。それから少し経って、ポチョンボ（普天堡）電子楽団が、キム・イルソン主席のお気に入りだった曲を演奏したときには、将軍はみずから指揮をおこない、涙ぐんでいた」（一四四頁）という一節がある。

その姿に藤本健二が思わずもらい泣きをすると、「藤本も泣いてくれるのか」とキム・ジョンイルがいったのでさらに泣いてしまったという。キム・ジョンイルが弱った顔を見せたのはこのときだけだったが、一度とはいえ一国の最高指導者が弱気な姿を外国人の使用人にさらした。父親の死を悲しむ民衆の地響きのような慟哭を目の当たりにしてすっかり自信をなくしたのだ。それでも秋には平常に戻ったのだろう、一〇月には米朝枠組み合意が締結された。

本格的に立ち直るのにそれなりの時間を必要とした。それは三年三か月という喪に服した期間の異例の長さから推察できる。キム・ジョンイルが正式に朝鮮労働党総書記に就任したのは、一九九七年一〇月八日であった。二〇一一年一二月一七日、総書記は現地指導など精神的・肉体的過労のため死亡したと発表された。六九歳だった。キム・イルソンがこの世を去ってから一七年と五か月が過ぎていた。

二八歳の三男、キム・ジョンウンが二人の兄を飛び越えて跡を継いだ。北朝鮮専門家のなかには、「若い指導者のもとで後見役のチャン・ソンテク（張成沢）が実権を握るだろう」と予測する人たちが少なくなかったが、これは異形国家の成立過程や若い指導者の力量を軽視した見方であった。チャン・ソンテクは北朝鮮の暗部も故人となったキム親子の表も裏も知り尽くしていた。北朝鮮の創業者に疎まれ、二代目の過去を知りすぎたうえ、禁断の中国に深入りした男はいずれ消される運命にあった。若かろうが、経験がなかろうが、いったん権力を握った人間は強い。そのことを三代目は祖父の人生から学んでいたにちがいない。

あとがき

一九七〇年代の初めに韓国へ行ったとき、ソウルは戒厳令下にあった。午前零時を過ぎると外出禁止になったが、真夜中、官庁街は煌々《こうこう》と明かりがついていた。ちょうど南北赤十字会談がひらかれていて、「南は電気が不足している」という北朝鮮の宣伝を打ち消すための演出だった。当時の韓国は電力不足に悩んでいた。もったいないことをするものだと思ったが、ガイド役の韓国人は「キム・イルソン（金日成）の謀略に負けないための必要経費」といい、北朝鮮の対南工作の凄まじさを語った。以来、キム・イルソンについては革命家の共産主義者というより謀略家の冒険主義者と思うようになった。しかし、謀略と暴力だけで多数の民衆を帰依させるには限度がある。そのことに気づいてからこの人物への関心が増した。

これまで、何度となく想像したのは、北朝鮮はどういう結末を迎えるのだろうか、ということだった。キム一族やその信奉者からは余計なお世話といわれそうだが、かれらの家長の銅像の後始末まで心配したこともあった。一九九〇年代の後半、キム・イルソンの死後であったが、台北市から車で一時間半ほどのところにある風景の美しい慈湖へ行った。「はじめに」でふれた蒋介石の霊廟があるところだが、その近くに公園があって蒋介石の銅像が至るところにあった。民進党政権時代、台湾で蒋介石離れが生じて、各地から行き場を失った銅像がここに集められていた。現在は二〇〇体前後あるようだが、ここを訪れたときもキム・イルソンの銅像はいずれ同じ運命をたどるのだろうかと思った。

アメリカ人ジャーナリストのドン・オーバードーファーによれば、一九八〇年代後半の段階で北朝鮮にはキム・イルソンの記念碑が三万四〇〇〇か所あったという。現在はもっとふえているはずで、そのなかでいちばん多いのはやはり銅像のはずだ。蒋介石など比較にもなるまい。それぞれの銅像はサイズが大きいうえ、そこに二代目キム・ジョンイル（金正日）や親族のものが加わるので、将来、一か所に集めることになったら相当の敷地を必要とするにちがいない。

キム・イルソンの八二年間の生涯を追跡して思うのは、キューバの前国家評議会議長のフィデル・カストロほどではないにしても、この人物の強運である。カストロは六〇〇回以上も命を狙われ、その暗殺未遂数はギネスブックに載るほどだが、キム・イルソンも指導者になりたての頃に集会で手榴弾を投げられたことがあった。小林和子が将軍邸で家政婦として働くことになる四か月前のことで、ソビエト軍人が転がる手榴弾をすばやく処理した。ソビエト軍人の右手首は吹っ飛んだが、キム・イルソンはかすり傷一つ負わなかった。この人物にはマイナス要因をいつの間にかプラス要因に変えたり、転んでもタダでは起きないところがあった。

ムッソリーニの伝記を書いたニコラス・ファレルは、「ムッソリーニは善良な人間ではなかったが、これまで描かれてきたほど邪悪な人物でもなかった」と述べていたが、これはどの独裁者にもあてはまる。ヒトラーを毛嫌いしていた人々の多くが本人の姿を見た途端に魅了されたように、キム・イルソンもたちどころに相手を虜《とりこ》にした。恐怖政治だけでは、四五年と一

○か月も君臨することはできない。
キム一族の長期政権の徹底的な分析はふたたび同じような独裁体制を生まないためにも必要である。したがって独裁者の魅力を分析することも不可欠といえる。そういう意味でも小林和子の手記は貴重な資料だ。一般にあまり知られていないキム・イルソンの素顔もきちんと残しておくのはそれなりの意義があると思い、本書ではあえて詳述した。また、一族の人間模様を詳しく描いたのは、「歴史というのは、結局、人間関係がすべて」という筆者自身が長年抱いてきた思いによる。

本書の主要なテーマの一つは拉致問題だが、藤本健二の『北の後継者キム・ジョンウン』を読んでいてドキリとした一節があった。そこにはキム・ジョンウン（金正雲）がまだ七、八歳の頃の話がつづられていた。藤本がキム・ジョンウンに誘われてウォンサン（元山）招待所にある映画館に入ったときのこと。キム・ジョンウンはお付きの少女たちと一緒だったが、「日本の歌を歌ってみろ。藤本に正しい（日本語）か聞かせろ」と促した。それに対して少女の一人が、♪赤い靴はいてた女の子……と歌った。また、♪烏なぜ啼《な》くの……とも口ずさんだというのだ。

異人さんに連れられていった女の子を歌った「赤い靴」も、子を想う母カラスの心情を歌った「七つの子」も野口雨情の作詞、本間長世の作曲であるが、彼女はだれから日本の童謡を習ったのだろうか。拉致被害者のだれかが、望郷の念にかられ、あるいは自分の存在を知らせるシグナルの意味をこめて北朝鮮の少女に教えたのではあるまいか。この文章を目にしたとき一瞬、「ひょっとしたら、めぐみさんでは……」という思いがよぎった。

振り返ってみると、金丸信の訪朝が拉致被害者救出の最大のチャンスだった。訪朝の一年半前、当時の梶山静六国家公安委員長は正式に北朝鮮による拉致を公表していた。キム・イルソンはまちがいなく横田めぐみ事件を知っていた。金丸が日本人拉致被害者とその家族の悲しみの心情を切々と訴えていたら、感情量が人一倍多いキム・イルソンが動いた可能性はそう低くない。むろん、その一方でソロバンもはじいたであろうが、残念ながら政治もメディアもごく一部を除いて拉致問題に関心を持っていなかった。日朝合意によって北朝鮮が約束した拉致された疑いがある者を含むすべての日本人拉致被害者に関する調査の発表が目前に迫っている。どういう展開になろうと、この忌まわしい過去の徹底的な検証はわれわれの世代の責務といってよい。

キム・イルソンによってつくられた北朝鮮という異形国家によって多くの人々が翻弄され、その負の遺産にいまなお苦しめられている。それは創業者が敷いた路線の延長線上に立つ三代目の時代になっても、そう変わりがない。本書が現在のキム・ジョンウン体制の本質や行動原理を知るうえですこしでもヒントとなって役立てばさいわいである。

平成二六年八月

大島　信三

参考文献

ノロドム・シアヌーク著、飯田良治訳『わたしの見た朝鮮』、幸洋出版、一九八一年
J・プズー・マサビュオー著、菊池一雅／北川光児共訳『新朝鮮事情』、白水社、一九八五年
小此木政夫編著『北朝鮮ハンドブック』、講談社、一九九七年
ドン・オーバードーファー著、菱木一美訳『二つのコリア――国際社会の中の朝鮮半島』、共同通信社、一九九八年
武貞秀士著『防衛庁教官の北朝鮮 深層分析』、KKベストセラーズ、一九九八年
伊藤亜人／大村益夫／梶村秀樹／武田幸男／高崎宗司監修『朝鮮を知る事典』（新訂増補）、平凡社、二〇〇〇年
白善燁著『朝鮮半島――対話の限界』、草思社、二〇〇三年
金大虎著、金燦訳『私が見た北朝鮮核工場の真実』、徳間書店、二〇〇三年
李東一編訳『北朝鮮の歴史教科書』、徳間書店、二〇〇三年
マイク・ブラツケ著、川口マーン恵美訳『北朝鮮「楽園」の残骸――ある東独青年が見た真実』、草思社、二〇〇三年
呂錦朱著、宮塚利雄解説『「喜び組」に捧げた私の青春――北朝鮮少女日記』、廣済堂出版、二〇〇三年
保田剛著／訳『北朝鮮憲法を読む――知られざる隣国の法律』、リイド社、二〇〇三年
ラヂオプレス編『重要基本資料集「北朝鮮の現況２００４」』、ＲＰプリンティング、二〇〇四年
ジャスパー・ベッカー著、小谷まさ代訳『ならず者国家』、草思社、二〇〇六年
船橋洋一著『ザ・ペニンシュラ・クエスチョン――朝鮮半島第二次核危機』、朝日新聞社、二〇〇六年
ブラッドレー・マーティン著、朝倉和子訳『北朝鮮「偉大な愛」の幻』上下巻、青灯社、二〇〇七年

国分隼人著『将軍様の鉄道――北朝鮮鉄道事情』、新潮社、二〇〇七年
ステファン・ハガード／マーカス・ノーランド著、杉原ひろみ／丸本美加訳『北朝鮮　飢餓の政治経済学』、中央公論新社、二〇〇九年
アンドレイ・ランコフ著、鳥居英晴訳『民衆の北朝鮮――知られざる日常生活』、花伝社、二〇〇九年
小此木政夫／礒崎敦仁編著『北朝鮮と人間の安全保障』、慶応義塾大学出版会、二〇〇九年
礒崎敦仁・澤田克己著『ＬＩＶＥ講義　北朝鮮入門』、東洋経済新報社、二〇一〇年
門間貴志著『朝鮮民主主義人民共和国映画史――建国から現在までの全記録』、現代書館、二〇一二年
和田春樹著『北朝鮮現代史』、岩波新書、二〇一二年
道下徳成著『北朝鮮　瀬戸際外交の歴史――１９６６～２０１２年』、ミネルヴァ書房、二〇一三年
金日成著、『金日成著作集』翻訳委員会訳『金日成著作集』第三巻、未来社、一九七一年
高木健夫著『金日成満州戦記』、一月社、一九七九年
金日成著、金日成回顧録翻訳出版委員会訳『金日成回顧録　世紀とともに　第一部抗日革命』第一～七巻、雄山閣出版、一九九二～七年
東亜日報／韓国日報編、黄民基訳『金日成　その衝撃の実像』、講談社、一九九二年
韓国中央日報社特別取材班編、朴英秀訳『作られた英雄・金日成――秘録・朝鮮民主主義人民共和国』、角川書店、一九九二年
高英煥著、池田菊敏訳『平壌25時――金王朝の内幕』、徳間書店、一九九二年
徐大粛著、古田博司訳『金日成と金正日――革命神話と主体思想』、岩波書店、一九九六年
姜在彦著『金日成神話の歴史的検証――抗日パルチザン派の〈虚〉と〈実〉』、明石書店、一九九七年
金学俊著、李英訳『北朝鮮五十年史――「金日成王朝」の夢と現実』、朝日新聞社、一九九七年
金素妍著、吉川凪訳『金日成　長寿研究所の秘密』、文春文庫、二〇〇二年

尹大日著、萩原遼訳『北朝鮮・国家安全保衛部――金王朝を支える恐怖の人民抑圧システム』、文藝春秋、二〇〇三年
金東赫著、久保田るり子編『金日成の秘密教示――対日・対南工作、衝撃の新事実』、産経新聞ニュースサービス、二〇〇四年
アンドレイ・ランコフ著、下斗米伸夫／石井知章訳『スターリンから金日成へ――北朝鮮国家の形成　1945～1960年』、法政大学出版局、二〇一一年
金賛汀著『北朝鮮建国神話の崩壊――金日成と「特別狙撃旅団」』、筑摩選書、二〇一二年
徐大粛著、林茂訳『金日成』、講談社学術文庫、二〇一三年
山下正子著『炎の女性――金正淑女史の生涯とその業績』、雄山閣出版、一九九〇年
ハリー・トルーマン著、加瀬俊一監修／堀江芳孝訳『トルーマン回顧録2』、恒文社、一九六六年
ケネス・キノネス著、伊豆見元監修、山岡邦彦／山口瑞彦訳『北朝鮮――米国務省担当官の交渉秘録』、中央公論新社、二〇〇〇年
島田洋一著『アメリカ・北朝鮮抗争史』、文春新書、二〇〇三年
ブルース・カミングス著、杉田米行監訳、古谷和仁／豊田英子訳『北朝鮮とアメリカ　確執の半世紀』、明石書店、二〇〇四年
李志綏著、新庄哲夫訳『毛沢東の私生活』上下巻、文藝春秋、一九九四年
欧陽善著、富坂聰編『対北朝鮮・中国機密ファイル――来るべき北朝鮮との衝突について』、文藝春秋、二〇〇七年
李成日著『中国の朝鮮半島政策――独立自主外交と中韓国交正常化』、慶応義塾大学出版会、二〇一〇年
平岩俊司著『朝鮮民主主義人民共和国と中華人民共和国――「唇歯の関係」の構造と変容』、世織書房、二〇一〇年

満洲軍政部軍事調査部編『満洲共産匪の研究』、極東研究所出版会、一九六九年
歴史学研究会編『日朝関係史を考える』、青木書店、一九八九年
奥村芳太郎編『在外邦人引揚の記録』、毎日新聞社、一九九〇年
高沢皓司著『宿命――「よど号」亡命者たちの秘密工作』、新潮社、一九九八年
韓光煕著、野村旗守取材構成『わが朝鮮総連の罪と罰』、文藝春秋、二〇〇二年
辛淑玉著『鬼哭啾啾――「楽園」に帰還した私の家族』、解放出版社、二〇〇三年
高崎宗司著『検証　日朝交渉』、平凡社新書、二〇〇四年
テッサ・モーリス・スズキ著、田代泰子訳『北朝鮮へのエクソダス――「帰国事業」の影をたどる』、朝日新聞社、二〇〇七年
飯島勲著『実録　小泉外交』、日本経済新聞出版社、二〇〇七年
清水徹著『忘却のための記録――1945～46　恐怖の朝鮮半島』、ハート出版、二〇一四年
丁一権著『原爆か　休戦か――元韓国陸海空軍総司令官（陸軍大将）が明かす朝鮮戦争の真実』、日本工業新聞社、一九八九年
朱建栄著『毛沢東の朝鮮戦争』、岩波書店、一九九一年
マシュウ・リッジウェイ著、熊谷正巳／秦恒彦訳『朝鮮戦争』、恒文社、一九九四年
萩原遼著『朝鮮戦争――金日成とマッカーサーの陰謀』、文春文庫、一九九七年
白善燁著『若き将軍の朝鮮戦争――白善燁回顧録』、草思社、二〇〇〇年
アナトリー・トルクノフ著、下斗米伸夫／金成浩訳『朝鮮戦争の謎と真実』、草思社、二〇〇一年
デイヴィッド・ハルバースタム著、山田耕介／山田侑平訳『ザ・コールデスト・ウインター　朝鮮戦争』上下二巻、文藝春秋、二〇〇九年
高英煥著、池田菊敏訳『亡命高官の見た金正日』、徳間書店、一九九五年

申英姫著、金燦訳『私は金正日の「踊り子」だった』上下巻、徳間書店、一九九七年
林永宣著、池田菊敏訳『金正日の極秘軍事機密——北朝鮮軍将校の衝撃告発』、徳間文庫、一九九七年
黄長燁著、萩原遼訳『金正日への宣戦布告——黄長燁回顧録』、文藝春秋、一九九九年
李韓永著、浅田修訳『金正日が愛した女たち——金正男の従兄が明かすロイヤルファミリーの豪奢な日々』、徳間書店、二〇〇一年
李英國著、李京榮監訳『私は金正日の極私警護官だった——仮面に隠された戦慄、驚愕の素顔』、ブックマン社、二〇〇三年
成蕙琅著、萩原遼訳『北朝鮮はるかなり——金正日官邸で暮らした20年』、文春文庫、二〇〇三年
藤本健二著『金正日の料理人』、扶桑社、二〇〇三年
朝鮮・金正日伝編纂委員会著、チュチェ思想国際研究所編『金正日伝』第一〜第三巻、白峰社、二〇〇四〜五年
藤本健二著『金正日の私生活——知られざる招待所の全貌』、扶桑社、二〇〇四年
V・ペトロフ／A・スターソフ著、下斗米伸夫／金成浩訳『金正日に悩まされるロシア』、草思社、二〇〇四年
孫光柱著、裵淵弘訳『決定版　金正日レポート』、ランダムハウス講談社、二〇〇四年
宋奉善著、崔宇根訳『金正日徹底研究』、作品社、二〇〇五年
金賢植著、菅野朋子訳『わが教え子、金正日に告ぐ——脱北エリート教授が暴く北朝鮮』、新潮社、二〇〇八年
平井久志著『なぜ北朝鮮は孤立するのか——金正日　破局へ向かう「先軍体制」』、新潮選書、二〇一〇年
藤本健二著『北の後継者　キム・ジョンウン』、中公新書ラクレ、二〇一〇年
五味洋治著『父・金正男と私——金正男独占告白』、文藝春秋、二〇一二年

申相玉／崔銀姫著『闇からの谺《こだま》――北朝鮮の内幕』上下巻、文春文庫、一九八九年
金賢姫著、池田菊敏訳『金賢姫全告白――いま、女として』上下巻、文藝春秋、一九九一年
石高健次著『金正日の拉致指令』、朝日新聞社、一九九六年
安明進著、金燦訳『北朝鮮　拉致工作員』、徳間書店、一九九八年
飯塚繁雄著『妹よ――北朝鮮に拉致された八重子救出をめざして』、日本テレビ放送網、二〇〇四年
川邊克朗著『拉致はなぜ防げなかったのか――日本警察の情報敗戦』、ちくま新書、二〇〇四年
金賛汀著『拉致――国家犯罪の構図』、ちくま新書、二〇〇五年
チャールズ・R・ジェンキンス著、伊藤真訳『告白』、角川書店、二〇〇五年
蓮池薫著『半島へ、ふたたび』、新潮社、二〇〇九年
蓮池薫著『拉致と決断』、新潮社、二〇一二年
柳東植著『韓国のキリスト教』、東京大学出版会、一九八七年
池東旭著『韓国の族閥・軍閥・財閥』、中公新書、一九九七年
曺昌淳／宋連玉訳『韓国の歴史――国定韓国高等学校歴史教科書』、明石書店、一九九七年
河信基著『韓国を強国に変えた男　朴正熙』、光人社、二〇〇四年
林東源著、波佐場清訳『南北首脳会談への道――林東源回顧録』、岩波書店、二〇〇八年
井上秀雄著『古代朝鮮』、講談社学術文庫、二〇〇四年
古田博司著『朝鮮民族を読み解く』、ちくま学芸文庫、二〇〇五年

著　者
大島 信三（おおしま　しんぞう）
昭和17年、新潟県生まれ。早稲田大学教育学部卒。同39年、産経新聞社に入社。千葉支局を振り出しに新聞と雑誌の両部門で政治や国際問題、文化全般までのオールラウンドの取材、インタビュー、編集に携わった。日本の戦後政治史や中国を中心に台湾、チベット、北朝鮮、それに欧州の街歩きが長年の関心領域。『週刊サンケイ』編集長、『新しい住まいの設計』編集長、特集部編集委員、『正論』編集長、編集局編集委員、特別記者を経て平成21年退社。16年に及んだ『正論』編集長時代はほぼ毎号インタビューをおこない、本書でもその一部が再録されている。日本記者クラブ会員。

異形国家《いぎょうこっか》をつくった男
――キム・イルソンの生涯と負の遺産――

2014年 9月15日　第1刷発行

著　者
大島《おおしま》 信三《しんぞう》

発行所
㈱芙蓉書房出版
（代表 平澤公裕）
〒113-0033東京都文京区本郷3-3-13
TEL 03-3813-4466　FAX 03-3813-4615
http://www.fuyoshobo.co.jp

印刷・製本／モリモト印刷

ISBN978-4-8295-0627-1